"十四五"时期国家重点出版物出版专项规划项目

★ 转型时代的中国财经战略论丛

环境规制对绿色发展效率的影响效应研究

——基于政府、企业和社会公众多主体参与视角

Research on the Effect of Environmental Regulation on Green Development Efficiency
—Based on the Perspective of Multi-agent Participation of the Government, Enterprises and the Public

刘传明 著

中国财经出版传媒集团
经济科学出版社
Economic Science Press
·北京·

图书在版编目（CIP）数据

环境规制对绿色发展效率的影响效应研究：基于政府、企业和社会公众多主体参与视角/刘传明著．--北京：经济科学出版社，2023.10
（转型时代的中国财经战略论丛）
ISBN 978-7-5218-5249-3

Ⅰ.①环… Ⅱ.①刘… Ⅲ.①环境规划-影响-绿色经济-经济发展-研究-中国 Ⅳ.①F124.5

中国国家版本馆 CIP 数据核字（2023）第 195066 号

责任编辑：于 源 陈 晨
责任校对：杨 海
责任印制：范 艳

环境规制对绿色发展效率的影响效应研究
——基于政府、企业和社会公众多主体参与视角
刘传明 著
经济科学出版社出版、发行 新华书店经销
社址：北京市海淀区阜成路甲 28 号 邮编：100142
总编部电话：010-88191217 发行部电话：010-88191522
网址：www.esp.com.cn
电子邮箱：esp@esp.com.cn
天猫网店：经济科学出版社旗舰店
网址：http://jjkxcbs.tmall.com
北京季蜂印刷有限公司印装
710×1000 16 开 14.5 印张 231000 字
2023 年 10 月第 1 版 2023 年 10 月第 1 次印刷
ISBN 978-7-5218-5249-3 定价：60.00 元
(图书出现印装问题，本社负责调换。电话：010-88191545)
(版权所有 侵权必究 打击盗版 举报热线：010-88191661
QQ：2242791300 营销中心电话：010-88191537
电子邮箱：dbts@esp.com.cn)

总　序

转型时代的中国财经战略论丛

"转型时代的中国财经战略论丛"是山东财经大学与经济科学出版社在合作推出"十三五"系列学术著作基础上继续在"十四五"期间深化合作推出的系列学术著作，属于"'十四五'时期国家重点出版物出版专项规划项目"。自2016年起，山东财经大学就开始资助该系列学术著作的出版，至今已走过7个春秋，其间共资助出版了152部学术著作。这些著作的选题绝大部分隶属于经济学和管理学范畴，同时也涉及法学、艺术学、文学、教育学和理学等领域，有力地推动了我校经济学、管理学和其他学科门类的发展，促进了我校科学研究事业的进一步繁荣发展。

山东财经大学是财政部、教育部和山东省人民政府共同建设的高校，2011年由原山东经济学院和原山东财政学院合并筹建，2012年正式揭牌成立。学校现有专任教师1730人，其中教授378人、副教授692人，具有博士学位的有1034人。入选国家级人才项目（工程）16人，全国五一劳动奖章获得者1人，入选"泰山学者"工程等省级人才项目（工程）67人，入选教育部教学指导委员会委员8人，全国优秀教师16人，省级教学名师20人。近年来，学校紧紧围绕建设全国一流财经特色名校的战略目标，以稳规模、优结构、提质量、强特色为主线，不断深化改革创新，整体学科实力跻身全国财经高校前列，经管类学科竞争力居省属高校首位。学校现拥有一级学科博士点4个，一级学科硕士点11个，硕士专业学位类别20个，博士后科研流动站1个。应用经济学、工商管理和管理科学与工程3个学科入选山东省高水平学科建设名单，其中，应用经济学为"高峰学科"建设学科。应用经济学进入软科"中国最好学科"排名前10%，工程学和计算机科学进入 ESI 全球排名前 1%。2022 年软科中国大学专业排名，A 以上专业数 18 个，位居省属高校第 2 位，全国财经类高校第 9 位，是山东省唯一所有专业全部上榜的高校。2023 年软科世界大学学科排名，我校首次进入世界前 1000 名，位列 910 名，中国第 175 名，财经类高校第 4 名。

2016 年以来，学校聚焦内涵式发展，全面实施了科研强校战略，取得了可喜成绩。仅以最近三年为例，学校承担省部级以上科研课题 502 项，其中国家社会科学基金重大项目 3 项、年度项目 74 项；获国家级、省部级科研奖励 83 项，1 项成果入选《国家哲学社会科学成果文库》；被 CSSCI、SCI、SSCI 和 EI 等索引收录论文 1449 篇。同时，新增了山东省重点实验室、山东省重点新转智库、山东省社科理论重点研究基地、山东省协同创新中心、山东省工程技术研究中心、山东省两化融合促进中心等科研平台。学校的发展为教师从事科学研究提供了广阔的平台，创造了更加良好的学术生态。

"十四五"时期是我国由全面建成小康社会向基本实现社会主义现代化迈进的关键时期，也是我校合并建校以来第二个十年的跃升发展期。2022 年党的二十大的胜利召开为学校高质量发展指明了新的方向，建校 70 周年暨合并建校 10 周年校庆也为学校内涵式发展注入了新的活力。作为"十四五"时期国家重点出版物出版专项规划项目，"转型时代的中国财经战略论丛"将继续坚持以马克思列宁主义、毛泽东思想、邓小平理论、"三个代表"重要思想、科学发展观、习近平新时代中国特色社会主义思想为指导，结合《中共中央关于制定国民经济和社会发展第十四个五年规划和二〇三五年远景目标的建议》以及党的二十大精神，将国家"十四五"时期重大财经战略作为重点选题，积极开展基础研究和应用研究。

"十四五"时期的"转型时代的中国财经战略论丛"将进一步体现鲜明的时代特征、问题导向和创新意识，着力推出反映我校学术前沿水平、体现相关领域高水准的创新性成果，更好地服务我校一流学科和高水平大学建设，展现我校财经特色名校工程建设成效。我们也希望通过向广大教师提供进一步的出版资助，鼓励我校广大教师潜心治学，扎实研究，在基础研究上密切跟踪国内外学术发展和学科建设的前沿与动态，着力推进中国特色哲学社科科学学科体系、学术体系和话语体系建设与创新；在应用研究上立足党和国家事业发展需要，聚焦经济社会发展中的全局性、战略性和前瞻性的重大理论与实践问题，力求提出一些具有现实性、针对性和较强参考价值的思路和对策。

山东财经大学党委书记 王邦军

2023 年 8 月 16 日

前　言

转型时代的中国财经战略论丛

在中国经济进入高质量发展阶段的大背景下，实现环境污染的有效治理以及绿色发展效率的协同提升是当前亟须解决的两大难题，关系到国家安全、人民福祉以及经济高质量发展的全局。如何有效统筹环境污染治理与提升绿色发展效率，是各地区制定环境规制政策时面临的严峻挑战。本书从政府、企业和社会公众多主体参与视角出发，研究政府型、市场型和社会公众型环境规制对绿色发展效率的影响效应，有助于形成多方共治环境污染、提升绿色发展效率的良好格局，是多主体参与视角下环境治理体系的有效拓展，能够为新时代中国经济实现高质量发展提供政策参考。本书立足于中国经济高质量发展的背景和已有研究的不足，在以下三个方面进行了拓展：第一，从政府、企业和社会公众多主体参与视角出发，将政府、企业和社会公众同时纳入到内生增长框架下，探讨环境规制影响绿色发展效率的数理机制，分析了不同类型环境规制对绿色发展效率的影响渠道并提出研究假说。第二，基于2005～2017年中国278个地级市数据，综合运用空间联立方程模型、双重差分法、工具变量等多种分析工具分别研究政府型、市场型和社会公众型环境规制对绿色发展效率的影响，并对其影响机制进行检验。第三，采用空间计量模型研究政府型、市场型和社会公众型环境规制对绿色发展效率的贡献度进行分析。本书旨在为多主体参与视角下环境规制政策的制定、环境污染治理以及绿色发展效率的提升提供理论支持和政策参考。

（1）本书构建了包括家庭、厂商、政府在内的三部门内生增长模型，从理论上探讨了多主体参与视角下环境规制对绿色发展的影响，并分别对政府型、市场型和社会公众型环境规制影响绿色发展效率的理论机制进行分析。数理模型的结论表明，由政府、企业和社会公众多主体参与的环境规制能够促进绿色发展效率的提升。其中，政府型环境规制由于受到"遵循成本效应""逐底竞争效应""污染天堂效应"的影响，在短期内抑制了绿色发展效率的提升；市场型环境规制通过"创新驱动效应"和"外商直接投资效应"促进了绿色发展效率提升；社会公众型环境规制对绿色发展效率的影响通过"创新驱动效应"和"环境污染治理效应"促进了绿色发展效率提升。三种环境规制的博弈论分析表明，没有任何一种环境规制可以单独作用于绿色发展效率，多主体参与视角下环境规制合力的形成是多方博弈的结果，环境规制合力对绿色发展效率将产生深刻影响。

（2）本书构建了空间联立方程模型研究了政府型环境规制与绿色发展效率的空间交互影响效应，研究发现政府型环境规制空间滞后项的估计系数均为负值，地理距离权重下环境规制的空间滞后项的估计系数通过显著性检验，说明环境规制呈现出明显的反向空间溢出效应，一个地区如果设置较高的环境规制，其他地区就倾向于设置较低的环境规制水平。绿色发展效率空间滞后项的估计系数为正值且通过显著性水平检验，这说明绿色发展效率存在着显著的空间溢出特征，呈现出"一荣俱荣，一损俱损"的结果。空间联立方程模型的回归结果显示：在三种空间权重情景下，绿色发展效率对环境规制的回归系数显著为正，这说明绿色发展效率促进了环境规制水平的提高，绿色发展效率对环境规制的影响主要通过"收入效应""资源配置效应""棘轮效应"对环境规制产生影响。环境规制对绿色发展效率的回归结果为负值，三种空间权重下的回归系数显著为负，这说明政府型环境规制显著地降低了绿色发展效率，政府型环境规制降低绿色发展效率主要通过"遵循成本假说""污染天堂假说""空间溢出下的逐底竞争效应"降低绿色发展效率水平。

（3）本书构建了双重差分模型实证考察了市场型环境规制对绿色发展效率的影响效应。首先，本书将排污权交易政策作为一项准自然实验，利用中国城市面板数据，采用双重差分法对市场型环境规制影响绿色发展效率的政策效应进行了评估，其次，采用 PSM-DID 方法对排污权交易试点的绿色发展效率效应进行稳健性检验，无论是否对时间固定效应和个体固定效应进行控制，政策变量的估计系数均为正值，这表明排污权交易政策能够显著地促进绿色发展效率。理论机制分析表明技术创新是排污权交易试点影响绿色发展效率的重要渠道，因此，本书构建了中介效应模型将技术创新作为中介变量和调节变量，对排污权交易政策影响绿色发展效率的理论机制进行实证检验。研究结果显示技术创新在排污权交易影响绿色发展效率的机制中起到了"中介效应"，本书支持了"波特假说"，将技术进步作为调节变量时，回归系数显著为正，说明技术进步的提高能够加强排污权交易试点对绿色发展效率的影响。本书采用合成控制法对市场型环境规制影响绿色发展效率的异质性进行分析，江苏、天津、重庆、浙江、内蒙古等省份的绿色发展效率效应较为明显。在排污权交易政策实施之前合成省份与实际省份的演变趋势相同，且合成省份与实际省份绿色发展效率的演变趋势几乎完全重合，这说明采用人均生产总值、绿色发展效率、能源效率、人口密度、技术成交额等因素作为预测变量可以使合成省份与实际省份没有系统性差异，解决了准自然实验难以寻找合适对照组的难题。

（4）本书构建了双重差分模型实证考察了社会公众型环境规制对绿色发展效率的影响效应。将《环境信息公开办法（试行）》的实施作为一项准自然实验，利用中国城市面板数据，采用双重差分法对社会公众型环境规制影响绿色发展效率的政策效应进行评估。实证结果显示社会公众型环境规制对城市绿色发展效率的影响均为正值且通过了显著性检验，说明社会公众型环境规制能够显著促进城市绿色发展效率。无论采用 PSM-DID 方法还是工具变量分析方法，社会公众型环境规制对城市绿色发展效率影响具有较强的稳健性。异质性分析显示东部地区社会公众型环境规制对绿色发展效率的影响要大于中西部地区；在环境规制强度高的城市，社会公众型环境规制对绿色发展效率的影响较弱，而环境规制强度较低的城市，社会公众型环境规制对绿色发展效率的影响较强。环境规制较高的地区环境信息披露作为社会公众的软约束，对绿色发展效率的影响较低。社会公众型环境规制对低创新水平城市绿色发展效率的影响最大，对高创新水平城市影响较小，说明在创新水平较低的城市，由于城市创新能力较差，对外界政策的刺激较为敏感；当处于低经济发展水平时，社会公众型环境规制对绿色发展效率的影响系数为正，但是没有通过显著性水平检验，当处于高经济发展水平时，社会公众型环境规制对绿色发展效率系数的影响为正且通过显著性检验，说明当经济发展水平较高时，社会公众型环境规制能够显著地促进绿色发展效率的提高。机制分析表明社会公众型环境规制通过促进"创新驱动效应"和"环境污染治理效应"提升了绿色发展效率。

（5）本书构建空间计量模型，在考虑空间溢出效应的情况下研究政府型、市场型和社会公众型环境规制对绿色发展效率的贡献。政府型环境规制的衡量指标无论是采用环境保护法规总数还是采用环保规章总数，其对绿色发展效率的影响始终为正值，这意味着政府型环境规制的实施提升了绿色发展效率。社会公众型环境规制对绿色发展效率的贡献系数显著为正，这说明社会公众型环境规制能够有效促进绿色发展效率的提升，其对绿色发展效率的影响主要通过"创新驱动效应"和"环境污染治理效应"来实现，社会公众监督能够对政府和企业形成舆论压力，迫使企业及时调整生产工艺和技术，促进绿色发展效率的提升。市场型环境规制对绿色发展效率的贡献系数显著为正，这说明市场型环境规制能够促进绿色发展效率的提升，其主要是以排污权交易政策作为主要的工具，通过"市场获益诱导效应""创新驱动效应"等途径对绿色发展效率产生正向影响。通过对比政府型、市场型与社会公众型环境规制对绿色发展效率的贡献，我们发现社会公众型环境规制对绿色发展效率的影响要高于政府型环境规制与市场型环境规制对绿色发展效率的影响，这说明随着中国经济发展转向高质量发展阶段，社会公众的环保意识逐渐增强，通过"环境治理效应""创新驱动效应"将进一步提升绿色发展效率。

目 录

转型时代的中国财经战略论丛

第一章　绪论 ·· 1
　　第一节　选题背景与问题提出 ································ 1
　　第二节　国内外文献综述 ···································· 6
　　第三节　研究内容和解决的关键问题 ························· 34
　　第四节　研究方法与研究思路 ······························· 39
　　第五节　研究的创新点和特色 ······························· 44

第二章　多主体参与视角下环境规制对绿色发展效率的机制分析 ········ 46
　　第一节　环境规制对绿色发展效率影响的理论模型 ············· 46
　　第二节　政府型环境规制对绿色发展效率的传导机制 ··········· 52
　　第三节　市场型环境规制对绿色发展效率的传导机制 ··········· 56
　　第四节　社会公众型环境规制对绿色发展效率的传导机制 ······· 60
　　第五节　政府、企业和社会公众的环境规制博弈分析 ··········· 63
　　第六节　本章小结 ··· 73

第三章　中国绿色发展效率的测度及典型化事实描述 ················· 74
　　第一节　绿色发展效率的内涵界定 ··························· 74
　　第二节　投入产出指标体系的构建 ··························· 76
　　第三节　全局可参比的超效率 SBM 模型 ······················ 77
　　第四节　中国绿色发展效率的空间分布特征 ··················· 78
　　第五节　中国绿色发展效率的空间差异特征 ··················· 81
　　第六节　中国绿色发展效率的空间集聚特征 ··················· 87

第七节　中国绿色发展效率的分布动态演进 …………………… 91

　　第八节　本章小结 …………………………………………………… 96

第四章　政府型环境规制对绿色发展效率的影响 ……………………… 98

　　第一节　政府型环境规制的特点及其典型化事实 ………………… 98

　　第二节　模型设定、指标数据与估计方法 ………………………… 104

　　第三节　政府型环境规制对绿色发展效率的实证分析 ………… 108

　　第四节　门槛模型构建 …………………………………………… 115

　　第五节　本章小结 ………………………………………………… 118

第五章　市场型环境规制对绿色发展效率的影响 …………………… 120

　　第一节　市场型环境规制的特点 ………………………………… 120

　　第二节　模型构建、指标选取与数据说明 ……………………… 123

　　第三节　市场型环境规制对绿色发展效率的影响机制分析 …… 128

　　第四节　市场型环境规制的异质性分析 ………………………… 133

　　第五节　本章小结 ………………………………………………… 151

第六章　社会公众型环境规制对绿色发展效率的影响 ……………… 152

　　第一节　社会公众型环境规制的特点 …………………………… 152

　　第二节　模型构建、指标选取与数据说明 ……………………… 154

　　第三节　社会公众型环境规制对绿色发展效率的
　　　　　　实证结果分析 …………………………………………… 158

　　第四节　社会公众型环境规制对绿色发展效率的
　　　　　　影响：工具变量分析 …………………………………… 166

　　第五节　社会公众型环境规制对城市绿色发展
　　　　　　效率影响的异质性分析 ………………………………… 168

　　第六节　社会公众型环境规制对绿色发展效率的
　　　　　　影响机制检验 …………………………………………… 174

　　第七节　本章小结 ………………………………………………… 177

第七章　多主体参与视角下环境规制对绿色发展效率的贡献度 …… 180

　　第一节　多主体参与视角下环境规制对绿色发展效率的影响 …… 180

第二节　环境规制对绿色发展效率的贡献度分析 …………… 183
　　第三节　本章小结 ……………………………………………… 189

第八章　研究结论与政策建议 ……………………………………… 191
　　第一节　研究结论 ……………………………………………… 191
　　第二节　政策建议 ……………………………………………… 194

主要参考文献 ………………………………………………………… 200

后记 …………………………………………………………………… 216

第一章 绪　　论

第一节　选题背景与问题提出

一、选题背景

"十四五"规划指出"持续改善环境质量，要深入打好污染防治攻坚战，建立健全环境治理体系，推进精准、科学、依法、系统治污"。实现环境污染的有效治理与绿色发展效率的全面提升成为当前亟须解决的两大重点课题，关系到国家安全、人民福祉以及经济高质量发展的全局。改革开放40年来的相当长时间采取的"高污染、高能耗、高排放"的粗放型发展模式，激化了生态环境与经济高质量发展之间的矛盾，环境承载力已经突破了自然界所能承受的阈值，成为新时代中国经济高质量发展的严峻挑战之一。一方面，虽然在国家绿色发展理念的指导下，环境治理取得了一定的效果，但是在资源环境保护和经济发展的双重约束下，长期积累的环境污染问题仍然积重难返。2020年美国耶鲁大学环境法律与政策中心、哥伦比亚大学国际地球科学信息网络中心（CIESIN）及世界经济论坛（WEF）联合发布了《2020年环境绩效指数报告》，在2020年环境绩效指数（environmental performance index，EPI）的排名中，中国在所有180个国家中排名第120位，这说明过去40年的高速经济增长给生态环境带来的前所未有的压力。日益严峻的环境污染给经济社会和人们身体健康带来了严重的影响，世界银行与中国国务院发展研究中心联合发布了《中国污染代价报告》（Cost of Pollution in China），每年中国因污染导致的经济损失达 6000 亿~18000 亿元，占 GDP 的 5.8%，其中医疗卫生费用占国内生产总值（GDP）的 3.8%。2017 年权威医学杂志《柳叶刀》发表的报告显示由 $PM_{2.5}$ 所致的死亡数，从 1990 年的 350 万上升到了 2015 年的 420 万增加了 20%。另一方面，中国式现代化背景下，国家对经济发展要求逐渐提高，经济发展不再停留在发展的速度和数量上，而更应注重经济发展的质量。在党的十九大报告中，习近平总书记指出："我国经济已由高速增长阶段转向高质量发展阶段，正处在转变发展方式、优化经济结构、转换增长动力的攻关期，建设现代化经济体系是跨越关口的迫切要求和我国发展的战略目标。在新阶段，必须坚持质量第一、效益优先，以供给侧结构性改革为主线，推动经济发展质量变革、效率变革、动力变革，提高全要素生产率。"[①] 经济发展过程中兼顾环境保护和提升绿色发展效率的呼声日益高涨。

为了有效"遏制环境污染"和"提升绿色发展效率"，中国政府将生态文明建设提高到前所未有的战略高度，以壮士断腕的决心打赢环境治理攻坚战，不断出台和制定严格的环境规制政策。1998 年，国务院批准划分了酸雨和二氧化硫控制区（以下简称"两控区政策"），旨在控制中国日益严重的酸雨污染和二氧化硫污染问题；2007 年，财政部、环保部联合国家发展和改革委员会（以下简称"国家发改委"），批复了湖北、浙江、湖南、天津、河南、江苏、重庆、山西、陕西、河北、内蒙古等 11 个省份作为排污权交易试点（以下简称"排污权交易政策"），采用市场交易手段来降低污染物排放问题；2008 年 5 月，施行《环境信息公开办法（试行）》，通过信息披露的形式将环境信息披露在阳光下运行，对环境污染行为形成舆论监督，形成高压态势；2013 年，国务院发布了关于有效防范和治理大气污染问题的十项措施（以下简称"大气十条政策"），旨在缓解日益严重的大气污染问题。2011 年国家发改委办公厅发布了《关于开展碳排放权交易试点工作的通知》批准上海、北京、广东、深圳、天津、湖北、重庆等 7 个省份开展碳排放交易权试点（以下简称"碳交易试点"），并于 2013 年正式启动碳排放权交易试点，降低空气中的二氧化碳排放。

---

① 习近平在中国共产党第十九次全国代表大会上的报告 [EB/OL]. (2017-10-18). [2023-07-06], http://jhsjk.people.cn/article/29613660.

二、问题提出

在高质量发展阶段，如果只关注环境规制的实施效果，而忽视了绿色发展效率的改善，不仅背离了经济高质量发展的目标，而且给环境规制的实施效率带来巨大挑战。与之对应的，如果只关注提高绿色发展效率，而忽视环境污染的约束，会导致绿色发展效率的全面下降，经济发展质量降低。在此背景下，为了实现环境污染治理与绿色发展效率的深度融合，迫切需要从政府、企业和社会公众多主体参与视角重新审视环境规制对绿色发展效率的影响效应，为新时期促进经济高质量发展提供对策建议。

环境污染的形成既受到当地经济社会发展因素的影响，又因各地区资源禀赋的不同而有所差异。由于环境污染形成原因具有复杂性，因此在对环境污染进行治理的过程中采用多种类型的环境规制成为必然选择，多种类型环境规制的治理模式已经受到党和政府的高度重视。2020年3月3日，中共中央办公厅、国务院办公厅印发了《关于构建现代环境治理体系的指导意见》，指出环境治理体系要牢固树立绿色发展理念，以强化政府主导作用为关键，以深化企业主体作用为根本，以更好动员社会组织和公众共同参与为支撑，实现政府治理和社会调节、企业自治良性互动，完善体制机制，强化源头治理，形成工作合力，为推动生态环境根本好转、建设生态文明和美丽中国提供有力制度保障。因此，在政府、企业和社会公众多主体参与下的环境规制是提升绿色发展效率的制度保障。

多种类型环境规制政策的实施，必将形成治污合力，降低环境污染水平，但多种类型环境规制的实施为研究环境规制对绿色发展效率的影响带来困难。主要包括以下三个方面的困难：一是环境规制的有效性受到学术界的广泛关注，由于多种类型环境规制的实施，不同环境规制对绿色发展效率的实施效果存在异质性，给环境规制政策的评估带来挑战。二是多种环境规制政策的实施虽然为各地方政府实施环境规制提供了不同选项，但同时也带来了地方政府的"选择恐惧症"。三是不同环境规制的实施意味着不同环境规制对绿色发展效率影响具有不同的传导渠道，不同环境规制对绿色发展效率的传导机制因环境规制种类的不同而存在显著差异。目前，学术界虽然对环境规制的政策效应进行了一系列卓有成效的评估。然而，目前已有文献在环境规制对绿色发展效率的研究方面，仍然存在以下四个方面的问题值得进一步研究：第一，如何将政府、企业和社会公众等主体融入统一的分析框架内，研究环境规制对绿色发展效率的理论机制？第二，政府型、市场型和社会公众型环境规制对绿色发展效率的影响如何？第三，不同环境规制对绿色发展效率的具体影响渠道是什么？第四，政府型、市场型和社会公众型环境规制对绿色发展效率的贡献分别是什么？

三、理论意义和现实意义

（一）理论意义

（1）本书是对环境规制理论的有益补充。目前，无论是理论研究还是实证经验，学术界关于环境规制对绿色发展效率的研究只是研究单一环境规制对绿色发展效率的影响，并没有在考虑环境规制与绿色发展效率内生性的基础上，研究不同环境规制对绿色发展效率影响。本书从政府、企业和社会公众多主体参与视角考察不同环境规制对绿色发展效率的影响，并揭示政府型、市场型和社会公众型环境规制对绿色发展效率的贡献。

（2）本书将环境规制纳入到内生经济增长框架，探讨环境规制对绿色发展效率的影响机制。目前，环境经济学理论中尚未有研究将环境规制纳入内生经济增长框架，本书将环境规制纳入到内生增长框架下，充分考察家庭部门、厂商部门和政府部门的优化选择问题，通过对家庭部门实现效用最大化、厂商部门实现利润最大化问题进行求解，研究环境规制对绿色发展效率的影响。并在政府、企业和社会公众多主体参与视角下，考察不同类型环境规制对绿色发展效率的传导机制，根据数理模型和传导机制分析，提出相应的研究假说，构建中介效应模型、调节效应模型、门槛效应模型对影响渠道进行实证检验。

（3）本书丰富了高质量发展背景下绿色发展效率的测度理论。已有研究关于绿色发展效率测度问题大多基于截面 DEA 模型测度方法，难免会导致测度结果不能跨期比较和求解过程无可行解的问题。本书在全局参比的数据包络分析框架下，综合考虑非期望产出的超效率 SBM 模型对绿色发展效率进行测度。全局参比的方法是利用整个考察期间所有决策单元的投入产出数据构建最佳生产前沿，将不同时期的决策单元均在全局最佳生产前沿下进行测度，有效解决测度存在不可行解以及跨期不可比等问题。采用超效率模型可以对有效决策单元进一步比较，避免多个决策单元同时有效时无法做出进一步比较的局限性。本书对中国绿色发展效率进行测度，丰富了绿色发展效率测度的理论。

（二）现实意义

（1）本书研究环境规制对绿色发展效率的影响，能够在经济高质量发展背景下，为实现"环境污染治理"与"绿色发展效率提升"的双赢提供政策参考。充分考虑资源环境双重约束下的中国绿色发展效率能够深刻地反映中国经济高质量发展程度。因此，环境规制与绿色经济发展效率的研究，能够丰富我们对环境治理与绿色发展效率的认识，能够准确把握中国生态环境治理与经济高质量发展的协同性问题，为中国绿色发展效率的协同提升提供重要的环境政策参考。

（2）本书从政府、企业和社会公众多主体参与视角研究环境规制对绿色发展效率的影响，有助于形成多方共治环境污染的良好格局。当前，环境污染不仅阻碍了人民幸福水平的提高，而且成为经济高质量发展的制约因素，环境污染成因的多样性导致依靠单一部门治理环境污染的模式存在诸多弊端，因此，有效缓解环境污染需要有针对性地采取多种环境规制的组合政策，形成环境责任的共同分担机制，明晰政府、企业、社会公众等各类社会主体的权责，畅通参与渠道，有助于形成推动绿色发展效率的提升。

（3）本书为不同经济发展水平、不同创新水平的地区制定环境规制政策，进一步提升绿色发展效率提供现实指导。由于不同类型的环境规制对绿色发展效率的影响机制不同，因此需要厘清不同环境规制对绿色发展效率的影响渠道。由于环境污染原因的复杂性与环境规制类型的多样性，环境规制政策的制定越发困难，实施一刀切的环境规制政策既不符合理论逻辑也不符合现实要求，环境规制政策的制定和实施要因经济发展水平、技术创新水平的不同而有所差异。不同环境规制对绿色发展效率的传导机制的研究，能够为环境规制政策制定和绿色发展效率的提升提供理论参考。

第二节 国内外文献综述

环境规制源自规制经济学，是所有有利于环境污染治理政策和手段的组合。目前，学术界关注更多的是环境规制对环境系统和经济系统的影响。当前促进生态环境保护与绿色发展效率的提升已成为国民经济可持续发展的关键。实施强有力的环境规制政策既是新时代实现绿色发展效率提升的重要途径，也是弥补环境问题旧账的重要措施。在绿色发展理念的倡导下，越来越多的学者研究环境规制对环境系统和经济系统的影响，尤其关注到环境规制与绿色发展效率这一话题。中国环境规制从强调政府主导逐渐向市场调节和社会公众参与的方向发展。因此，围绕研究内容，本书从环境规制、绿色发展效率、政府型环境规制对绿色发展效率、市场型环境规制对绿色发展效率、社会公众型环境规制对绿色发展效率等五个方面对国内外相关研究进行述评。

一、环境规制综述

已有文献在研究环境规制对经济系统影响的过程中，环境经济学逐渐形成了两种不同的观点：污染天堂假说和波特假说。污染天堂假说基于贸易理论，认为随着时间的推移，严格的环境规制政策会增加企业的生产成本，倾向于将污染密集型产品转向环境规制压力较低的地区，在环境规制较低的地区形成污染天堂，从而造成了由环境规制高压导致的环境污染溢出和泄漏的状况（Levinson & Taylor，2008）。污染天堂假说的存在对于全球环境的治理提出了严峻的挑战。严格的环境规制不仅会对辖区内企业的成本收益产生影响，而且会对辖区外企业的成本收益产生影响，导致环境规制的实施效果大打折扣。与污染天堂假说相反，波特假说（Porter & van der Linde，1995）认为严格的环境规制政策会对受规制企业的创新能力产生积极影响，因为环境规制政策可以促进成本的削减和效率水平提高，进而降低或完全抵消环境规制成本，并促进创新在新技术中的应用，从而有助于企业获得国际技术领先地位，扩大市场份额。由于波特假说对环境规制与生产率的认识不同，波特假说分为了弱波特假说（Weak Porter Hypothesis）和强波特假说（Strong Porter Hypothesis）。

（一）弱波特假说

弱波特假说认为环境规制的实施能够刺激技术创新，提高创新水平。康志勇、汤学良和刘馨（2020）采用2005～2013年中国工业企业数据和中国企业专利数据，研究发现行政命令型环境规制和公众参与型环境规制条件下存在弱波特假说。许水平、邓文涛和赵一澍（2016）认为环境规制对技术创新和全要素生产率具有显著的非线性影响，认为弱波特假说和强波特假说同时存在。杜军、寇佳丽和赵培阳（2020）研究了海洋环境规制对海洋科技创新的影响，研究发现：长江流域沿海地区只存在弱波特假说。而有学者对此提出了质疑，认为弱波特假说不成立，主要有：伍格致和游达明（2019）从财政分权的角度出发，研究了环境规制对技术创新的影响，研究发现在全国层面环境规制会抑制技术创新，弱波特假说并不成立。袁宝龙（2018）研究了环境规制对产业创新的影响，研究发现环境规制显著抑制了制造业的实质性创新产出和策略性创新产出，弱波特假说尚未得到支持。弱波特假说之所以受到挑战，主要是因为弱波特假说在研究环境规制与创新的关系中存在以下两方面的不足：第一，政府和企业作为环境规制的实施者和环境规制的接受者，二者之间的关系不是单向影响关系，而是复杂的多向影响关系，因此，将环境规制与创新之间的关系理解为"政府环境规制刺激—企业创新响应"的研究思路过于简单。目前，尚缺乏从政府和企业的多重视角出发研究环境规制对创新的影响。第二，弱波特假说关注了环境规制的实施对创新水平的影响，但是并未深入地研究环境规制对国家绿色发展效率的影响，因此弱波特假说的适用性遭到质疑，因此，弱波特假说逐渐向强波特假说发展。基于此，学术界在弱波特假说的基础上，开始拓宽研究思路，着重研究环境规制对全要素生产率和企业经营绩效的影响。

（二）强波特假说

强波特假说认为设计适当的环境规制能够刺激企业技术创新，并通过创新补偿效应提升企业经营绩效和生产率。因此，基于强波特假说来研究环境规制与生产效率关系成为国内和国际学者普遍关注的重点话题。在环境规制与生产率的研究过程中，部分学者认为环境规制是导致20世纪70年代初期生产力下降的因素之一，因此，环境规制对生产效率的负向影响存在于许多研究中（Christiansen & Haveman，1981）。而这种观点受到部分学者的质疑，认为环境规制可以通过刺激企业引入更清洁、更高效的技术来提高生产力。这种完全对立的研究结论说明单靠理论无法预测环境管制对生产力的影响（Jaffe et al.，1995）。波特等（Porter et al.，1995）认为通过设置合理的环境规制可以鼓励企业创新，通过创新可以部分或者完全弥补环境规制带来的企业成本或者利润率的降低，实现环境污染治理和生产率的双赢。基于波特假说，已有研究发现环境管理与经济绩效之间存在正相关关系（Jean，Olson & Lanjouw et al.，1996；Porter & van der Linde，1995；Jaffe, A. B. & Palmer, K，1997；Konar, S. & Cohen，2001；King, A. & Lenox, M.，2002；Hibiki, A., Higashi, M. & Matsuda, A.，2003）。与该研究结论相反，另一部分学者认为环境规制与经济绩效之间存在负相关（Corderio, J. J. & Sarkis, J.，1997；Wagner, M., Phu, N. V., Azomahou, T. & Wehrmeyer, W.，2002；Filbeck, G. & Gorman, R. F.，2004；Boons, F. & Wagner, M.，2009）。以上从理论上研究了环境规制对生产率的影响效应，却得到了完全相反的研究结论，因此，迫切地需要从实证的角度刻画环境规制对生产率的影响。

已有研究采取多种方法来考察环境规制对全要素生产率的影响，其中，最常用的三种方法包括增长核算、宏观经济一般均衡模型和计量模型估计。丹尼森（Denison，1979）采用增长核算法衡量全要素生产率的变化，并估计因1967年环境监管岗位的增加而产生的环境成本，其中，环境成本包括以年度运营成本、维护成本和折旧成本，环境成本的增加会以1:1的比例挤出生产性投资。丹尼森发现1967年后的环境规制造成了这一时期13%~20%的全要素生产率损失。采用增长核算方法来衡量全要素生产率面临的主要困难就是环境质量没有作为生产过程的"产出"纳入模型，因此，可能会高估环境规制导致的生产率损失（Solow，1992）。此外，丹尼森的研究忽略了部门之间的差异，而部门差异可能是生产率损失的原因之一。乔根森和威尔科森（Jorgenson & Wilcoxen，1990）采用一般均衡模型对美国经济进行了建模，该模型研究了在没有环境管制情境下的长期经济运行状况，美国的资本存量将增加 3.792%，国民生产总值将增加 2.5% 以上。乔根森和威尔科森（1990）从减少资本支出的视角，分离出了环境治理效应和维护成本效应，试图详细说明环境规制类型的差异，研究发现化工、石油炼制和初级金属行业的环境规制对生产率的影响具有明显的行业异质性。克里斯坦森和哈夫曼（Christainsen & Haveman，1981）发现1973~1977 年环境规制导致了劳动生产率下降 12%~21%。

部分学者通过构建计量模型实证考察环境规制对生产效率的影响（Gray，1987），格雷（Gray，1987）研究了职业安全和健康管理局（Occupational Safety and Health Administration）和美国环境保护署（Environmental Protection Agency）颁布的环境法规对生产效率的影响，研究发现，环境规制使生产率年均增长率降低了 0.17%~0.28%，占 20 世纪 70 年代增长放缓的 12%~19%。戈洛普和罗伯特（Gollop & Roberts，1983）估计了环境规制对电力行业生产率绩效的影响，文章使用一个跨对数成本函数，该函数通过对环境规制投入的测度，形成环境监管强度指数，估计结果显示在 1973~1979 年，二氧化硫排放法规使电力设施的生产率增长率每年降低 0.59%。巴贝拉和麦康奈尔（Barbera & McConnell，1986，1990）指出由于 70 年代的环境监管导致平均资本生产率和劳动生产率受到抑制，而且环境规制对生产率的抑制具有行业异质性，具体表现在化工产业、初级金属、石材、黏土、玻璃等行业的劳动生产率和资本生产率下降。上述研究得出了较为一致的结论，即环境规制对生产率具有负面影响。现有研究表明不同产业部门的监管对生产率的影响可能有很大差异，因此不同的生产率衡量标准可能导致结论略有不同的原因，其中，承担环境治理负担的污染密集型产业对生产率的影响最大。

尽管上述学者普遍认为，一个国家的环境规制可能对国内产业生产率产生负面影响，但贾菲等（Jaffe et al.，1995）指出在环境规制对生产率的实证研究中，并没有严格的证据表明环境规制对美国制造业生产率有重大不利影响，这是基于波特假说提出的"创新补偿效应"，实施环境规制所造成的成本将被环境规制带来的技术创新效应所补偿（Porter & van der Linde，1995）。日本的经验证明了波特的论点，日本实施了严格的环境规制提高了工业生产率。在德国和日本均制定了严格的环境规制政策，德国和日本的国民生产总值增长率和全要素生产率的增长率均超过美国（Porter，1991）。20世纪70年代，日本中央和地方政府制定了比20世纪60年代更为严格的环境规制，而在1965~1973年和1973~1978年日本制造业的要素生产率分别为0.91%和1.64%（Norsworthy & Malmquist，1983），这说明，严格的环境法规未必会导致日本制造业生产率的下降。

上述文献在环境规制对生产率的研究方面得到了截然相反的观点，因此，现在许多研究不断探索波特假说的有效性。在战略贸易模型背景下的理论分析发现，波特假说是否得到支持取决于模型的设定，而且有学者明确表示波特假说不太可能具有普遍的有效性（Simpson & Bradford Ⅲ，1996；Ulph & Ulph，1996）。帕尔默等（Palmer et al.，1995）认为波特假说的适用范围不包括企业的战略行为，帕尔默将研究重点放在企业内部的低效率上，在环境规制的刺激下企业意识到创新的重要性，他们对波特假说的有效性持怀疑态度，认为公司内部没有提高生产率的动机，波特论证的创新补偿可以归结为企业研发能力带来的技术创新。如果在环境规制的刺激下能够建立环境友好型的生产过程以及生产适应生产需求的绿色产品，可能对提高生产率产生重大和长期的影响。贾菲和帕尔默（Jaffe & Palmer，1997）讨论了更严格的环境规制是否能对研发活动产生积极影响。他们利用1975~1991年美国制造业的面板数据，研究了严格的环境规制对研发支出和专利申请的影响。他们发现严格的环境规制对研发支出有显著的正向影响。然而，他们发现很少有证据表明严格的环境规制对专利申请具有重要影响。塞巴蒂安和泽乌（Xepapadeas & Zeeuw，1999）利用一个数学模型分析了另一种机制，即更严格的环境监管可以提高生产率，在该模型中，企业可以通过调整不同属性的生产设施投资来应对环境规制成本的变化，当污染税负增加时企业会倾向于缩小生产规模，进而导致总资本存量的减少，在这一过程中，生产效率较低且落后的产能被淘汰，由于规模效应的缩小以及落后产能的淘汰同时产生，因此，严格的环境规制可以提高资本存量的平均生产率。

波特假说理论发展过程，如图1-1所示。

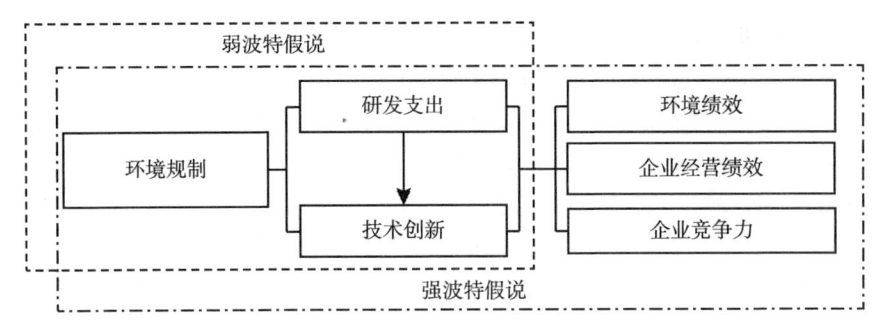

图1-1 波特假说理论发展过程

(三) 污染天堂假说和污染晕轮假说

由于各个国家经济发展水平、产业结构存在显著差异导致环境规制存在较大差异，环境规制的差异成为导致环境污染空间溢出的主要原因（刘华军和刘传明，2016），环境规制在国际贸易领域的主要理论主要有"污染天堂假说"和"污染晕轮假说"。

污染天堂假说是指污染型外资企业从拥有严格环境规制的国家转向拥有宽松环境规制的国家，污染型外商直接投资流入一个国家后会通过增加污染物排放恶化当地的环境状况。现有研究表明，近几十年来，由于发展中国家拥有丰富的自然资源和廉价劳动力，加之发展中国家较低的环境规制水平，发达国家的工业转移到发展中国家（Kellogg，2006）。现有研究表明许多发展中国家的外商直接投资的增加被认为是环境污染的原因（Solarin et al.，2017）。在某种程度上，发达国家生产和消费水平的提高需要对发展中国家的环境破坏负责，这种转移包括从自然资源丰富的国家向工业化国家转移原材料。通常来讲，经济贸易的增加通常会导致东道国的经济增长和福利收益，但也会导致环境恶化（Lopez et al.，2018；Apergis，2016）。鉴于可持续发展在国内和国际辩论中日益重要，大量文献关注环境恶化与外商直接投资之间的关系（Kocak & Sarkgunesi，2017；Gill et al.，2018）。

目前，关于污染天堂假说的文献多见于跨国问题的研究（见表1-1）。例如：沃尔特和乌格洛（Walter & Ugelow，1979）将环境作为生产要素，关注到区域之间以及国家之间的资本流动可能会受到辖区内环境规制的影响。此后，许多研究评估了某些地区或国家是否存在污染天堂假说。然而，由于不同国家和地区的经济发展状况不同、文献所采取的研究方法和研究数据存在较大差异,导致结论也存在较大的差异。较多的文献认为外商直接投资会导致污染物的增加,经验证据支持污染天堂假说(Cole, 2004; Levinson & Taylor, 2008; Lan et al., 2012)。一些跨国文献表明中等发达国家(Bakirtas & Cetin, 2017)、土耳其(Kocak & Sarkgunesi, 2017)、拉丁美洲国家(Sapkota & Bastola, 2017)、加纳(Solarin et al., 2017)、中国(Sun et al., 2017; Zheng & Shi, 2017)的经验证据支持污染天堂假说。

表1-1　　　　　　　　　　污染天堂假说代表性文献

作者	研究样本	时间跨度	研究方法	污染天堂假说
阿尔穆拉利和冯唐(Al-mulali & Foon Tang, 2013)	海湾合作委员会国家	1980~2009年	VECM格兰杰因果检验	成立
布等(Bu et al., 2014)	中国	1996~2009年	GMM+2SLS	成立
刘等(Lau et al., 2014)	马来西亚	1970~2008年	格兰杰因果关系检验	成立
奥姆里等(Omri et al., 2014)	欧洲和中亚、中东、拉美和加勒比海地区、北非、撒哈拉以南的非洲	1990~2011年	GMM	成立
任等(Ren et al., 2014)	中国	2000~2010年	GMM	成立
沙赫巴兹等(Shahbaz et al., 2015)	高中低收入国家	1990~2012年	面板格兰杰因果	成立
扎卡里等(Zakarya et al., 2015)	巴西、俄罗斯、印度、中国、南非	1990~2012年	面板格兰杰因果	成立
哈基米和哈姆迪(Hakimi & Hamdi, 2016)	突尼斯、摩洛哥	1971~2013年	固定效应分位数回归	成立

续表

作者	研究样本	时间跨度	研究方法	污染天堂假说
朱等 (Zhu et al., 2016)	东盟五国	1980~ 2010年	固定效应分位数回归	不成立
贝克拉和达什 (Bechera & Dash, 2017)	南亚和东南亚	1980~ 2012年	普通最小二乘法	成立
科贾克和萨尔贡内西 (Kocak & Sarkgunesi, 2017)	土耳其	1974~ 2013年	结构断裂协整检验	成立
萨克帕克塔和巴斯托拉 (Sapkota & Bastola, 2017)	拉丁美洲国家	1980~ 2010年	固定随机效应模型	成立

与污染天堂假说相对应的是污染晕轮假说（pollution halo hypothesis，PHL），污染晕轮假说认为清洁型外商直接投资的引入可以促进东道国的技术创新来改善流入地的环境污染状况。清洁型外商直接投资可以被认为具有环境友好型生产工艺和清洁型生产技术，因此环境污染水平较低（He, 2006; Liang, 2008; Dincer & Rosen, 2011; Lee, 2009）。此类文献认为外商直接投资增加了规模收益，提高了产出水平，降低了环境污染（Zarsky, 1999）。环境质量改善通过外商直接投资的收入效应得以实现（Mani & Wheeler, 1998）。丘德诺夫斯基等（Chudnovsky et al., 2005）建议外资企业实施比本土企业更严格的环境标准，减少外商直接投资对东道国环境污染的影响。证明污染晕轮假说存在的其他研究注意到了跨国环境规制的实施和外资企业环境技术的发展进一步改善了东道国的环境质量（Eskeland & Harrison, 2003; Frankel, 2003）。

（四）环境规制逐底竞争假说和逐顶竞争假说

通过对现有文献的梳理，部分学者认为政府竞争是经济协调发展的重要影响因素（薄文广、徐玮和王军锋，2018），区域间环境规制的差异使地方政府竞争成为可能，学术界关于环境规制导致地方政府竞争的理论主要包括以下两个方向：逐底竞争假说（race to the bottom）和逐顶竞争假说（race to the top）。现有研究主要从官员晋升和政绩考核角度对环境规制逐底竞争的形成机制进行解释（刘胜和顾乃华，2017；陈刚，2009；张为杰和郑尚植，2015），其中，大部分研究考虑到了外商直接投资对逐底竞争的影响（冷艳丽、冼国明、杜思正，2015；张鹏、陈卫民、李雅楠，2013；朱东波、任力，2017）。外商直接投资导致的环境规制逐底竞争主要基于两个视角：第一，从外商投资企业的视角出发，环境规制带来了外商企业环境治理成本的上升，在市场机制的作用下，趋利避害的企业寻找环境治理成本较低的地区，严格的环境规制会对企业形成了"推力"。第二，从地方政府视角出发，在以 GDP 作为政府官员考核标准的背景下，政府为了实现短期经济的发展纷纷进行官员晋升锦标赛，倾向于放弃长期绿色经济增长的思路，开始降低本地区环境规制强度（Markusen et al., 1995），形成对污染企业的"拉力"。由于环境规制逐底竞争的存在，造成了环境污染企业在空间上的流动，导致环境污染空间溢出。国内学者从外商直接投资视角对环境规制逐底竞争的适用性问题进行了大量的研究。赵霄伟（2014）认为环境规制逐底竞争已经不再是全局性问题，而是在局部地区才成立，后续的经验证据也表明只有中部地区城市存在环境规制的逐底竞争问题，其他地区的经验证据不支持该假说。李拓（2016）从土地财政视角研究了环境规制的逐底竞争问题，基于中国 2000~2012 年省级面板数据，利用空间动态面板数据模型对环境规制逐底竞争假说进行经验检验，研究发现中国的土地财政存在环境规制逐底竞争现象，地区之间的经济发展差异造成了地区之间的竞争压力增大，竞争压力导致的环境规制逐底竞争加剧了辖区内的环境污染。刘华军和彭莹（2019）着眼于雾霾污染区域协同治理中的逐底竞争问题，采用空间杜宾（Durbin）模型进行实证检验，发现中国各地方政府在参与雾霾污染区域协同治理中存在逐底竞争。

伴随着经济的飞速发展，政府和公众逐渐对生态环境提出新的要求，政府将更加注重生态环境保护在地方政府官员考核中的重要性，环境规制对促进环境治理的作用得到了学术界的肯定。在此背景下，经济发展水平较高的地区为了实现经济高质量发展，纷纷制定严格的环境规制政策对环境污染进行严格治理，促进经济绿色可持续发展，形成环境规制逐顶竞争的特征。目前，国外部分学者利用国外数据研究了环境规制逐顶竞争的存在，例如：霍尔辛格等（Holzinger et al.，2011）利用欧洲24个国家数据研究发现，地方政府在环境规制中存在"逐顶竞争"特征。苏萨（Susa，2014）通过构建地区间税收竞争模型，在环境规制不存在外溢性的假设下得出了地区间环境规制存在逐顶竞争的结论。国内研究则认为环境规制是否存在逐顶竞争会因环境规制类型的不同而不同。薄文广、徐玮和王军锋（2018）认为只有在自主型环境规制这种隐形环境规制政策情景下，环境规制逐顶竞争才存在。李胜兰、初善冰和申晨（2014）采用1997～2010年中国30个省份作为研究样本，研究了地方政府竞争通过环境规制对区域生态效率的影响，认为当政府将环境保护作为官员政绩考核标准时，中国环境规制逐底竞争将会向逐顶竞争转变。张文彬、张理芃和张可云（2010）注意到官员考核体系的变化对环境规制竞争的影响，分别考察了1998～2002年和2004～2008年环境规制的竞争状态，研究发现：随着考核体系的调整，政府考核更加注重对环境绩效的考察，因此，环境规制的竞争行为趋优，呈现出逐顶竞争的特点。外商直接投资的自由化强化了外商直接投资所在国家的环境规制，导致东道国的环境规制更加严格，从而导致了环境规制的逐顶竞争现象（Baomin Dong，Jiong Gong & Xin Zhao，2012）。

二、绿色发展效率综述

绿色发展效率是指在充分考虑资源环境约束时的经济发展效率，当前，经济发展的质量和速度日益受到资源和环境的双重约束，绿色发展效率的测算必须将资源和环境因素纳入效率的测度框架，许多学者将能源消费与污染排放分别作为要素投入和非期望产出纳入全要素生产率测度模型中，并将此类全要素生产率定义为绿色全要素生产率。通过对已有文献的梳理，本书发现学术界围绕着绿色全要素生产率的测度展开了丰富的研究，其中较为主流的方法有三类：第一类研究是基于新古典经济增长理论的索洛残差法。该方法将全要素生产率视为资本、劳动等生产要素参与分配之后的剩余，因此，采用索洛残差法（Solow remainder）测度全要素生产率的重点在于对资本、劳动的弹性进行估计。第二类研究通过设定前沿生产函数的方法进行随机前沿分析（stochastic frontier analysis）。第三类研究采用多投入多产出的数据包络分析（data environment analysis，DEA）方法。与随机前沿分析方法相比，数据包络分析不需要设定具体的生产函数的形式，可以更好地模拟多投入多产出的实际生产过程，因此，数据包络分析方法得到广泛应用。学者们采用 DEA 方法对绿色全要素生产率的测度取得了卓有成效的贡献。但是存在以下三方面的问题：一是传统的效率评价模型中无论是采用角度的 DEA 模型还是径向 DEA 模型，二者要么假定投入不变，要么假定产出不变，忽视了投入产出的某一方面，影响了效率测度的准确性。二是所采用的传统 DEA 模型没有考虑到非期望产出，事实上，经济增长过程中产生的环境污染问题成为非常重要的非期望产出变量，因此，不考虑非期望产出的效率测度不符合实际的生产过程。三是传统 DEA 模型在评价效率时，存在多个 DMU 等于 1，即多个决策单元有效的情况，无法继续对有效的 DMU 进行排序。SE－U－SBM 模型不仅考虑了非期望产出，而且允许有效的 DMU 的效率大于等于 1，这样就可以对同样有效的决策单元进行区分。为了克服传统 DEA 模型存在的局限性，拖恩（Tone，2003）提出了基于松弛变量且考虑非期望产出的效率测度模型（SBM 模型）。然而，采用基于非期望产出的 SBM 模型虽然可以解决传统 DEA 模型中的局限性，但是，传统 DEA 方法在构建前沿面时是对单年的横截面数据进行效率评价，因此跨期的效率值不能进行横向比较，即使采用 Mamlquist 指数方法仅是通过测算全要素生产率的增长率来解决跨期比较的难题，尚未解决全要素生产率的跨期比较问题，因此，本书采用全局的随机前沿面构建方法，采用非期望产出的超效率 SBM 模型对绿色发展效率进行科学测度。除了上述经济体绿色全要素生产率的测度及分解外，一些学者运用 DEA 方法测度工业、农业等特定领域绿色全要素生产率并进行分解（董敏杰等，2012；李斌等，2013），研究主要集中在工业全要素生产率的测度（杨文举和龙睿赟，2012；李斌等，2013；原毅军和谢荣辉，2015）、农业全要素生产率测度（王奇等，2012；李谷成，2014；杜江等，2016）。部分学者测度了中国金属工业、制造业、服务业、采矿业等行业绿色全要素生产率（殷宝庆，2011；Chen & Golley，2014；王恕立和王许亮，2017；Feng et al.，2018；Zhu et al.，2018）。

除了上述经济体绿色发展效率的测度及分解外，一些学者运用

DEA 方法测度工业、农业等特定领域绿色全要素生产率并进行分解（见表 1-2）。董敏杰等（2012）采用 SBM 方向距离函数并结合序列 Luenberger 生产率指标测度了 2000~2008 年中国工业绿色全要素生产率，并将其按照投入产出进行分解以考察工业绿色全要素生产率增长的要素来源，发现样本考察期内工业绿色全要素生产率的年均增长率为 3.3%，且呈现增速下降态势；工业绿色全要素生产率增长来源表明，期望产出生产率的贡献率为零，要素生产率和污染治理生产率的提高是驱动工业绿色全要素生产率增长的动力。然而，李斌等（2013）基于 2001~2010 年中国 36 个工业行业的投入产出数据，运用 SBM 模型与 Malmquist-Luenberger 生产率指数对中国工业绿色全要素生产率进行了测度，得出与董敏杰等（2012）相反的结论，即分析考察期内中国工业绿色全要素生产率年均下降 7.1%，表明中国工业发展方式越发显现粗放和外延性特征。杨文举和龙睿赟（2012）利用与李斌等（2013）相同的 DEA 模型和方法发现中国工业绿色全要素生产率增长存在倒 U 形趋势，其中技术进步是工业绿色全要素生产率增长的主要源泉，技术效率恶化是工业绿色全要素生产率下降的根本原因。原毅军和谢荣辉（2015）采用 SBM 方向距离函数和 Luenberger 生产率指标相结合对 2000~2012 年中国 30 个省份工业绿色全要素生产率增长及其来源进行了研究，结果表明中国工业绿色全要素生产率的年均增长率为 3.04%，技术进步是其增长的主要来源。另外，王奇等（2012）将随机前沿分析方法与 Malmquist 生产率指数相结合测度了 1992~2010 年中国农业绿色全要素生产率，发现样本考察期内农业绿色全要素生产率的年均增长率为 5.61%，技术进步是农业绿色全要素生产率增长的主要动力，而技术效率恶化抵消了技术进步对农业绿色全要素生产率的部分提升作用。李谷成（2014）运用 SBM 模型与 Malmquist-Luenberger 生产率指数对 1978~2008 年中国农业绿色全要素生产率进行了测度，得出分析期内农业绿色全要素生产率年均增长 2.94% 的结论。然而，杜江等（2016）构建 1991~2013 年中国省级种植业投入产出与污染排放面板数据，利用全局 Malmquist-Luenberger 生产率指数测度了农业绿色全要素生产率，结果表明样本考察期内农业绿色全要素生产率的年均增长率仅为 0.56%。

表 1-2　　　　　　　　中国绿色经济发展效率测度方法

测度方法	特点	代表文献
索罗残差法	索罗残差法只能处理多种投入和单一产出的情形，而对于同时存在"好"产出和"坏"产出的情形就只能将"坏产出"作为投入要素进入生产函数	刘洪等（2018）
随机前沿法	通过参数化方法设定一定的生产函数进行 TFP 的估算。同增长核算法类似，随机前沿生产函数法也只能拟合一种产出的生产过程，难以同时考虑期望产出和非期望产出	王力和韩亚丽（2016）
Luenberger 指数	需要设定特定的生产函数	董敏杰（2012）李斌等（2013）
DEA 方法	第一，数据包络分析不需要设定具体的生产函数的形式；第二，可以更好地模拟多投入多产出的实际生产过程	王兵（2010）、林伯强和谭睿鹏（2019）

三、政府型环境规制与绿色发展效率

根据对已有文献的梳理，我们发现环境规制的类型不同，将会影响环境规制的实施效果。有学者认为中华人民共和国 70 多年来环境规制政策呈现出由"政府干预"向"市场激励"和"公众参与"演进（张小筠和刘戒骄，2019）。因此，本书将环境规制的类型划分为政府型环境规制、市场型环境规制和社会公众型环境规制。

政府型环境规制是指为了对环境污染问题进行治理，缓解由于环境污染给经济社会带来的负外部效应，政府对环境污染进行必要的强行监管，政府监管的形式主要包括：颁布法律、利用行政权力征收排污费，通过对企业的生产过程进行直接干预等。例如颁布环境保护法、征收污染排放费、制定企业排放标准。由于政府型环境规制依赖政府行政命令推行，在短期内可以调动更多的资源有效治理环境污染问题。对污染企业的违规行为进行处罚是每个国家环境规制政策的主要手段，而且环境经济学家普遍认为有效的环境规制必须采取定期检查的方式才可能维持环境规制的有效性。学者们普遍认为政府型环境规制是发达国家环境质量显著改善的主要原因（Kagan，Gunningham & Thornton，2003）。

然而，传统政府型环境规制的效果目前已经引起争议。在整个工业化世界中，政策界越来越倾向于摆脱传统的监管，转向有价值的环境规制政策，许多国家环境执法人数已经下降。例如，自 20 世纪 90 年代以来，美国环境保护署（EPA）的民事强制执行力度明显下降，许多环境保护机构也越来越多地被要求证明其环境保护计划的合理性。例如，国家民事环境执法计划的管理机构和预算审查办公室评估了环境保护局的表现，并建议环境保护局加强其执法管理计划，调查证据表明具有严格监控和执行能力的传统监管模式仍然是许多环境保护政策制定的首要动力。例如，汉娜和安东（Khanna & Anton，2002）的研究表明环境规制的实施效果主要归因于市场因素，环境人员配置、审计等最基本的因素。多南、拉诺伊和拉普朗特（Doonan, Lanoie & LaPlante，2005）发现加拿大 70% 的企业的职业经理人认为政府是环境压力的最重要来源。德拉马斯和陶费尔（Delmas & Toffel，2008）对 493 个美国工业企业的调查中，受访者表示与社区组织、活动团体、媒体相比，监管和立法机构对环境绩效的影响更大。

（一）政府型环境规制的衡量指标

通过对已有研究的梳理，我们发现已有文献对政府型环境规制的衡量指标存在较大差异（见表 1-3），第一类，少量研究采用信息熵指数法对不同种类的环境污染进行拟合得到环境污染的综合指数，以此作为政府命令型环境规制的衡量指标。叶琴和曾刚等（2018）采用信息熵指数法对城市废水排放量、二氧化硫排放量、烟尘排放量等三种污染物进行拟合，得到污染物排放量的综合指数，作为命令型环境规制的衡量指标。然而，一方面，此类指标只能反映环境污染状况并不能反映环境规制程度，环境污染高并不意味着环境规制强度的提高。另一方面，环境污染综合指数并不能反映环境规制所具有的政府命令特征。

表 1-3　　　　　政府型环境规制衡量指标

指标分类	指标测度方法	代表文献
综合指数法	信息熵指数法	叶琴和曾刚等（2018）
环境污染治理投资排污权交易机制	单一指标法	胡宗义和李毅（2017）、屈小娥（2018）、朱金鹤和王雅莉（2019）、林弋筌（2020）、康志勇、汤学良和刘馨（2020）

续表

指标分类	指标测度方法	代表文献
打分法	量表打分法	王班班和齐绍洲（2016）、张兴国等（2014）、王娟茹和张渝（2018）、马富萍、郭晓川和茶娜（2011）
环境行政处罚案件数量 环保案件受理数量	单一指标法	韩国高和邵钟林（2020）、李诗音和龚日朝（2020）、肖远飞和吴允（2019）、孙玉阳、宋有涛和杨春荻（2019）、杨仁发和李娜娜（2019）、成德宁和韦锦辉（2019）、高明和陈巧辉（2019）、屈小娥（2018）、薄文广、徐玮和王军锋（2018）、蔡乌赶和周小亮（2018）

第二类，已有研究将环境污染治理投资（胡宗义和李毅，2017；屈小娥，2018；朱金鹤和王雅莉，2019；林弋筌，2020；康志勇、汤学良和刘馨，2020）和排污收费（董直庆、焦翠红和王芳玲，2015）作为政府命令型环境规制的衡量指标。康志勇、汤学良和刘馨（2020）将环保投资总额占工业增加值比重作为行政命令型环境规制的衡量指标，对环境规制通过促进企业创新影响企业出口问题进行研究，研究发现政府命令型环境规制可以通过提高企业创新能力提升企业出口竞争力，从而验证了弱波特假说的成立。朱金鹤和王雅莉（2019）采用污染治理实际投资与GDP之比来衡量环境规制，研究发现命令型环境规制对绿色全要素生产率具有负面影响。屈小娥（2018）将环保投资额占地区生产总值的比重作为环境规制的衡量指标，发现命令型环境规制能够提高生态效率。胡宗义和李毅（2017）将工业污染治理投资占工业增加值的比重来衡量命令型规制，研究了环境规制对技术效率的影响。采用环境治理污染投资和排污收费等手段进行环境污染治理并不能反映政府对环境污染的禁止和限制。

第三类，部分研究采用量表打分法来评判政府命令型环境规制是否作用于环境污染治理。考虑到政府命令型环境规制的政策效果取决于命令型环境规制是否真正地被落实和执行，王班班和齐绍洲（2016）在考察命令型环境规制对技术创新效应时，采用了针对政府颁布的环境保护条例、法规、办法、标准、细则进行打分，以判断政府命令型环境规制是否得到具体的落实和执行（张兴国等，2014）。王娟茹和张渝（2018）根据马富萍、郭晓川和茶娜（2011）的研究从企业的视角考察企业对政府环境法律法规是否完善、是否权威、是否严格进行评价，从而识别政府命令型环境规制的实施力度。通过量表打分的方法来判断政府命令型环境规制的实施力度具有一定的局限性：首先，量表打分法具有一定的主观性，会受到打分者的身份、地位、知识结构的影响；其次，权重的设置方面具有一定的主观性，会直接影响指标的精准测度。

第四类，更多地研究将环境行政处罚案件数量和环保案件受理数量作为政府命令型环境规制的衡量指标（韩国高和邵钟林，2020；李诗音和龚日朝，2020；肖远飞和吴允，2019；孙玉阳、宋有涛和杨春荻，2019；杨仁发和李娜娜，2019；成德宁和韦锦辉，2019；高明和陈巧辉，2019；屈小娥，2018；薄文广、徐玮和王军锋，2018；蔡乌赶和周小亮，2017）。已有研究分析了政府型环境规制是采用政府法律法规和行政命令的手段保障环境规制的有力实施，因此政府命令型环境规制具有的强制性、命令性特征，基于此，肖远飞和吴允（2019）、李树和翁卫国（2014）、屈小娥（2018）从环保法律的立法视角对环境规制进行测度，采用环境法规数量作为命令型环境规制的手段。成德宁和韦锦辉（2019）从环保法律的受理视角出发，同样将各省份环保案件受理数量来衡量环境规制。孙玉阳、宋有涛和杨春荻（2019）、杨仁发和李娜娜（2019）、高明和陈巧辉（2019）从环保法律的执行视角出发，采用环境污染的行政处罚案件数量来衡量政府型环境规制。上述研究从环保法律的立法、受理和执行视角，采用单一指标衡量政府型环境规制，而单一指标在进行测度时，往往不能全面地表示环境规制的实施力度，因此，有学者开始考虑通过测度综合指标来全面反映政府型环境规制，韩国高和邵钟林（2020）采用熵值法对当年完成环保验收项目数、环保行政主管部门人数、环保监察机构人数和环境行政处罚案件数等指标进行拟合得到政府型环境规制的综合评价指数。

（二）政府型环境规制对绿色发展效率的影响

由于政府型环境规制（environmental regulation）是政府为解决环境污染给经济社会带来负外部效应而制定实施的政策和措施（Crafts，2006），通过实施强制性的环境规制政策直接干预环境污染企业的经济行为，从而达到保护环境，提高经济增长质量的目的。由于政府环境规制的强制性、有效性以及短时期能够调动环保资源的特点，会对经济发展产生显著的影响。目前，现有文献侧重于研究环境规制对经济发展的影响。事实上关于环境规制对企业发展和国家经济增长的影响仍存在较大争议（Gray，1987；Simpson & Bradford，1996；Jaffe & Palmer，1997；韩超和张伟广，2017）。部分研究遵循"成本增加假说"，认为政府型环境规制通过增加企业环境治理成本，降低企业的研发投入比例，阻碍企业生产效率的提高，从而降低了经济发展水平（Haveman & Christainsen，1981；Lofgren et al.，2013；Jaffe & Palmer，1997）。另一部分文献遵循"创新补偿假说"，认为政府型环境规制可以倒逼企业进行技术革新，通过创新补偿效应（innovation offsets effect）弥补由于企业环境治理造成的成本，达到提高企业生产率促进经济增长的目的（Porter，1991；Berman & Bui，2001；涂正革，2015；Ambec et al.，2013；Porter & Linde，1995）。综上所述，国内外文献的研究重点均聚焦于环境规制对企业生产率、经济增长率的研究上，此类研究存在以下两个方面的局限性：一方面，只考虑了环境规制对经济增长的影响，并没有考虑经济增长对环境规制的影响。事实上，伴随着生态文明建设上升为国家战略，人民群众对高质量生活环境的需求在不断增长，经济增长对环境规制提出了更高要求，从而促进了环境规制的加强。另一方面，由于方法的限制，已有研究在考虑企业生产率和经济增长时，没有考虑到高质量经济增长，环境规制通过改善生态环境，提高了经济高质量发展水平。因此，将研究视野转移到环境规制与高质量经济发展的关系上，成为环境经济学亟待解决的现实性问题。

（三）绿色发展效率对政府型环境规制的影响

目前，少部分的研究认为绿色经济发展效率的提升会影响政府型环境规制的实施，将经济发展水平作为影响环境规制的主要变量进行回归分析。（张彩云和陈岑，2018；程钰、徐成龙和任建兰，2015；藏传琴和吕杰，2015），上述研究发现，经济增长对环境规制的研究较少，少量研究将经济发展作为环境规制的影响因素之一，仅考虑了经济发展对环境规制的影响，并没有考虑环境规制对经济增长的影响。已有研究对环境规制与经济发展之间关系的研究均为单向影响，忽视了双向影响导致的内生性问题。由于反向因果问题是导致内生性问题的最主要原因，因此，如果模型中内生性问题得不到解决，无论是采用OLS估计还是

MLE 估计，估计结果都会存在有偏且不一致的问题。

（四）政府型环境规制与绿色发展效率

目前，已有文献已经开始注重政府型环境规制与绿色发展效率的影响。采用面板的联立方程模型来解决经济发展与环境规制之间的内生性问题（黄清煌和高明，2016，2018）。现有文献为环境规制与经济增长质量之间关系的研究奠定了基础，但是仍存在以下局限性，首先，虽然采用了联立方程组模型解决了内生性问题，但是从已有文献的内容来看，仍然聚焦于环境规制对经济增长质量的影响，对经济增长质量对环境规制的影响并不充分也不翔实。其次，已有文献并未对环境规制与经济高质量发展的空间因素纳入到分析框架中，事实上，由于经济发展差距、环境分权以及环境规制逐底竞争现象（race to the bottom）的存在，各地区环境规制与经济增长之间存在着显著的空间非均衡与空间集聚效应，如果在解决内生性问题时忽视了空间因素，回归结果将存在偏误。阿特金森和路易斯（Atkinson & Lewis，1974）发现政府型环境规制虽然在控制污染方面具有良好的效果，但是政府型环境规制的环境治理成本要远远高于市场型环境规制。塞斯金（Seskin，1983）的研究发现政府型环境规制在控制氮氧化物方面付出的代价高于市场型环境规制，且市场型环境规制较政府型环境规制更有效。

四、市场型环境规制与绿色发展效率

伴随着政府命令型环境规制的实施，其所带来的负面影响也逐渐受到学者的关注，学者们认为政府型环境规制虽然能够有效遏制环境污染，但是，政府型环境规制不仅会带来较大的行政成本和信息搜索成本（董直庆、焦翠红和王芳玲，2015），而且容易导致寻租行为，弱化资源配置效率（蔡乌赶和周小亮，2017）。如果单独采用政府型环境规制具有一定的潜在风险，命令型环境规制一旦放松，容易导致环境污染的反弹（钟茂初和姜楠，2017），污染企业便集中生产以弥补环境规制期间损失的产能，导致污染物密集排放。鉴于政府型环境规制具有的局限性，学术界普遍关注到市场型环境规制对环境保护和经济发展的重要作用。

（一）市场型环境规制的衡量指标

市场型环境规制一般采用市场的手段，通过征收排污费、治理污染投资、对企业进行补贴等经济手段对环境污染进行规制（见表1-4）。蔡乌赶和周小亮（2017）、韩国高和邵忠林（2020）、肖远飞和吴允（2019）等文献均采用各地区排污费总额、环境污染治理投资、污染源治理投资等指标作为市场型环境规制的衡量指标。康志勇、汤学良和刘馨（2020）采用排污费收入占工业增加值比重作为市场型环境规制的衡量指标。通过对已有研究的梳理和分析，本书发现上述研究采用的排污费征收、环境污染治理投资等指标实际上是采用经济手段中的税收工具和投资工具对环境污染进行治理，因此，此类指标并非是严格意义上的市场手段。市场型环境规制是以市场在环境污染治理过程中起决定性作用的制度，目前，中国实施的碳排放权交易政策和排污权交易政策是典型的市场型环境规制，通过市场交易手段，将污染的排放权作为一种特殊的商品，通过市场交易手段将企业的生产成本内生到企业生产过程中，倒逼企业加强研发投入和生产技术革新，从而提高经济发展水平和绿色发展效率。通过对已有文献的梳理发现大量研究将碳排放权交易政策和排污权交易政策视为一项准自然实验，采用双重差分法研究市场型环境规制对环境污染、经济发展与全要素生产率（任胜钢等，2019）的影响。部分研究将碳交易政策作为环境规制的衡量指标，肯定了碳交易政策的减排作用。有学者将碳交易政策作为市场型环境规制的衡量指标，指出碳交易政策不仅能降低二氧化碳排放水平，而且对能源消费和能源强度也产生抑制作用（Zhang & Zhang，2019）。陆敏等（2019）认为排污权交易政策中的自愿减排交易机制是政府和企业降低平均成本的有效选择，可以促进企业减少二氧化碳排放，但企业自愿参与减排的效率受企业市场势力的影响。学者们从产业结构（Zhou & Zhang，2019）、技术效率、能源结构等方面进一步讨论碳交易政策的减排路径，并分地区、分产业、分行业等对作用机制进行异质性分析。任亚运和傅京燕（2019）提出碳交易政策有利于调动区域和产业部门的内在积极性，使其主动改善能源结构、提升技术水平进而减少二氧化碳排放。任胜钢等（2019）将排污权交易政策作为市场型环境规制的代理变量，研究了市场型环境规制对企业全要素生产率的影响。而部分学者同样考虑将排污权交易政策作为市场型环境规制的代理指标,研究排污权交易对污染减排和绿色发展的影响(齐红倩和陈苗,2020)。刘承智、杨籽昂和潘爱玲(2016)将排污权交易机制作为市场型环境规制的代理指标,研究市场型环境规制对经济绩效的影响。

表1-4 市场型环境规制的衡量指标

衡量指标	指标测度方法	代表性文献	局限性/优势
排污费总额 环境污染治理投资 污染源治理投资	单一指标法	蔡乌赶和周小亮(2017)、韩国高和邵忠林(2020)、肖远飞和吴允(2019)、康志勇等(2020)	该类指标是采用经济手段中税收工具和投资工具对环境污染进行治理,因此,该类指标并非是严格意义上的市场手段
碳排放权交易 排污权交易	双重差分法构建政策变量	任胜钢等(2019)、张和张(Zhang & Zhang,2019)、陆敏等(2019)、任亚运和傅京燕(2019)	将排放权交易作为准自然实验,不仅可以衡量市场型环境规制,而且能够解决内生性问题

(二)市场型环境规制的创新效应

环境规制的创新驱动效应是"波特假说"的核心观点,波特和林德(Porter & Linde,1995)提出"环境规制通过技术创新的创新补偿效应最终提升产业竞争力"的观点,打破了早期研究基于成本效应对社会福利与私人成本零和博弈的认知,排污权交易政策等环境规制对技术创新的正向影响作用得到了广泛关注。卡莱尔和德舍泽勒普雷特(Calel & Dechezlepretre,2016)提出欧盟排污权交易政策不仅没有对其他技术产生任何挤出效应,而且还将控排企业的技术创新水平提高了36.2%,排污权交易政策至少对欧洲低碳专利增长起到1%的促进作用。现有文献分析了排污权交易政策对可再生能源技术、污染处理技术、能源利用效率提升技术等创新的正向作用。齐绍洲和张振源(2019)基于国家—时间—可再生能源种类三维面板数据实证得出欧盟排污权交易政策显著促进了成员国的可再生能源技术创新,并提出该创新补偿效应在机制设计更加完善的 EU ETS 的第三阶段更加显著。从环境和产业的研发投入、研发强度、成本效应与创新补偿效应的强弱关系等角度解释排污权交易对技术创新作用的影响机制。刘悦和周默涵（2018）认为，在长期，随着部分企业因环境规制带来的成本压力退出市场，存活企业面临的竞争压力降低后，企业预期利润提升，能够促进研发投资的增加。然而，并非所有量化分析结果均支持"环境规制正向影响技术创新"的弱波特假说。叶琴等（2018）、张娟等（2019）、董直庆和王辉（2019）均指出弱波特假说成立存在时间约束条件，环境规制对技术创新起到先抑后扬的门槛特征。而袁宝龙（2018）的研究结果表明环境规制对制造业研发投入具有显著挤出效应，当前制造业遵循环境规制的成本效应，认为环境规制降低企业技术创新，弱波特假说未得到验证。除了围绕碳交易政策对技术创新的直接研究外，也有学者围绕环境规制强度、环境规制门槛效应等与技术创新的关系以及绿色技术创新的空间效应等问题进行进一步讨论。

已有研究从技术创新是否降低环境污染的角度考察环境规制对绿色发展效率的影响。早期理论研究支持技术创新会在长期对二氧化碳排放产生抑制作用（严成樑、李涛和兰伟，2016），并讨论能源效率、技术转换能力以及生产要素的替代效应等在其中的作用关系。汗等（Khan et al.，2019）将技术分为四种类型探究碳排放对技术冲击的响应结果，除了推动经济周期的外生技术冲击，排污权交易政策在接受技术冲击后均在一定时期内呈负向变化。然而，有关技术创新与环境污染的研究发展至今，除了代理变量选择、时间跨度和研究对象存在某些共识外，学者们仍未得出统一的结论，其主要原因在于对反弹效应的认识不同。Khazzoom-Brookes假说提出由于环境规制反弹效应的存在，能源效率的提升反而提高二氧化碳的排放，降低了绿色发展效率。因此，由于技术创新与二氧化碳排放的关系曲线呈现出正向线性、负向线性和倒U形（Gu & Zhao，2019）等多种结果，因此，从宏观视角建立基于反弹效应的综合修正模型，实证结果表明反弹效应在中国省际间存在异质性，并大致分布在10%~60%的区间内，即能源消费增加没有完全抵消技术创新带来的二氧化碳减排作用（Yang & Li，2017）。考虑到行业内排放源数量存在的差异，反弹效应的大小在不同行业具有异质性。有研究指出技术创新显著提高了重工业和轻工业的二氧化碳排放水平，而显著降低了建筑业和服务业的二氧化碳排放水平（Wang et al.，2019）。有研究对技术创新进行分类后提出，当绿色技术创新水平较低且产能需求不断增加时，会导致二氧化碳排放增加（何彬和范硕，2017）。上述研究均认为技术进步对环境污染与绿色发展效率的重要作用，然而，并没有对市场交易机制通过技术进步影响环境污染和绿色发展效率这一渠道进行深入分析。

（三）市场型环境规制对绿色发展效率影响的评估方法

通过前文的分析，我们发现学者们逐渐意识到市场型环境规制的实施效果对于绿色发展效率的重要意义，往往将环境规制作为一项"准自然实验"，评估环境规制政策的实施是否对环境质量的改善起到立竿见影的效果（范丹等，2017；李斌等，2019；Zhang & Peng，2017）。排污权交易政策是一种对污染物总量控制的环境政策，通过市场交易和市场激励的手段达到降低环境污染的目的。2007年排污权交易试点实施以来，围绕着排污权交易试点实施效果的研究逐渐增多，从排污权交易试点的实施效果来看，学者们竟得出了两种截然相反的结论，部分学者认为排污权交易并未达到预期效果（Wang et al.，2004；李永友和沈坤荣，2008；涂正革和谌仁俊，2015），还有部分学者则认为排污权交易试点通过市场交易机制将企业成本内生化，能够降低环境污染水平（梅林海和朱韵琴，2019；李永友和文云飞，2016；吴朝霞和葛冰馨，2018）。学者们之所以得出完全相反的结论，其原因可能有以下两点：一是两类研究所采用的时间跨度不同，前者所采用的时间跨度较短，仅反映了排污权交易试点实施之后一年的效果，后者所采用的时间跨度较长；二是两类研究所采用的政策评估方法和选择的指标不同，政策评估方法选择是否科学将严重影响政策评估效果。

目前有关排污权交易试点效果评估的研究主要包括以下三类：第一，采用单差法通过对比排污权交易试点政策实施前后污染排放量的变化来说明排污权交易试点的实施效果。李永友和沈坤荣（2008）通过对比政策实施前后试点省份的废水、废气、固体废弃物等环境污染排放量的变化来说明政策的实施效果。刘承智等（2016）通过对比2007年前后排污权交易试点城市的环境全要素生产率的变化，发现排污权交易试点不仅提高了减排效果，而且能够提高环境全要素生产率。虽然单差法可以直观地对比排污权交易试点实施前后污染物的变化，但如果仅在排污权交易试点政策实施后对不同省份的污染物进行比较，容易将政策实施前可能存在的不可预测的组间差异误认为试点政策的影响，因此，单差法陷入理论困境。

第二，为了弥补单差法的局限，学者们将研究重点转移到政策评估方法上，目前对排污权交易试点的政策评估往往采用双重差分法。一部分学者采用双重差分法对二氧化硫排放权交易试点的减排效果进行评估（闫文娟和郭树龙，2012；涂正革和谌仁俊，2015），另一部分学者采用双重差分法对碳排放权交易试点的政策效果进行了评估（Cheng et al.，2015；Liu et al.，2015；Tang et al.，2015；王文军等，2018）。双重差分法适用的前提是对照组和控制组需要满足平行趋势假定，然而，由于区域间经济发展水平、减排技术水平、能源消费强度等因素存在较大差异，不仅各地区环境污染水平存在显著的差异（刘华军和赵浩，2012；杨骞等，2017），而且污染的收敛速度也存在明显差异（刘亦文等，2018），因此，双重差分法所要求的平行趋势假设很难得到满足。

第三，为了提高双重差分法的适用性，赫克曼（Heckman，1997）将 DID 方法发展为 PSM-DID，因此学术界采用 PSM-DID 对排污权交易试点的实施效果进行研究（李永友和文云飞，2016；傅京燕等，2018；王树强和庞晶，2019），虽然在大样本情况下 PSM-DID 能够保证匹配效果最优，使研究结论更具可信性。但是，倾向得分匹配双重差分法有其严格的适用条件，首先，PSM-DID 在大样本的情况下才能使匹配结果更优（谭周令和程豹，2018），由于排污权交易试点仅有 11 个省份，因此排污权交易试点的政策评估并不满足大样本的要求。其次，PSM-DID 仅仅可以对可观察变量进行控制，忽视了对不可观测变量的控制，从而导致估计偏差（刘瑞明和赵仁杰，2015）。最后，PSM-DID 方法假设排污权交易试点政策所覆盖到的所有省份均具有相同的政策效果，然而事实并非如此，一方面，排污权交易试点省份具有自身特有的特征，经济发展、能源效率、资源禀赋等方面存在较大差异，即使实施了同样政策所达到的政策效果也不尽相同。另一方面，排污权交易试点政策实施后各省份政策落实的效率千差万别，所达到的结果也有所差异。因此，如何科学地选择对照组成为学者们所研究的重点问题。

五、社会公众型环境规制与绿色发展效率

(一) 社会公众型环境规制的衡量指标

已有研究在环境规制的衡量指标选择上,往往从政府和市场两个视角出发,而忽视了社会公众型环境规制的重要作用,而当前环境规制政策呈现出由政府向市场和社会公众逐渐演化的趋势。已有研究对于环境规制的测度存在以下两类,第一类,采用政府型环境规制,如环境治理污染投资(刘华军和刘传明,2017;原毅军和谢荣辉,2016;王洪庆,2015)、排污费征收(申晨、李胜兰和黄亮雄,2018)。第二类,采用市场型环境规制,如:排污权交易政策(傅京燕、司秀梅和曹翔,2018;闫文娟和郭树龙,2017)、碳排放权交易政策(任亚运和傅京燕,2019;黄向岚、张训常和刘晔,2018;谭静和张建华,2018)等。上述研究并没有考虑社会公众型环境规制对经济变量的影响,进而研究社会公众型环境规制对绿色发展效率的影响。为了弥补已有研究的局限性,有学者关注到了社会公众型环境规制的重要性,秦颖和孙慧(2020)采用媒体关注作为社会公众型环境规制的代理指标,研究其对企业创新的影响。高艺、杨高升和谢秋皓(2020)通过熵权法拟合公众参与度,对社会公众型环境规制进行测度,研究社会公众型环境规制对绿色全要素生产率的影响。马勇、童昀和任洁等(2018)采用环保部12369投诉数据作为社会公众型环境规制的衡量指标,研究社会公众型环境规制的驱动因素。此外,有研究采用环境信访来信数量(马媛、尹华和崔巍,2015)、环境信访处理率(刘新民、杜素珍和王松,2016)、公众环境问题上访批次(蔡乌赶和周小亮,2017)等指标来衡量。现有文献采用的社会公众型环境规制指标存在的问题主要包含的问题是:指标测度的方法为单一指标法、指标的选择导致严重的内生性问题。本书采用环境信息披露政策作为准自然实验的优势,采用环境信息披露政策作为一项外生政策冲击的优势在于解决社会公众型环境规制与绿色发展效率的内生性问题。

(二) 社会公众型环境规制——环境信息披露政策

目前,现有文献将环境信息披露视为改善企业内部和外部信息不对

称的方式，较多文献从企业经营视角出发，研究环境信息披露对企业价值的影响。张淑惠、史玄玄和文雷（2011）采用2005~2009年上市公司数据，研究环境信息披露对企业价值的影响，发现环境信息披露质量能够提升企业价值，然而，学术界对该结论仍存争议，有学者得出完全相反的结论。李强和李恬（2017）选取沪深两市A股上市公司为样本，发现在竞争压力下企业环境信息披露会发生扭曲，企业出于竞争动机而降低环境信息披露质量会降低企业价值，上述研究仅研究了环境信息披露对企业价值的影响方向，并没有涉及到传导机制问题。基于此，学者们开始研究二者的传导机制问题。任力和洪喆（2017）采用沪深A股重污染行业上市公司数据，发现环境信息披露影响企业价值主要通过资本成本效应和预期现金流量效应两种渠道。唐勇军和夏丽（2019）将2011~2016年重污染行业上市公司作为研究样本，将环境信息披露质量作为调节变量，研究发现高质量的环境信息披露能够缓和环保投入与企业价值之间的关系，在环境信息披露质量较高时，企业需要更多的环保投入才能实现环保投入的价值增值效应。综上所述，上述研究仅关注了环境信息披露对企业价值以及其他财务信息的影响，并没有将环境信息披露作为一种环境规制手段，研究环境信息披露对环境绩效的影响。

从现有研究进展看，有学者将环境信息披露作为社会公众型环境规制的衡量指标，认为环境信息披露具有环境规制作用，研究其对环境绩效的影响，且得到了较为一致的研究结论，认为环境信息披露能够提高企业的环境绩效（Clarkson et al.，2008；Chapple et al.，2011）。拉蒂迪斯（Latridis，2013）发现企业环境信息披露会影响投资者的投资偏好，将环境信息披露视为环境管理水平的依据，认为环境信息披露能够促进环境绩效。孟科学和杨荔瑶（2017）研究环境信息披露和企业环境绩效的关系，研究发现，在企业环境绩效提高过程中，环境信息披露扮演着调节效应。此外，陈璇和淳伟德（2015）以沪、深A股化工行业上市公司数据，研究环境信息披露与企业环境绩效之间的关系，分析发现环境信息披露与企业环境绩效之间存在显著正相关。陈璇和克努特（Chen Xuan & Knut，2013）注意到了环境信息披露对企业环境绩效影响的异质性特征，认为二者之间的关系不仅具有产业异质性，而且具有区域异质性。有学者认为环境信息披露与环境绩效之间具有反向关系，注意到环境绩效对环境信息披露的影响（Clarkson et al.，2011）。武剑锋、叶陈刚和刘猛（2015）从政治关联的视角研究环境绩效对环境信息披露的影响，研究结果表明，政治关联会抑制环境绩效给环境信息披露带来的促进作用。何和洛夫特斯（He & Loftus，2014）发现环境绩效好的企业，往往环境信息披露的质量越高。综上所述，现有研究存在两个方面的局限，一方面，现有研究注意到了环境信息披露对企业环境绩效的影响具有互为因果的双向影响特征，但是并没有解决由此导致的内生性问题。另一方面，现有研究从企业的角度研究环境信息披露对企业环境绩效的影响，并没有将环境绩效的测度放在多投入多产出的 DEA 模型框架下，尚缺乏环境信息披露对绿色发展效率影响的研究。

六、文献述评

（一）在政府型环境规制对绿色发展效率的研究中

已有研究为进一步考察政府型环境规制与绿色发展效率的研究提供了有益的启示，但是仍存在以下两个方面的局限性：一是在政府型环境规制的衡量指标上，已有研究采用了环境治理污染投资、排污费征收等指标衡量政府命令型环境规制具有一定的局限性，此类指标只能反映政府采取的经济手段进行环境污染治理。并不能很好地反映政府环境规制的强制性特征，亟须采用反映政府命令型环境规制的强制性指标。二是在研究内容上，已有研究尽管从不同视角不同方法考察了政府命令型环境规制对经济发展或者全要素生产率的影响，但是已有研究存在两方面的局限性，首先，已有研究更多地考察了政府型环境规制对经济发展或者全要素生产率的影响，少量研究将经济发展水平作为环境规制的影响因素，研究经济发展对环境规制的影响，此类研究均属于单向影响，并没有考虑到环境规制与经济发展或者绿色发展效率之间的双向影响效应。事实上，随着中国经济的高质量发展，经济社会对高质量生态环境的需求逐渐增加，需要更加严格的环境规制手段提高生态环境治理，以满足经济社会对高质量生态环境的需求。因此，环境规制与经济发展或者经济效率的影响并非是单向影响，而是存在双向反馈效应。其次，少量研究注意到环境规制与全要素生产率的双向影响关系，采用联立方程模型研究了二者之间的关系，但是由于受到方法的限制，研究忽视了环境规制与绿色全要素生产率的空间溢出效应。事实上，环境规制与绿色全要素生产率具有较为明显的空间溢出和空间集聚特征，一旦忽视了空间溢出特征，将会因为遗漏空间变量导致内生性问题，造成回归结果的偏误。本书在已有研究的基础上，采用空间联立方程模型，在充分考虑环境规制与绿色发展效率双向反馈效应的基础上，综合考虑二者之间的空间溢出关系，采用空间误差模型研究政府命令型环境规制与绿色发展效率的双向反馈效应。

（二）在市场型环境规制对绿色发展效率的研究中

已有研究注意到市场激励型环境规制对绿色全要素生产率的影响，并运用计量模型考察市场型环境规制与绿色全要素生产率之间的关系，为接下来的研究奠定了一定的研究基础，但是仍然存在以下两方面的局限性。第一，已有研究采用环境污染治理投资和排污费征收作为市场型环境规制的衡量指标，本书发现上述研究采用的排污费征收、环境污染治理投资等指标实际上是采用经济手段中的税收工具和投资工具对环境污染进行治理，因此，该类指标并非是严格意义上的市场手段。市场激励型环境规制是以市场在环境污染治理过程中起决定性作用的制度，无论是排污权政策还是碳排放权交易政策，均是将污染的排放权赋予其商品属性，允许其在市场上进行交易的行为，通过市场交易的手段将环境污染带来的外部效应内部化。第二，已有研究为了考察市场型环境规制的实施效果，采用单差法通过对比排污权交易试点政策实施前后污染排放量的变化来说明排污权交易试点的实施效果，虽然可以直观地对比排污权交易试点实施前后污染物的变化，但如果仅在排污权交易试点实施后对不同省份的污染物进行比较，容易将政策实施前可能存在的不可预测的组间差异误认为试点政策的影响。本书在已有研究的基础上，将排污权交易试点政策视为市场型环境规制的准自然实现，采用双重差分法（DID）和倾向得分匹配双重差分法（PSM-DID）研究市场型环境规制对绿色发展效率的影响效应，这样不仅解决了市场型环境规制与绿色发展效率互为因果的内生性问题，而且还能够有效解决二者的因果关系。

（三）在社会公众型环境规制对绿色发展效率的研究中

已有研究往往采用群众环境信访数量作为社会公众自愿性环境规制

的手段，研究社会公众型环境规制对全要素生产率的影响，为深入研究提供了一定的理论基础，但是此类研究仍然存在局限性，主要表现在以下两个方面：第一，在社会公众型环境规制的衡量指标方面，已有研究采用群众环境信访数量作为社会公众型环境规制指标并不能全面地反映社会公众型环境规制。在大众传媒普遍存在的今天，社会公众对环境污染问题的监督，并不是单独地采用信访的形式来实现，更多的是借助新闻媒体的手段，采用新闻报道的形式对环境污染问题进行监督。第二，对社会公众型环境规制与绿色发展效率之间关系的研究，往往忽视了社会公众型环境规制与绿色发展效率之间的互为因果的内生性问题，社会公众型环境规制会对绿色发展效率产生影响，绿色发展效率的提高意味着社会公众对高质量环境的需求逐渐增加，一定程度上影响到社会公众的环保参与度，因此，二者存在明显的互为因果的关系，如果内生性问题没有得到妥善的解决，将会给回归结果存在较大偏误。在已有研究的基础上，本书利用 ECMWF 所发布的 ERA－INTERIM 栅格气象数据，根据大气数量模型构建城市空气流动性系数，本书将空气流通系数作为社会公众型环境规制的工具变量，空气流通系数既满足工具变量的相关性又满足外生性条件，将该指标作为社会公众型环境规制的工具变量。此外，本书采用 GMM 估计和工具变量相结合的方法识别社会公众型环境规制与绿色发展效率的因果关系。

（四）在绿色发展效率的测度的研究中

已有研究采用不同测度方法，从不同研究视角对绿色发展效率进行了评价，但在测度结果上存在明显差异，这主要归因于以下两个方面原因：一是测度方法上的差异。索洛余值法中生产技术都是充分有效的假设不符合经济活动的实际情况。二是 SFA 方法因存在内生性、误差项分布选择主观性、参数估计要求大样本和不满足单调性假设等问题受到批评。基于相邻或序列参比 DEA 方法的测度结果由于采用不同的生产技术前沿，测度结果往往不具有跨期可比性和循环性。为此，基于 2016 年发布的，依据新的核算标准进行修订后的 2005 年以来 GDP 和固定资本形成总额数据，考虑资本投入结构的时空异质性，采用永续盘存法估算分省资本存量，同时选择人均受教育年限作为劳动者技能的代理变量，对分省劳动投入进行同质化处理，并参考已有文献，确定其他要素投入、期望产出和非期望产出，在此基础上构建包含非期望产出的 SBM 模型，运用 Global 全局可参比的生产率指数解决相邻或序列参比 DEA 方法的线性规划无解和技术倒退等问题，更加准确地测度中国分省绿色全要素生产率。

（五）三种类型环境规制对绿色发展效率的贡献性分析

已有文献并未注意到政府型、市场型、社会公众型环境规制对于绿色经济发展的贡献问题，事实上，三种类型环境规制对绿色经济发展效率的贡献分析对于环境规制类型的选择以及地方政府因地制宜地制定适合本地区经济发展状况的环境规制具有重要的指导意义。同时，在充分考虑内生性问题的基础上，考察三种环境规制对绿色发展效率的影响。已有研究没有同时考虑到多种环境规制对绿色发展效率的影响。无论是政府型、市场型还是社会公众型环境规制，均不单独作用于经济发展效率，而是同时作用于绿色发展效率。因此，本书将采用空间计量模型，考察不同环境规制交互效应对绿色发展效率的影响程度。

第三节 研究内容和解决的关键问题

一、研究内容

（一）中国绿色发展效率的测度研究

本书在对绿色发展效率的内涵进行界定基础上，在环境生产技术框架下，构建 DEA 评价方法对中国绿色发展效率进行测度。测度部分的主要内容主要包括以下三个部分：一是城市绿色发展效率的内涵界定。本书将绿色发展视为由生态环境系统和国民经济系统构成的复杂系统，本书将这一复杂系统的投入产出效率视为"绿色发展效率"。二是绿色发展效率评价方法构建。本书在环境生产技术和 DEA 框架下，采用基于非期望产出的 SBM 模型，结合 Global - DEA 模型，构建绿色发展效率评价方法。三是中国城市绿色发展效率的测度。基于以上评价方法，本书以资本、劳动、水资源、用电量作为投入，以工业废水、工业烟尘、工业二氧化硫（SO_2）、$PM_{2.5}$ 等作为非期望产出，以 GDP、城市绿地面积作为期望产出，对绿色发展效率进行测度。

（二）中国绿色发展效率的测度及典型化事实描述

本部分从空间分布、空间差异、分布动态演进等三个方面刻画并揭示绿色发展效率的空间差异特征。研究包括三个部分：一是城市绿色发展效率的空间分布特征。基于 ArcGIS 平台，绘制多幅绿色发展效率的空间分布地图，刻画绿色发展效率的空间分布格局。二是绿色发展效率空间差异及其来源。采用 Dagum 基尼系数测度环境规制与绿色发展效率的总体差异程度，并将其分解为"地区内差异"和"地区间差异"并探索空间差异的来源。三是城市绿色发展效率的分布动态演进，利用 Kernel 密度估计揭示中国城市绿色发展效率的分布动态演进趋势。

（三）环境规制对绿色发展效率影响的理论机制分析

本部分旨在揭示环境规制对绿色发展效率影响的理论机制。研究主要包括三个部分：一是数理模型推导部分。在内生经济增长框架下，将环境规制纳入到内生经济增长模型中，综合考虑政府、企业和社会公众对环境规制的影响，在家庭部门效用最大化、厂商利润最大化问题的前提下求解模型的最优解。二是影响渠道部分。在现有关于环境规制理论的基础上，总结不同类型环境规制的特点，构建中介效应模型、调节效应模型、门槛效应模型对不同种类环境规制影响绿色发展效率的渠道进行分析。三是提出研究假说部分。根据数理模型和传导机制分析的内容，提出环境规制影响绿色发展效率的研究假说，并对研究假说进行验证。

（四）政府型环境规制对绿色发展效率的影响

本部分从理论机制和经验证据两个层面揭示政府型环境规制对绿色发展效率影响。研究包括三个部分：一是政府型环境规制的特点。通过对比政府型与市场型、社会公众型环境规制的不同，总结政府型环境规制的特点。二是空间网络权重的设置。本书将以环境经济领域广泛关注的"环境规制逐底竞争理论"以及"环境规制逐顶竞争理论"作为研究基础，采用修正的引力模型，构建空间关联网络权重，以表征逐底竞争和逐顶竞争影响下环境规制对绿色发展效率的影响。三是空间联立方程模型构建，本书采用空间联立方程技术，能够综合考虑环境规制与绿色发展效率之间的空间交互影响，缓解了互为因果导致的内生性问题，在考虑空间关联和空间溢出效应的基础上，在网络权重、地理距离权重和邻接权重情景下，构建空间计量模型，研究政府型环境规制对绿色发展效率的影响。

（五）市场型环境规制对绿色发展效率的影响

本部分从理论机制和经验检验两个层面揭示市场型环境规制对绿色发展效率的影响。研究包括三个部分：一是市场型环境规制的特点。通过对比市场型环境规制与政府型、社会公众型环境规制的不同，总结市场型环境规制的特点。二是准自然实验构建。排污权交易政策是市场型环境规制的典型案例，本书将排污权交易政策作为一项准自然实验，将2007年财政部、环保部和发改委联合批复了湖北、浙江、湖南、天津、河南、江苏、重庆、山西、陕西、河北、内蒙古等11个省份作为实验组，将其他省份作为对照组。三是构建双重差分模型。在对实验组和对照组的平行趋势进行检验的基础上，构建双重差分模型，观察市场型环境规制对绿色发展效率影响的方向及大小。

（六）社会公众型环境规制对绿色发展效率的影响

本部分从理论机制和实证检验两个层面揭示社会公众型环境规制对绿色发展效率的影响。研究包括四个部分：一是社会公众型环境规制的特点。通过对比社会公众型环境规制与政府型、市场型环境规制的不同，总结社会公众型环境规制的特点。二是本书将代表社会公众型环境规制的环境信息披露制度作为一项准自然实验，采用双重差分法研究环境信息披露政策对绿色发展效率的影响。三是社会公众型环境规制工具变量构造。本书利用 ECMWF 所发布的 ERA – INTERIM 栅格气象数据，根据大气数量模型构建城市空气流动性系数，本书将空气流通系数作为社会公众型环境规制的工具变量，空气流通系数既满足工具变量的相关性又满足外生性条件。四是社会公众型环境规制对绿色发展效率的影响。本书采用双重差分法（DID）与工具变量方法（IV）相结合，研究社会公众型环境规制对绿色发展效率的影响。

（七）不同类型环境规制对绿色发展效率的贡献分析

本部分旨在分析三种环境规制对绿色发展效率贡献大小。研究包括两个部分：一是理论分析。本书从政府、企业和社会公众多主体参与视角出发，分析三种类型环境规制交互影响对绿色发展效率的贡献分析。二是贡献度分析。本书将政府型、市场型、社会公众型环境规制共同纳入到空间计量模型中，并对计量模型进行回归分析，分析不同环境规制对绿色发展效率的贡献。

（八）环境污染治理与绿色发展效率的协同提升路径及对策研究

根据以上研究结论，本部分以增强"环境系统"与"经济系统"的协调性和可持续发展能力为目标，构建多中心—多层次协同提升体系，以此进行环境污染治理和绿色发展效率的协同提升路径设计并提供相应政策建议。研究包括两个部分：一是环境污染治理与绿色发展效率的协同提升路径设计。借鉴多中心治理理论和网络协同理论，提出以环境污染治理为中心、环境与经济良性互动的协同提升体系创新思路，并以此进行路径框架设计。二是环境污染治理与绿色发展效率协同提升对策建议。根据提升路径框架，从一个目标、两级政府、三轮驱动、四个抓手出发为中国城市绿色发展效率的协同提升提供可行性建议。

二、解决的关键问题

本书基于政府、企业和社会公众多主体参与视角，从理论机制和实证检验两方面研究环境规制对中国绿色增长效率的影响效应，为新时期促进生态环境保护和促进绿色发展效率的提升提供经验证据，为高质量发展阶段促进绿色发展效率的提升提供对策建议。具体研究中，解决的关键问题具体如下：

（一）如何测度中国绿色发展效率

科学精准地测度绿色发展效率是研究环境规制与绿色发展效率之间

关系的前提。一方面，本书在环境生产技术的分析框架下，运用永续盘存法核算了资本存量，通过阅读相关文献，对模型的投入、期望产出和非期望产出进行界定。另一方面，采用基于非期望产出的全局可参比的超效率 SBM 模型准确测度中国省际和城市的绿色发展效率。

（二）如何揭示环境规制对绿色发展效率的理论机制

全面揭示环境规制对绿色发展效率的理论机制是进行实证分析的前提和基础。一是在内生经济增长框架下，将环境规制纳入到内生经济增长模型中，综合考虑家庭、厂商和政府对环境规制的影响，在家庭部门效用最大化、厂商利润最大化问题的前提下求解模型的最优解；二是通过阅读相关文献，总结政府型、市场型和社会公众型环境规制的特点，考察三种类型环境规制对绿色发展效率的影响渠道；三是根据前文的理论机制分析和影响渠道分析，提出三种类型环境规制影响绿色发展效率的研究假说。

（三）如何考察政府型环境规制对绿色发展效率的空间交互影响

随着环境经济理论研究的深入，学术界认为环境规制逐底竞争是环境污染空间溢出的来源，因此，本书在环境规制逐底竞争的情景下考察政府型环境规制与绿色发展效率所具有的空间交互影响。本书借鉴引力模型构建反映政府型环境规制逐底竞争的空间网络权重，并采用空间联立方程模型研究政府型环境规制与绿色发展效率的空间交互影响效应，既解决了政府型环境规制与绿色发展效率之间的交互影响，又充分解决了政府型环境规制与绿色发展效率之间存在的互为因果的内生性问题。

（四）如何考察市场型环境规制与绿色发展效率的因果关系

经济变量之间的因果关系识别是经济学研究关注的重点，本书将 2007 年开始实施的排污权交易试点政策视为一项市场型环境规制的准自然实验，将实施排污权交易政策的试点省份作为准自然实验的实验组，将其他未实施排污权交易政策的省份视为对照组，在满足平行趋势检验的基础上，采用双重差分法（DID）对排污权交易政策影响绿色发展效率的因果关系进行识别。为了揭示市场型环境规制对绿色发展效率影响的异质性，本书采用合成控制法对排污权交易政策影响绿色发展效率的异质性进行检验。

（五）如何考察社会公众型环境规制与绿色发展效率的因果关系

当前，社会公众对环境问题监督已经成为环境规制的最新形式，社会关注度的实现形式主要是通过新闻媒体、社会大众、环保组织等形式对环境信息进行披露来实现。一方面，本书将2008年实施的环境信息披露政策视为一项准自然实验，采用双重差分法识别社会公众型环境规制与绿色发展效率的因果关系，另一方面，为了避免可能存在的内生性问题，本书利用ECMWF所发布的ERA – INTERIM栅格气象数据，根据大气数量模型构建城市空气流动性系数，本书将空气流通系数作为社会公众型环境规制的工具变量，进行工具变量分析。

（六）如何探讨三种环境规制对绿色发展效率的贡献性分析

已有研究往往研究单一环境规制对绿色发展效率的影响，然而，政府型、市场型和社会公众型环境规制并非单独作用于绿色发展效率，而是同时作用于绿色发展效率，因此需要探讨不同种类的环境规制对绿色发展效率的贡献。因此，本书构建空间计量模型，在考虑空间溢出效应的基础上，探讨不同种类环境规制对绿色发展效率的贡献。

第四节 研究方法与研究思路

一、研究方法

本书立足生态环境保护和绿色发展效率提升，在经济高质量发展的背景下，以环境规制对绿色发展效率的影响作为研究主题，在科学评价中国绿色发展效率的基础上，采用多种技术方法，基于政府、企业与社会公众多主体参与视角，从理论机制和实证检验两个层面研究环境规制对绿色发展效率的影响。具体研究方法如下：

（一）规范分析与实证分析相结合方法

本书采用规范分析和实证分析相结合的方法，从政府、企业和社会公众多主体参与视角研究环境规制对绿色发展效率的影响，第一，采用数理模型分析方法，在内生经济增长框架下，将环境规制纳入到内生经济增长模型中，综合考虑家庭、厂商和政府对环境规制的影响，在家庭部门效用最大化、厂商利润最大化问题的前提下求解模型的最优解。第二，结合相关理论梳理三类环境规制对绿色发展效率的影响渠道，一是政府环境规制通过颁布环境治理的法律法规对环境污染问题进行治理，进而提升绿色发展效率。二是市场型环境规制通过市场交易的手段将污染排放导致的成本纳入到生产过程中的成本收益机制中，能够诱发生产过程中技术创新水平。三是社会公众型环境规制通过社会公众力量对环境污染问题实施环境监督，进而实现绿色发展效率的提升。第三，采用空间联立方程模型、双重差分模型、工具变量等方法，从政府、企业和社会公众多主体参与视角实证考察环境规制对绿色发展效率的影响。

（二）全局可参比的数据包络分析方法

数据包络分析（DEA）由于不需要设定具体的生产函数形式，可以更好地模拟多投入多产出的实际生产过程，能够有效避免错误设定生产函数带来的效率测度的偏误问题，近年来得到广泛应用。因此，本书在数据包络分析框架下，充分考虑资本折旧率的时空异质性以及劳动投入质量的地区异质性，并确定其他要素投入、期望产出和非期望产出，在此基础上，构建包含非期望产出的 SBM 模型，并采用 Global 超效率的 SBM 模型对绿色发展效率进行测度。在全局可参比的数据包络分析框架下，综合考虑非期望产出的超效率模型和 SBM 模型对城市全要素生产率增长进行测度。全局参比的方法是利用整个考察期间所有决策单元的投入产出数据构建最佳生产前沿，将不同时期的决策单元均在全局最佳生产前沿下进行测度，有效解决测度存在不可行解以及跨期不可比等问题。采用超效率模型可以对有效决策单元进一步比较，避免多个决策单元同时有效时无法做出进一步比较的局限性。

（三）空间分析方法

本书在 ArcGIS 平台的支持下，通过绘制多幅地图的方式，分析环境规制与绿色发展效率的空间分布格局，采用 Dagum 基尼系数对环境规制与绿色发展效率的空间差异进行测度，在此基础上将空间差异分解为地区内差异、地区间差异和超变密度。利用 Kernel 密度和 Markov 链技术研究环境规制与绿色发展效率的分布动态演进。综上所述，本书从空间分布、空间差异和分布动态演进三个方面，充分认识环境规制与绿色发展效率典型化事实。

（四）空间联立方程方法

本书采用空间联立方程模型考察政府型环境规制对绿色发展效率的影响，采用空间联立方程模型不仅可以考虑到政府型环境规制与绿色发展效率之间的交互影响，而且能够充分考虑二者之间的空间溢出效应。在构建空间联立方程的空间权重部分，本书在环境规制逐底竞争和逐顶竞争理论的基础上，采用修正的引力模型构建空间关联网络权重，在此基础上采用空间误差模型（SEM）和空间滞后模型（SLM）考察政府型环境规制与绿色发展效率的空间交互影响。

（五）双重差分方法

双重差分法作为因果关系识别的重要方法，已经得到学术界的广泛关注。本书将市场型环境规制排污权交易政策和社会公众型环境规制的环境信息披露政策视为一项准自然实验，研究市场型环境规制和社会公众型环境规制对绿色发展效率的影响。第一，本书将排污权交易政策和环境信息披露政策视为一项准自然实验确定实验组和对照组。第二，对环境规制政策的平行趋势进行检验，确保实验组和对照组的绿色发展效率在政策实施之前具有平行趋势。第三，采用双重差分法对环境规制的政策效应进行评估，这不仅解决了环境规制与绿色发展效率互为因果的内生性问题，而且能够解释二者之间的因果关系。

（六）工具变量方法

本书寻找社会公众型环境规制的工具变量，来识别社会公众型环境规制与绿色发展效率的因果关系。利用 ECMWF 发布的 ERA – INTERIM 栅格气象数据，根据大气数量模型构建城市空气流动性系数，将空气流通系数作为社会公众型环境规制的工具变量，空气流通系数既满足工具变量的相关性又满足外生性条件，将该指标作为社会公众型环境规制的工具变量。

（七）空间计量方法

一是理论机制构建。本书将政府型、市场型与社会公众型环境规制纳入同一框架，考察多主体参与型环境规制对绿色发展效率的贡献。二是空间计量模型构建与实证检验。分别采用地理距离权重表征中国绿色发展效率的空间关联模式，构建空间面板数据模型，对中国绿色发展效率的溢出效应以及政府型、市场型与社会公众型对绿色发展效率的贡献进行实证分析。

二、研究思路

本书研究沿着"提出问题、分析问题、解决问题"的思路。第一，在生态环境保护与绿色经济发展效率协同提升的背景下，从政府、企业和社会公众多主体参与视角出发，确定本书研究主题是"环境规制对绿色发展效率的影响效应研究"。第二，对环境规制与绿色发展效率的概念进行界定，并基于全局可参比的超效率 DEA 模型对绿色发展效率进行测度，对环境规制与绿色发展效率的典型化事实进行描述；第三，将环境规制引入内生经济增长框架，通过构建理论模型揭示环境规制对绿色发展效率的影响，并通过分析传导机制和提出理论假说，对环境规制影响绿色发展效率的机制进行分析；第四，从政府、企业和社会公众多主体参与视角出发，探讨不同环境规制对绿色发展效率的影响效应；第五，将政府型、市场、社会公众型环境规制共同纳入计量模型中，探讨三种环境规制对绿色发展效率的贡献，并结合异质性分析考察不同环境规制的选择问题。第六，根据理论机制部分的思路，构建中介效应模型、调节效应模型以及门槛效应模型，对环境规制影响绿色发展效率的机制进行实证检验；第七，根据研究结果，为新时期促进环境污染治理和绿色发展效率协同提升提供对策建议。技术路线如图 1 – 2 所示。

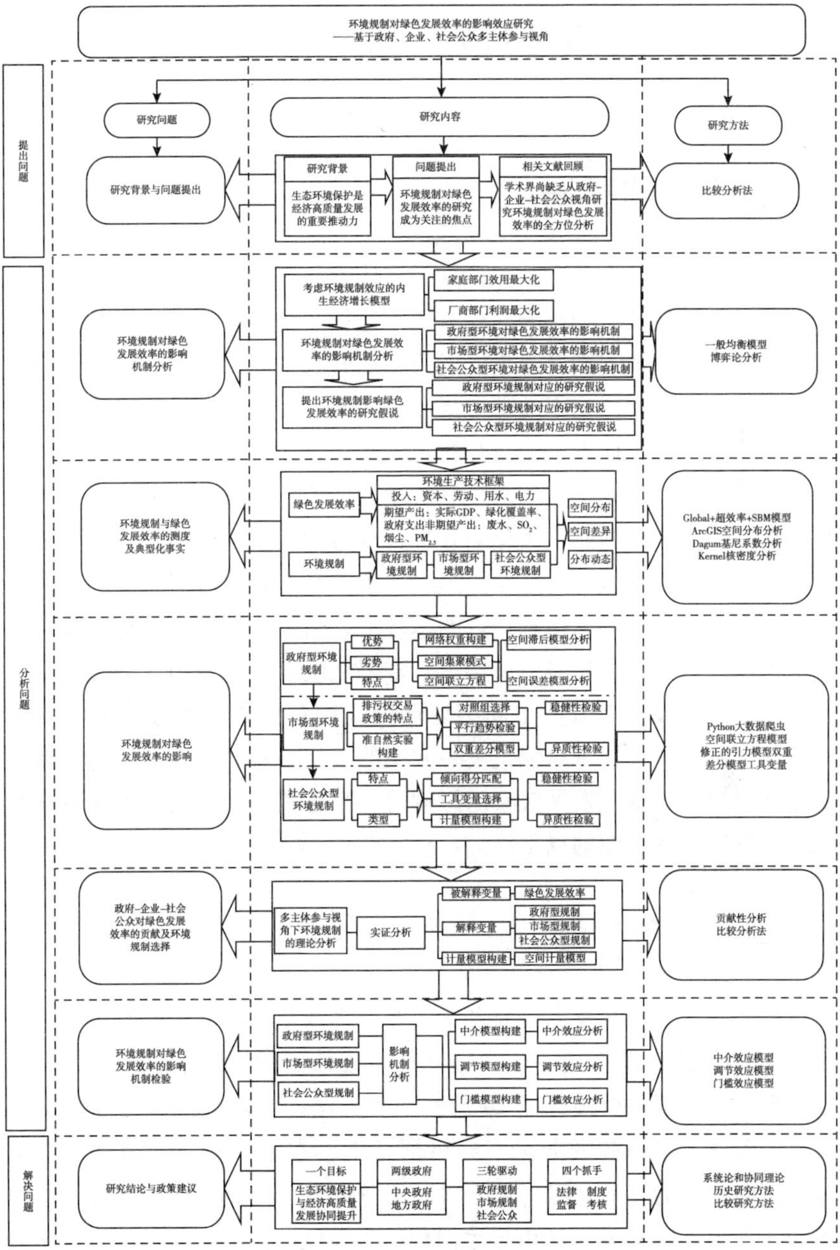
环境规制对绿色发展效率的影响效应研究
——基于政府、企业、社会公众多主体参与视角
提出问题
分析问题
解决问题
研究问题
研究内容
研究方法
研究背景与问题提出
研究背景
生态环境保护是经济高质量发展的重要推动力
问题提出
环境规制对绿色发展效率的研究成为关注的焦点
相关文献回顾
学术界尚缺乏从政府–企业–社会公众视角研究环境规制对绿色发展效率的全方位分析
比较分析法
环境规制对绿色发展效率的影响机制分析
考虑环境规制效应的内生经济增长模型
家庭部门效用最大化
厂商部门利润最大化
环境规制对绿色发展效率的影响机制分析
政府型环境对绿色发展效率的影响机制
市场型环境对绿色发展效率的影响机制
社会公众型环境对绿色发展效率的影响机制
提出环境规制影响绿色发展效率的研究假说
政府型环境规制对应的研究假说
市场型环境规制对应的研究假说
社会公众型环境规制对应的研究假说
一般均衡模型
博弈论分析
环境规制与绿色发展效率的测度及典型化事实
绿色发展效率
环境生产技术框架
投入：资本、劳动、用水、电力
期望产出：实际GDP、绿化覆盖率、政府支出非期望产出：废水、SO_2、烟尘、$PM_{2.5}$
空间分布
空间差异
分布动态
环境规制
政府型环境规制
市场型环境规制
社会公众型环境规制
Global+超效率+SBM模型
ArcGIS空间分布分析
Dagum基尼系数分析
Kernel核密度分析
环境规制对绿色发展效率的影响
政府型环境规制
优势
劣势
特点
网络权重构建
空间集聚模式
空间联立方程
空间滞后模型分析
空间误差模型分析
市场型环境规制
排污权交易政策的特点
准自然实验构建
对照组选择
平行趋势检验
双重差分模型
稳健性检验
异质性检验
社会公众型环境规制
特点
类型
倾向得分匹配
工具变量选择
计量模型构建
稳健性检验
异质性检验
Python大数据爬虫
空间联立方程模型
修正的引力模型双重差分模型工具变量
政府–企业–社会公众对绿色发展效率的贡献及环境规制选择
多主体参与视角下环境规制的理论分析
实证分析
被解释变量
绿色发展效率
解释变量
政府型规制
市场型规制
社会公众型规制
计量模型构建
空间计量模型
贡献性分析
比较分析法
环境规制对绿色发展效率的影响机制检验
政府型环境规制
市场型环境规制
社会公众型规制
影响机制分析
中介模型构建
中介效应分析
调节模型构建
调节效应分析
门槛模型构建
门槛效应分析
中介效应模型
调节效应模型
门槛效应模型
研究结论与政策建议
一个目标
生态环境保护与经济高质量发展协同提升
两级政府
中央政府
地方政府
三轮驱动
政府规制
市场规制
社会公众
四个抓手
法律 制度
监督 考核
系统论和协同理论
历史研究方法
比较研究方法

图1-2 技术路线

第五节 研究的创新点和特色

一、研究视角创新

本书从政府、企业和社会公众多主体参与视角出发,考察环境规制对中国绿色发展效率的影响。已有研究往往只对某一类环境规制进行研究,考察单一环境规制对绿色发展效率的影响,而忽视了将政府、企业和社会公众多主体参与下的环境规制纳入同一框架下研究环境规制对绿色发展效率的影响。本书的研究视角创新主要体现在以下三个层面:第一,本书将环境规制纳入到内生经济增长框架下,通过对家庭部门效用最大化、厂商部门利润最大化问题进行求解构建数理模型,并推导出环境规制对绿色发展效率的影响。第二,本书在总结政府型、市场型和社会公众型三种类型环境规制特点的基础上,全面考察不同类型环境规制对绿色发展效率的影响渠道。第三,本书从政府、企业和社会公众多主体参与视角出发,在分析不同类型环境规制对绿色发展效率影响的同时,考察不同环境规制对绿色发展效率的贡献。从而解决了已有文献在研究环境规制对绿色发展效率的影响时,没有关注到不同类型环境规制对绿色发展效率贡献的局限性。

二、研究方法创新

第一,本书所涉及的研究方法主要是将基于非期望产出的全局可参比的超效率 SBM 模型运用到中国绿色发展效率的测度上。通过科学处理投入产出数据并合理选择 DEA 模型和方法,更加准确地测度中国绿色发展效率。本书在数据包络分析框架下,本书以资本、劳动、水资源、用电量作为投入,以工业废水、工业烟尘、工业 SO_2、$PM_{2.5}$ 等作为非期望产出,以 GDP、城市绿地面积作为期望产出,在此基础上构建包含非期望产出的超效率 SBM 模型,运用 Global 方法解决相邻或序列参比 DEA 方法的线性规划无解和技术倒退问题,更加准确地测度中国绿色发展效率。

第二，本书将环境规制纳入到内生经济增长模型框架下，采用最优分析、均衡分析等方法，在内生经济增长框架下，将环境规制纳入到内生经济增长模型中，综合考虑家庭、厂商和政府对环境规制的影响，在家庭部门效用最大化、厂商利润最大化的前提下求解模型的最优解。以期在高质量经济发展的基础上，对环境规制影响绿色经济发展效率的理论机制进行分析。

三、研究内容创新

第一，三种环境规制对绿色发展效率的贡献率分析。已有文献没有注意到政府型、市场型、社会公众型环境规制对于绿色经济发展的贡献问题，事实上，三种类型环境规制对绿色经济发展效率的贡献分析对于环境规制类型的选择以及地方政府因地制宜地制定适合本地区经济发展状况的环境规制具有重要的指导意义。

第二，三种环境规制对绿色发展效率的影响效应分析。已有研究没有考虑到环境规制与绿色发展效率之间的内生性问题。已有研究中无论是政府型、市场型还是社会公众型环境规制，都没有考虑到环境规制与绿色发展效率的内生性问题。本书将采用双重差分法和工具变量相结合的方法，考察不同环境规制对绿色发展效率的影响程度。

第二章　多主体参与视角下环境规制对绿色发展效率的机制分析

在新古典经济增长理论框架的研究中，大量文献通过构建数理模型的形式研究了人力资本、公共资本等要素对经济增长的影响。然而，随着生态文明建设的逐步推进，资源环境对经济发展的约束日益趋紧，生态环境治理已经成为当前经济实现高质量发展的重要影响因素。一方面，经济高质量发展背景下，经济发展已经不满足经济增长的"量"，而是更加注重经济发展的"质"，逐渐关注到经济系统的绿色发展效率。另一方面，生态环境治理过程中形成的环境规制资本直接作用于企业生产，成为绿色发展的重要生产要素。因此，本章基于政府、企业和社会公众的多主体参与视角，构建包含家庭部门、厂商部门在内的内生增长框架，采用数理模型演绎的形式厘清环境规制对绿色发展效率的影响，并系统阐释政府型、市场型和社会公众型环境规制对绿色发展效率的传导机制。

第一节　环境规制对绿色发展效率影响的理论模型

一、基本模型框架

本书从政府、企业和社会公众多主体参与视角出发，考察环境规制对绿色发展效率的影响，本书考虑的是一个实施了严格环境规制的、以生产绿色产出为目的的封闭式的经济体，该经济体存在家庭部门、厂商部门和政府部门。该经济体存在四种生产要素，物质资本、环境规制资本、劳动要素和技术要素。以生产绿色产出为目的厂商部门由一般性的厂商组成，该厂商综合运用物质资本、环境规制资本、劳动要素和技术要素生产家庭需要的一般消费品和优质生态环境。同时，需要特别注意的是环境规制资本的形成是由政府、企业和社会公众多主体共同作用的结果，政府通过颁布环保法规的形式实施强有力的环境规制对企业的环境污染行为进行治理，社会公众对企业生产过程中形成的环境污染事件进行监督和信访，监督厂商的环境污染行为。企业在排污权交易成本、政府法律和社会公众监督的压力下革新生产工艺，进行治污投资。社会公众部门是由大量的具有同质的家庭组成，该家庭消费两种产品，一种是用于生活的一般消费品，另一种是由于实施了严格环境规制所产生的优质生态环境的消费。该模型与传统经济增长模型相比的边际贡献主要体现以下两个方面：一方面，本书基于政府、企业和社会公众多主体参与视角，创造性地将环境规制资本要素纳入生产函数中，考察环境规制对绿色产出的影响；另一方面，本书在充分考虑中国经济社会发展的现状，将绿色产出作为宏观经济的目标，绿色产出的生产依赖于政府、企业和社会公众多主体参与下形成的环境规制。

二、家庭部门

由于环境规制的实施能够促进环境污染的有效治理，能够使居民享受优质的生态环境、消费绿色无害的商品，因此，家庭部门的效用函数需要充分考虑优质生态环境所带来的幸福感的提升以及消费绿色无害产品带来的效用。因此，效用函数反映了居民消费绿色产品以及优质生态环境所带来的幸福感，因此，本书认为社会公众的幸福感主要是由消费一般商品（consume）以及消费优质生态环境（environment）构成。一方面，居民消费一般商品带来的幸福感的提升取决于购买商品的质量和数量，例如汽车、食物、衣物等商品，消费一般商品所带来的效用取决于居民的收入水平，具体而言，居民的收入水平越高，消费的产品的数量越多、质量越高，带来的效用就越大。另一方面，居民消费优质生态环境所带来的效用取决于环境规制资本的投入和累积，例如消费绿色无公害的食品、新鲜的空气、干净的饮用水等，消费优质生态环境所带来的效用取决于环境规制资本的增加。

假设家庭部门由大量相同的家庭组成,家庭能够为厂商部门提供资本、劳动,能够在厂商部门获得相应的利息收入和工资收入,家庭的效用由消费一般产品和消费优质环境两个途径来获得,综上所述,本书参考格里莫和罗格(Grimaud & Rouge,2005)的思路,将家庭部门的效用函数设定为固定弹性的函数,其中包括消费一般产品的效用以及消费优质生态环境的效用,效用函数的形式为:

$$U = U(C, E) \qquad (2-1)$$

式(2-1)中的 $U(C, E)$ 表示家庭效用函数,其中 C 表示家庭消费一般产品的消费,E 表示家庭对优质生态环境的消费,该值越大说明家庭对优质生态环境的要求越高,对环境污染问题的监督意识越强,获得的效用越大。那么,全社会总体的效用函数可以表示为:

$$U = \frac{1}{\tau - 1} \int_0^\infty C(X, E)^{\frac{\tau-1}{\tau}} e^{-\rho t} dt \qquad (2-2)$$

式(2-2)中的 ρ 是社会的贴现率,τ 表示风险厌恶系数,由于一般产品消费和优质生态环境消费对家庭的总效用存在正向影响,因此 τ 需要满足 $0 < \tau < 1$。

三、厂商部门

伴随着生态文明建设上升为国家战略,提高绿色产出成为宏观经济可持续发展的目标,而环境规制以环境保护为目的,直接参与到企业的绿色生产过程中,能够有效地提升绿色产出,因此,环境规制成为提升绿色产出的重要生产要素。基于此,本书将环境规制作为一项生产要素引入到生产函数中。本书所考察的产出有别于已有研究中的潜在产出,本书考虑的产出为绿色产出,绿色产出是指一个国家(地区)在一定的时间内在充分考虑资源环境约束和生态环境保护的前提下,所生产的全部最终产品的价值。企业部门面临的问题是在存在环境规制投入的前提下,寻找劳动要素和资本要素的最优组合,本书假设生产函数是 Cobb – Douglas 生产函数,最终产出 Y_{green} 的生产需要劳动力(L)和资本(K),其中,资本存量 K 是由物质资本(K_P)和环境规制资本(K_E)组成,企业生产的产品和生产要素处于完全竞争的状态。企业生产的目的是在给定的要素价格下实现利润最大化,因此,生产函数的形式如下式所示：

$$Y_{green} = AF(L, K_P, K_E) = AL^{1-\alpha-\beta}K_P^{\alpha}K_E^{\beta} \quad (2-3)$$

式（2-3）中的 α、β 分别为物质资本（K_P）和环境规制资本（K_E）的产出弹性，生产函数具有规模报酬不变的良好性质，因此满足 $\alpha + \beta = 1$。在不考虑人口增长和外生技术进步的影响时，总量的生产函数与人均生产函数相等，因此，总量生产函数可以改写为：

$$y = k_p^{\alpha}k_E^{\beta} \quad (2-4)$$

其中，$k_p = \dfrac{K_P}{AL}$，$k_E = \dfrac{K_E}{AL}$

1. 物质资本的积累方程

假设绿色产出可以分别用于消费和投资，且储蓄率是外生给定的，那么，资本累积可以表示为用于投资的新生资本减去原有资本按照 δ 进行折旧的部分，可以表示为

$$\dot{K}_P = sY_{green} - \delta K \quad (2-5)$$

物质资本的积累方程可以写成以下形式：

$$\dot{k}_p = \frac{\dot{K}_P}{AL} = \frac{\dot{K}_P AL - K_P(\dot{AL})}{(AL)^2} = \frac{\dot{K}_P AL}{(AL)^2} - \frac{K_P(\dot{AL})}{(AL)^2} = \frac{\dot{K}_P}{AL} - k\frac{(\dot{AL})}{AL} \quad (2-6)$$

更进一步地为：

$$\dot{k}_p = \frac{\dot{K}_P}{AL} - k_p\frac{(\dot{AL})}{AL} = \frac{\dot{K}_P}{AL} - k_p\frac{\dot{A}L + A\dot{L}}{AL} = \frac{\dot{K}_P}{AL} - k_p\left(\frac{\dot{A}}{A} + \frac{\dot{L}}{L}\right) = \frac{\dot{K}_P}{AL} - k_p(g+n) \quad (2-7)$$

由于 $\dot{k}_p = \dfrac{\dot{K}_P}{AL} - k_p(g+n)$，因此，可以将等式两侧同时乘以 AL，模型改写为：

$$\dot{k}_p AL = \dot{K}_P - k_p(g+n)AL \quad (2-8)$$

移项和合并同类项可得：

$$\dot{K}_P = \dot{k}_p AL + k_p(g+n)AL \quad (2-9)$$

又因为 $\dot{K}_P = sY_{green} - \delta K$，因此根据等式递推原则：$\dot{k}_p AL + k_p(g+n)AL = sY_{green} - \delta K$

等式两侧同时除以 AL 可得：

$$\frac{\dot{k}_p AL + k(g+n)AL}{AL} = \frac{sY_{green} - \delta K_P}{AL} \quad (2-10)$$

通过化简可得：

$$\dot{k}_p + k_p(g+n) = \frac{sY_{green}}{AL} - \delta\left(\frac{K_P}{AL}\right) = f_g(k_p) - \delta k_p \quad (2-11)$$

因此，$\dot{k}_p = sf_g(k_p) - k_p(n+g+\delta)$，在两部门经济中 $y = c + s$，且 $f_g(k_p) = c + sf_g(k_p)$，而 $sf_g(k_p) = f_g(k_p) - c$，所以物质资本的积累方程可以表示为：

$$\dot{k}_p = f_g(k_p) - c - k_p(n+g+\delta) \quad (2-12)$$

2. 环境规制资本的积累方程

环境规制资本 K_E 的形成是由政府、企业和社会公众多主体共同作用的结果，因此，K_E 是以类似于生产函数的形式来表示，社会公众部门对环境规制资本的贡献是以社会公众监督的形式，定义为 L，厂商部门对环境规制的贡献是通过对物质资本的技术革新来实现，例如采用治理污染的机器设备，其中本书定义物质资本的技术革新因子为 r，厂商部门对环境规制资本的贡献为 rK_P，政府部门是以颁布法律法规的形式形成环境规制资本，定义为 K_W，其中法律所形成的规制资本 K_W 占总体环境规制资本 K_E 的 $1/\xi$，K_E 是以类似于 Cobb–Douglas 生产函数的形式来表示：

$$K_E = F(rK_P, K_W, L) = (rK_P)^\phi K_W^\varphi L^{1-\phi-\varphi} \quad (2-13)$$

可以将总量形式改写为人均的形式 $k_e = (rk_p)^\phi k_w^\varphi$，此外，$K_E$ 依然会像物质资本一样，以折旧率 δ 的形式进行折旧，人均的环境规制资本可以表示为：

$$\dot{k}_e = (rk_p)^\phi k_w^\varphi - \delta_e k_e - \eta k_w \quad (2-14)$$

3. 多主体参与视角下环境规制对绿色发展效率的影响

根据前文对物质资本和环境规制资本的积累方程进行分析，本书构建 Hamilton 方程来探讨多主体参与视角下环境规制对绿色发展效率的影响。

$$H = \left[\frac{C^{1-\sigma}-1}{1-\sigma} + \frac{E^{1-\gamma}-1}{1-\gamma}\right] + \lambda_P[k_p^\alpha k_e^\beta - c - k_p(n+g+\delta)]$$
$$+ \lambda_E[(rk_p)^\phi k_w^\varphi - \delta_e k_e - \eta k_w] \quad (2-15)$$

λ_P、λ_E 为 Hamilton 因子，表示物质资本和环境规制资本的影子价格。对 Hamilton 方程求一阶条件：

第二章　多主体参与视角下环境规制对绿色发展效率的机制分析

$$\frac{\partial U}{\partial C} = \lambda_P \qquad (2-16)$$

$$\frac{\partial H}{\partial k_e} = \lambda_P(\alpha k_p^{\alpha-1} k_e^{\beta}) - \lambda_E \delta_e = 0 \qquad (2-17)$$

$$\rho \lambda_E - \dot{\lambda}_E = \lambda_E \varphi (rk_p)^{\phi} k_w^{\varphi-1} - \lambda_E \eta \qquad (2-18)$$

$$\rho \lambda_p - \dot{\lambda}_p = \lambda_P(\alpha k_p^{\alpha-1} k_e^{\beta}) - \lambda_P(n+g+\delta) + \lambda_E \phi r^{\phi} k_p^{\phi-1} k_w^{\varphi} \qquad (2-19)$$

上式表示的是物质资本、环境规制资本对绿色产出的影响，其中式 (2-17) 表示的是每增加 1 单位的物质资本存量，会使绿色产出增加 $\lambda_P \frac{\partial f_g(k_p)}{\partial k_p} = \lambda_P \alpha \frac{f_g(k_p)}{k_p}$，同样地，如果增加 1 单位的环境规制资本，会使绿色产出增加 $\lambda_E \frac{\partial f_g(k_e)}{\partial k_e} = \lambda_E \alpha \frac{f_g(k_e)}{k_e}$，同样的，如果政府增加 1 部环保法律，政府型环境规制对绿色产出的影响系数不能确定，取决于政府型环境规制对绿色发展的贡献 φ。

当经济处于稳态的情况下 $\dot{k}_p = f_g(k_p) - k_p(n+g+\delta) - c = 0$ 可以得到绿色产出增长率等于物质资本的增长率等于消费增长率。

$$\dot{k}_e = (rk_p)^{\phi} k_w^{\varphi} - \delta_e k_e - \eta k_w = 0 \text{ 则 } (rk_p)^{\phi} k_w^{\varphi} = \delta_e k_e \qquad (2-20)$$

由式 (2-17) 可知：

$$\lambda_P \left(\frac{\alpha Y}{k_p} \right) = \lambda_E \delta_e \qquad (2-21)$$

将式 (2-22) 变形为：

$$\lambda_E = \lambda_P \frac{\alpha Y}{k_p \delta_e} \qquad (2-22)$$

根据式 (2-22) 可以变形为：

$$\frac{\dot{\lambda}_p}{\lambda_p} = g_{K_E} + \frac{\dot{\lambda}_E}{\lambda_E} - g_Y \qquad (2-23)$$

由式 (2-18) 可知：

$$\rho \lambda_E - \dot{\lambda}_E = \lambda_E \varphi (rk_p)^{\phi} k_w^{\varphi-1} - \lambda_E \eta \qquad (2-24)$$

将式 (2-24) 变形可得到：

$$\rho \lambda_E - \dot{\lambda}_E = \lambda_E \varphi \frac{k_e}{k_w} - \lambda_E \eta \qquad (2-25)$$

由于 $K_W/K_E = 1/\xi$　因此 $K_E/K_W = \xi$

因此，根据式 (2-25) 可以得到：$\rho \lambda_E - \dot{\lambda}_E = \lambda_E \varphi \xi - \lambda_E \eta$

由此可得：

$$\rho - \frac{\dot{\lambda}_E}{\lambda_E} = \varphi \xi - \eta$$

所以
$$\frac{\dot{\lambda}_E}{\lambda_E} = \rho + \eta - \varphi\xi \tag{2-26}$$

由式（2-23）和式（2-26）可知：
$$\frac{\dot{\lambda}_P}{\lambda_P} = g_{K_E} + \rho + \eta - \varphi\xi - g_Y \tag{2-27}$$

由式（2-16）可知：
$$-\frac{1}{\tau}g_Y + \varphi\left(1 - \frac{1}{\tau}\right)g_{K_E} = \frac{\dot{\lambda}_P}{\lambda_P} \tag{2-28}$$

因此，
$$\left(1 - \frac{1}{\tau}\right)g_Y + g_{K_E}\left[\left(1 - \frac{1}{\tau}\right) - 1\right] = \rho + \eta - \varphi\xi \tag{2-29}$$

根据式（2-29），可以求得：
$$\frac{\partial g_Y}{\partial g_{K_E}} > 0 \tag{2-30}$$

命题1 当其他条件不变的情况下，环境规制水平的提升能够有效的促进绿色发展效率的提升。该命题意味着在政府型环境规制、市场型环境规制以及社会公众型环境规制的共同作用下，环境规制资本的增长率的提升，将会推动绿色产出增长率的提升。

四、政府部门

本书考虑的政府部门主要是根据各地区环境污染情况，制定相应的环境法规，从而达到抑制环境污染、提升绿色发展效率的目的。政府制定环境法规能够体现政府型环境规制具有的命令型和强制性的特点，往往能够起到立竿见影的效果，对于环境污染较为严重的企业，政府部门可以颁布生产禁令，向企业颁发非转让性的许可证，禁止排污权进行交易和转让，对于违反政府行政法规的企业可以对企业进行关停并转。

第二节 政府型环境规制对绿色发展效率的传导机制

生态环境是一种具有非竞争性和非排斥性的公共物品，因此，环境污染与生态破坏具有负外部性特征,负外部性使市场不能在治理环境污染过程中发挥优化资源配置的功能,因此,政府必须制定一定的环境规制政策来弥补市场机制的不足。环境规制(environmental regulation)是政府为解决环境污染负外部效应而制定实施的政策和措施,通过环境立法、治污投资、排污收费等手段改变企业、家庭、个人的经济行为达到矫正市场失灵的目的。然而,环境污染与经济发展之间的关系尚存争议,有学者认为环境规制的实施会增加企业成本、降低企业的生产效率从而对经济发展产生负面影响(Denison,1981;Gollop & Roberts,1983;Gray,1987;Boyd & Mccell,1999;Chintrakam,2008;),另一部分学者秉持"波特假说"得到了截然相反的结论,认为合适的环境规制不仅不会降低企业的生产率,还可以通过技术进步促进经济发展(Porter,1991;Porter & Linde,1995;Jaffe & Palmer,1997;Hamamoto,2006;Berman & Bui,2001)。因此,本书在已有研究的基础上,构建理论分析框架,如图2-1所示,并提出研究假说。

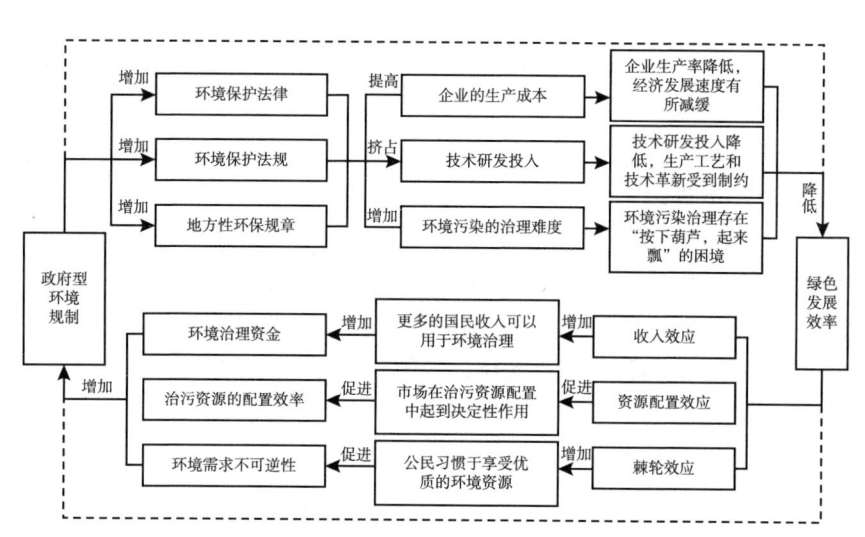

图2-1 政府型环境规制与绿色发展效率的空间交互影响

一、政府型环境规制的短期抑制效应

从短期视角考察政府型环境规制对绿色发展效率的影响时应当充分

考虑到短期内企业面临的技术水平和生产成本（见图 2-1）。短期内环境规制应当支持"遵循成本假说"，环境规制的实施需要企业对环境污染行为负责，短期内要向国家缴纳排污费，治理污染过程中需要进行投资，由于短期内生产工艺和技术水平无法迅速随之改变，排污费征收和治理污染投资势必会增加企业的成本，导致企业的生产率和利润率下降。格雷（Gray，1987）以美国为研究样本对环境规制的效率进行分解，研究发现环境规制降低了制造业企业的生产效率。此外，企业治污投资对企业的研发投资具有"挤出效应"（韩超、张伟广和冯展斌，2017），由于挤出效应的存在限制了企业突破新技术的研发，导致环境规制诱发技术创新的时间大大延长。因此，本书提出假说 2.1：

假说 2.1：在短期内，政府型环境规制会通过成本效应、挤出效应降低绿色发展效率。

二、政府型环境规制的长期促进效应

从长期视角看，政府型环境规制对绿色发展效率的影响应当遵循"波特假说"，认为环境规制不仅可以倒逼着产业结构的优化升级（李虹和邹庆，2018；李强，2018；张娟，2017），而且还可以通过"创新补偿效应"促进绿色发展效率的提升（见图 2-2）。我们面临的问题是政府型环境规制究竟在何种情形下能够促进绿色发展效率？环境规制主要通过产业结构升级效应和创新补偿效应对绿色发展效率产生正向促进作用，因此环境规制是否促进绿色工艺创新成为影响绿色发展效率的主要因素（王锋正和郭晓川，2016；杨朝均和呼若青，2017）。本书认为当绿色工艺创新低于某一阈值时"创新效应"无法补偿"成本效应"会降低绿色发展效率，当绿色工艺创新超过某一阈值时，绿色工艺创新能够直接促进经济增长的稳定性，提高国民经济的素质，同时，绿色工艺创新能够促进产业结构升级、增强企业竞争力、促进生态环境改善，进而促进绿色发展效率。政府对企业的技术创新活动进行补贴，对创新型企业进行降税是企业在短期内实现创新突破的重要途径。因此，本书提出假说 2.2。

假说 2.2：在长期内，绿色工艺创新高于某一阈值时环境规制会通过"创新补偿效应"促进绿色发展效率。

政府型环境规制促进绿色发展效率机制，如图 2-2 所示。

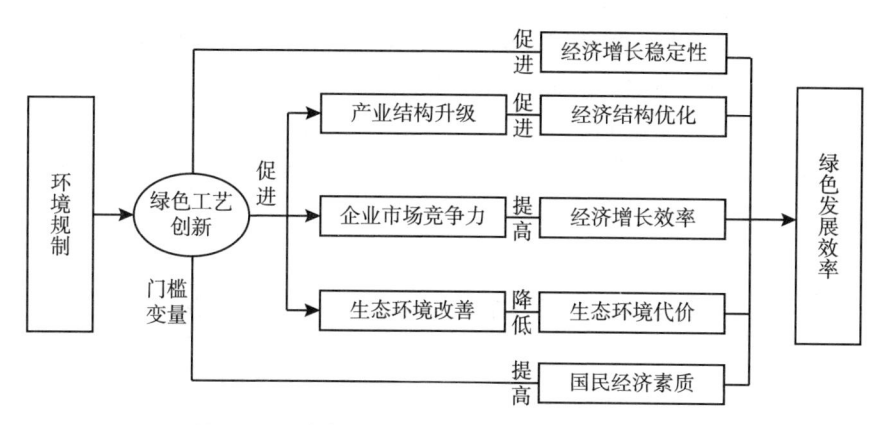

图 2-2 政府型环境规制促进绿色发展效率机制

根据"污染避难所假说"，经济发展水平较低的地区由于环境规制水平较低，在发展粗放型经济和污染密集型产品的生产上具有优势，如果经济发展水平较低的地区提高环境规制水平就会增加企业的生产成本导致部分企业转移，进而阻碍了绿色发展效率的提升。由于环境规制空间溢出的存在，在"GDP 锦标赛"和"官员晋升锦标赛"的作用下，地方政府为了实现辖区内经济的短期增长纷纷降低本地区的环境规制，导致环境规制的"逐底竞争"行为。环境污染严重的企业为了降低成本，由环境规制较高的地区向环境规制较低的地区转移，导致环境污染的空间溢出，增加了环境污染治理的难度，降低了绿色发展效率。本书提出假说 2.3。

假说 2.3：环境规制逐底竞争的存在导致环境污染空间溢出，从而降低绿色发展效率。

党的十八大以来，在习近平生态文明思想的指导下，坚持"绿水青山就是金山银山"的理念，我国的生态文明建设取得了历史性成绩，环境污染、生态环境破坏等人民关心的问题得到了显著扭转。人民对优质生态环境的要求只会随着绿色发展效率的提升而增加，这种要求一旦形成惯性就具有不可逆性，生态环境易于向优质调整，而难于向劣质倒退，这被称为环境规制的"棘轮效应"。经济发展过程中将会有更多地投入转移到环境规制领域，因此，绿色发展效率能够为生态环境提供更多的技术和资金支持。绿色发展效率意味着市场在资源配置中的作用越来越凸显,在市场经济条件下,市场在治污资源配置中起到决定性作用,治污资源作为一种稀缺资源有价值属性,通过市场机制对环境资源进行配置能够提高治污资源的利用率,从而提高了环境规制水平和效率。本书提出假说2.4。

假说 2.4:绿色发展效率对环境规制提出更为严格的要求绿色发展效率提高环境规制。

第三节 市场型环境规制对绿色发展效率的传导机制

实现经济高质量发展是中国经济可持续发展的必由之路,环境污染严重与绿色发展效率低下两个问题是阻碍中国经济高质量发展的重要因素,环境污染是绿色发展效率低下的集中表现,绿色发展效率低下是环境污染的主要诱因,如果经济中以煤炭、石油等化石能源为燃料的第二产业的比例过高,就会造成严重的环境污染问题。因此,"解决环境污染"和"促进绿色发展效率"成为环境经济学需要解决的主要问题。那么,采用何种途径来实现环境保护与绿色发展效率的双赢呢?与强制性环境制度相比,排污权交易政策是实现环境污染治理与绿色发展效率双赢的重要经济手段,排污权交易政策具有以下三方面优势:其一,排污权交易政策使企业不必花费大额投资去实现法律或政府规定的减排指标,可以集中优势资源进行生产经营,因此能够实现污染控制与企业盈利双赢发展;其二,排污权交易政策所产生的成本收益机制能够促进企业进行生产技术的创新,不仅可以降低污染而且能促进绿色发展效率;其三,排污权交易政策是以市场手段解决环境问题,减少了政府对市场的干预,提高市场经济效率。那么,排污权交易政策是如何促进绿色发展效率的呢?为了回答这一问题本书绘制了图2-3。

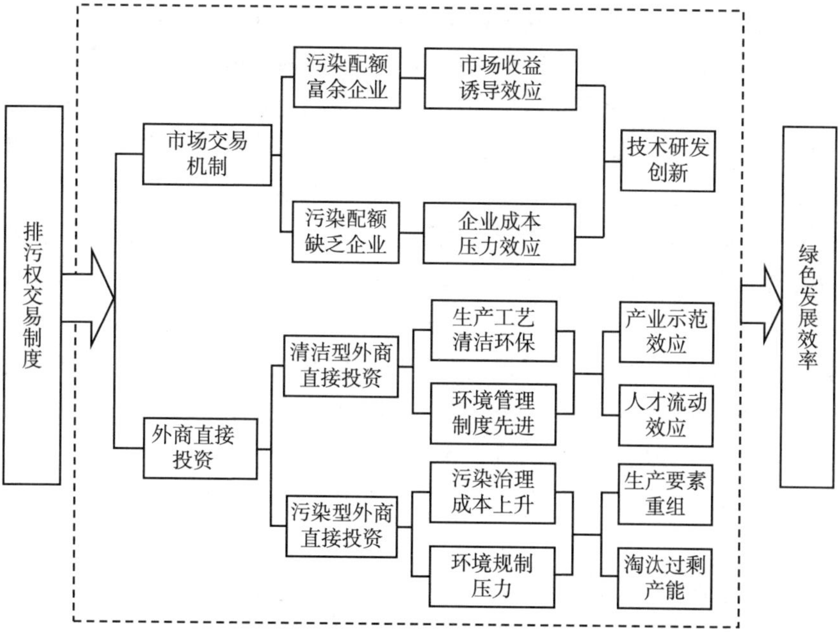

图 2-3 市场型环境规制对绿色发展效率的理论机制分析

一、市场型环境规制的市场激励效应

市场型环境规制的主要形式是排污权交易制度，排污权交易制度允许企业在合乎法律规范的前提下自由转让排污权，对高污染企业而言，企业成本压力会倒逼企业进行技术创新。高污染型企业在消耗掉自身的污染配额外，其超出部分需要在排污权交易市场上进行购买，由于购买污染排放权所带来的生产成本增加，迫使企业进行生产工艺的创新。对低污染企业而言，主要通过市场收益诱导效应促进企业技术创新。由于低污染企业在生产工艺、技术研发等方面具有优势，因此可以利用清洁的生产工艺和先进的生产技术进行清洁生产。可以将企业所节约的污染排放权在排污权交易市场上向高污染企业出售，进而获取利润，企业将利用出售排污权获得的利润进行生产技术研发，进而促进技术创新水平的提高。

由市场型环境规制推动的技术创新水平的提高是绿色发展效率的内在动力，技术创新对绿色发展效率的影响主要通过以下三个方面实现：

第一，技术创新水平的提高可以实现对原有产业部门的改造并建立新兴产业部门，技术创新水平的提高能够促进产业结构由劳动密集型向技术密集型转变，由初级产品制造向中高端产品制造转变。第二，技术进步可以促进资本、劳动等生产要素由生产率较低的部门向生产率较高的部门转移，进而促进绿色发展效率。第三，技术创新水平的提高能够促进新技术、新产品、新材料广泛应用于生产过程，改变了环境污染型企业的供给结构和需求结构，从而促进了绿色发展效率。综上所述，排污权交易试点政策无论是对高污染企业还是低污染企业，均能够促进企业技术创新，而技术创新水平的提高能够提升绿色发展效率。因此，本书支持"波特假说"，认为排污权交易政策通过提升技术创新对绿色发展效率产生影响，并据此提出假说2.5。

假说2.5：技术进步在市场型环境规制和绿色发展效率之间具有中介效应。

市场型环境规制的试点省份由于经济发展水平、产业结构等方面存在空间不平衡特征，加之排污权交易政策实施过程中的配套措施不同，导致排污权交易政策对技术创新水平的影响存在较大差异。技术创新水平的高低直接影响绿色发展效率的效果，技术创新水平对绿色发展效率的影响存在非线性特征。蔡玉蓉和汪慧玲（2018）采用分位数回归方法研究了创新对绿色发展效率的影响，研究发现技术创新对绿色发展效率的影响随着技术创新分位点的增大呈明显递增趋势。周柯和王尹君（2019）采用2006~2017年中国省级面板数据研究了环境规制通过技术创新影响绿色发展效率的机理，只有当创新水平跨越相应的门槛值后，环境规制所带来的技术创新才能显著促进绿色发展效率。

综上所述，技术创新水平的高低直接影响绿色发展效率的程度，一方面，由于排污权交易试点的技术水平存在明显差异，在经济较发达、技术水平较高的排污权交易试点，其技术创新能够有效的促进该地区资本、劳动、技术等生产要素由低报酬产业向高报酬产业转移，促进该试点省份的绿色发展效率。在经济欠发达、技术水平较低的排污权交易试点，技术对绿色发展效率的影响往往较为有限。另一方面，当排污权交易政策对技术创新的影响相对较弱时，由于技术创新水平滞后导致企业在生产过程中只能依靠借鉴和模仿外来技术进行生产，因此，产业价值链处于低端环节，此时技术创新对绿色发展效率的影响较弱。当排污权交易政策对技术创新的促进作用较强时，较高的技术创新水平促进企业由低端向高端转移，能够显著的促进绿色发展效率。本书认为技术创新在排污权交易政策与绿色发展效率之间起调节作用，并据此提出假说2.6。

假说2.6：技术进步在市场型环境规制与绿色发展效率之间具有调节效应。

二、市场型环境规制的外商投资效应

外商直接投资在推动绿色发展效率等方面具有较大优势。在过去较长的时期内，各地政府通过降低环境准入和放松环境监管等方式吸引外资以促进地区经济增长，引发了环境规制逐底竞争问题。然而，随着环境因素在官员政绩考核中占比越来越高，地方政府为了实现经济发展与环境保护的双赢，必须以严格的环境规制引进高质量外资。同时，由于各地区环境规制存在明显的空间差异性，外商直接投资的入驻决策会受到地区治污成本和企业污染排放强度的双重影响。因此，在排污权交易政策下，地方政府对高质量外资的需求以及外商直接投资企业的生产经营和进入退出行为都会影响绿色发展效率。

外商直接投资主要通过以下两种途径对市场型环境规制与绿色发展效率的关系产生影响的。一方面，清洁型外商投资企业拥有清洁的生产技术和先进环境管理制度具有强有力的示范和竞争效应，会促进试点省份生产技术和环境管理制度等方面的革新；此外，企业间技术人员流动带来的技术溢出以及外商直接投资的前后向产业关联引发的垂直技术溢出均可以促进排污权交易试点省份绿色发展效率。另一方面，市场型环境规制带来的环境治理成本上升、市场竞争压力增大等困境会导致部分外商直接投资的外流，外商直接投资的外流会降低对试点省份的示范效应，将直接影响试点省份的绿色发展效率。综上所述，外商直接投资对市场型环境规制与绿色发展效率的关系具有调节作用。当外商直接投资水平较高时，市场型环境规制能显著地促进绿色发展效率，当外商直接投资水平较低时，市场型环境规制对绿色发展效率的影响较低，并据此提出假说2.7。

假说2.7：外商直接投资在市场型环境规制和绿色发展效率之间起中介作用。

第四节 社会公众型环境规制对绿色发展效率的传导机制

本章前两节对政府型环境规制与市场型环境规制影响绿色发展效率的机制进行了分析，本节从社会公众型环境规制出发，将2008年开始实施的环境信息披露政策作为一项准自然实验，考察社会公众型环境规制对绿色发展效率的影响。环境信息披露是通过对地方政府超标违规记录、公众对环境问题或者对企业污染环境的信访、投诉案件等信息进行披露，环境信息披露作为通过社会舆论、公众监督手段治理环境的规制手段，通过提升城市环境治理能力、降低环境污染、提高技术创新等途径提升绿色发展效率，具体影响机制如图2-4所示。

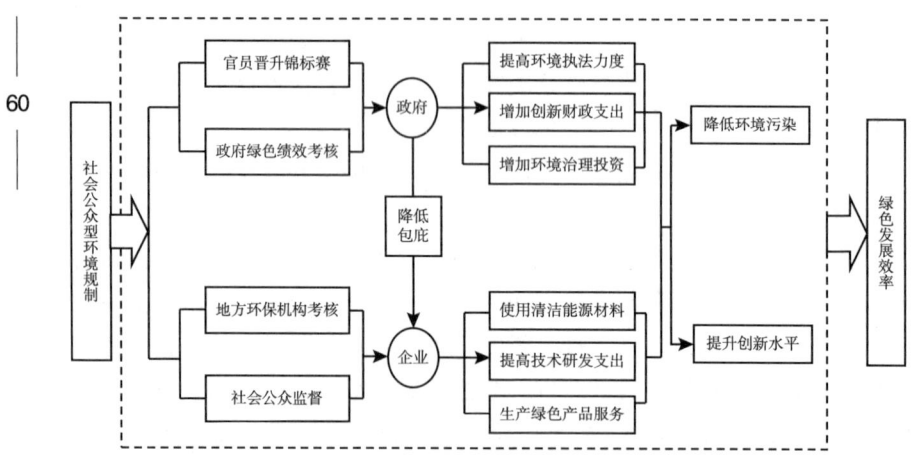

图2-4　社会公众型环境规制对绿色发展效率的理论机制分析

改革开放40多年来的相当一段时间，地方官员的晋升围绕着GDP增长率和GDP排名展开，因此，形成了"唯GDP论"和"以GDP论英雄"的晋升考核机制。辖区内经济增长也成为地方官员晋升考察的指标之一，政府官员通过参与政治锦标赛获得足够的政治激励，促使其积极推动地方经济增长。在此过程中，忽视了环境保护，导致了严重的环境污染问题。伴随着党和政府对生态文明问题的重视，绿色考核机制逐渐成为地方政府官员晋升的主要考察指标之一，迫使地方政府开始重视生态环境保护，提升辖区内绿色发展效率，实现经济的高质量发展。在政府环境规制、市场环境规制情景下，各城市的环保机构的独立性丧失，环保机构的缺位状态严重。城市环保机构缺位阻碍了生态文明建设的有效推进。环保机构的环境规制功能受到"官员晋升锦标赛"和"政府绩效考核"的影响，导致地方政府污染型企业合谋，容易诱发寻租行为或者环境处罚不到位的问题，降低了环境污染治理效力。目前，我国社会公众型环境规制近年来发展迅速，一方面，社会公众型环境规制的实施会对企业环境污染源日常超标、违规记录信息公示，另一方面，社会公众型环境规制会披露地方环保机构对污染企业的行政处罚公示以及环境执法公报等。通过对政府和企业的环境信息披露，可以促使政府和企业在社会压力下规范其环境规制行为，提升政府的环境执法力度，降低政府对串谋企业进行包庇，提升政府环境治理能力，从而促进绿色发展效率的提升。

一、社会公众型环境规制的减污效应

目前，学术界关注到了社会公众型环境规制的环境污染治理效应，有学者认为社会公众型环境规制通过促进清洁型外国直接投资（FDI）流入本地区，支持"污染晕轮假说"，社会公众型环境规制提高了环境污染治理能力，社会公众型环境规制对环境污染治理具有一定成效，但中国社会公众型环境规制过程中管理水平较低和制度安排不健全等问题的存在，导致社会公众型环境规制的效果并未充分发挥。因此，协调社会公众与地方环保机构之间的关系显得尤为重要，社会公众型环境规制的环境污染治理功能作用的发挥，应当从政府—企业—社会公众三个维度构建三轮驱动的环境治理机制。刘朝和赵志华（2017）认为需要第三方监管机构的介入，才能降低政府对关联企业的包庇，提高环境规制效率。社会公众型环境规制对地方环境保护机构与环境污染企业形成社会舆论压力，促使地方政府提高环境治理能力、倒逼企业提高技术创新水平，进而降低环境污染水平。地方环境保护机构对环境信访、投诉案件及其处理结果进行公示，提升社会公众参与环境监督与环境治理的积极性，从而形成政府环境执法与公众环保参与的良性互动的良好格局，从而降低了环境污染水平。综上所述，环境污染水平的降低提高了绿色发展效率，因此，本书提出假说2.8。

假说 2.8：社会公众型环境规制能够降低环境污染，提高城市绿色发展效率。

二、社会公众型环境规制的创新驱动效应

社会公众型环境规制成为环境治理污染投资和排污权交易之后的第三种环境规制模式。社会公众型环境规制的实施不仅对政府的环境执法力度产生影响，更重要的是对环境污染企业形成社会公众监督压力。社会公众型环境规制并不是直接对城市绿色发展效率产生影响，而是通过影响地方政府行为和企业行为对绿色发展效率产生影响。在揭示社会公众型环境规制对城市绿色发展效率影响的过程中需要将企业行为纳入到分析框架中。一方面，受到社会公众型环境规制约束的地方政府受到来自上级政府考核和社会公众的双重压力，迫使地方政府增加对创新的支持力度，增加财政支出支持环境污染的新兴产业的发展、新能源技术、低碳技术等产业纷纷上马，促进产业结构的优化升级。另一方面，受到社会公众型环境规制的企业在地方环境保护机构的审查压力和社会公众的压力下，为了达到环保机构所要求的环保标准，必须采用环保原材料进行生产，通过技术创新改良生产工艺，这种清洁生产的研发活动促使技术创新水平的提高。

社会公众型环境规制对地方政府和企业所形成的环境治理压力，通过政府诱导效应、市场激励效应、创新补偿效应对城市绿色发展效率产生影响的。一是政府诱导效应，社会公众型环境规制下的地方政府会实施产业政策，诱导传统资源密集型产业向知识和技术密集型产业转型，产业结构的转型升级促进了绿色发展效率的提高。二是市场激励效应，社会公众型环境规制的实施，促使企业增加 R&D 投入，通过技术创新进一步增强企业附加值，社会公众型环境规制约束下，企业产品被贴上"绿色标签"会增加社会公众对产品的认可，提高市场需求，进而给企业带来部分隐形福利。企业生产清洁化和绿色化，意味着该企业拥有着较为先进的生产技术，能够促进城市绿色发展效率的提高。三是创新补偿效应，社会公众型环境规制通过促进创新水平的提升，弥补企业向绿

色化转型过程中所产生的成本,促进绿色发展效率的提升。综合以上三种效应,本书提出假说2.9。

假说2.9:社会公众型环境规制倒逼企业提高创新水平促进绿色发展效率的提升。

第五节 政府、企业和社会公众的环境规制博弈分析

环境规制政策的实施并非由政府、企业和社会公众单独起作用,社会公众是环境污染问题的直接受害者,环境污染问题直接关系到社会公众的生产生活和身体健康,因此,社会公众形成对政府的压力,政府会制定严格的环保法规对企业环境污染问题进行约束。本部分将采用博弈论分析政府、企业和社会公众的博弈(见图2-5)。

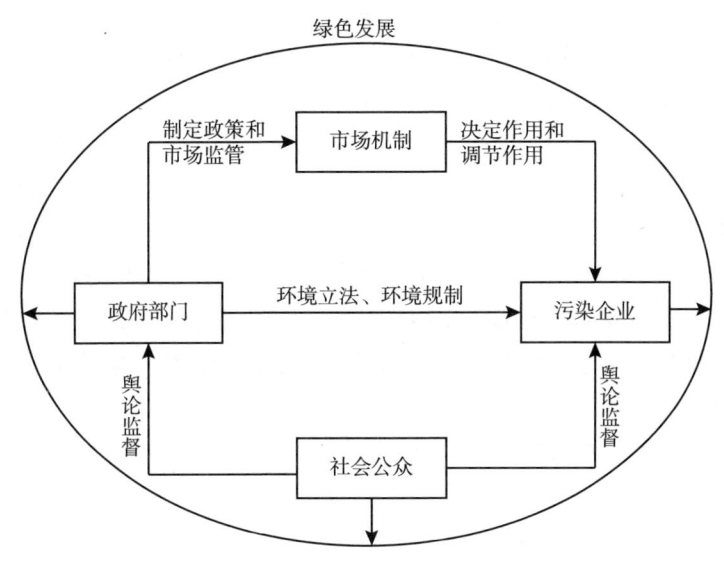

图2-5 多主体参与环境规制的博弈分析

一、政府与企业的博弈分析

在环境规制制定的过程中政府和企业是环境治理博弈过程中的决策

主体，通过博弈分析研究政府和企业博弈所达到最优选择时的环境规制问题。在企业生产问题和环境污染治理问题上，政府监管和企业生产存在矛盾，政府进行环境治理必然倒逼企业降低污染物排放，而污染物的排放直接关系到企业的生产和利润，因此，企业和政府构成了污染治理博弈的两个参与主体。由于政府和企业在环境问题上的利益是对立的，因此，通过博弈的方式建立的环境规制对环境污染治理具有重要作用。由于多主体参与下环境规制是政府、企业和社会公众多主体博弈的结果，中央政府和地方政府在环境治理问题上的目标、任务和动机具有一性，本书并未将中央政府与地方政府的博弈纳入研究范围内。

在政府和企业的博弈模型中，假设政府部门与企业之间没有串谋行为，这就避免了政府和企业之间的寻租行为，政府往往采取制定环保法规的形式对企业的排污行为进行监督，政府面临的博弈集合是｛法律监管，不监管｝，政府如果通过颁布环保法规的形式对环境污染超标的企业进行监管，如果企业的污染排放行为被政府部门发现，那么，企业将面临政府部门的严重惩罚；当政府没有采取法律监管手段时，企业不会面临政府的行政处罚，企业增加环境污染物的排放意味着企业资本、劳动、资源等生产要素的投入增加、生产规模的扩大，企业获得利润。

如果政府对环境污染企业进行法律监管，企业降低环境污染排放，政府颁布环保法律后的收入为企业上缴的费用 h，政府颁布环保法律后形成的成本为 c，因此，政府部门的收益为 h-c，企业降低环境污染物排放的情况下生产的产量形成的销售额为 r，由于受到政府环保法规的约束，企业需要向政府部门缴纳排污费，同时进行污染治理投资以降低环境污染排放水平，因此，企业面临的成本治理污染投资为 t，企业上缴的排污费为 h，企业面临的收益为 r-t-h。

如果政府对环境污染企业进行法律监管，企业继续进行生产且增加环境污染排放，政府颁布环保法律后的收入为企业上缴的费用 H，政府颁布环保法律后形成的成本为 C，因此，政府部门的收益为 H-C，企业扩大生产规模增加环境污染物排放的情况下生产的产量形成的销售额为 R，由于受到政府环保法规的约束，企业需要向政府部门缴纳排污费，因此，企业面临的成本有企业上缴的排污费为 H，企业面临的收益为 R-H。

如果政府没有对环境污染企业进行法律监管，而企业倾向于降低环境污染排放,政府由于没有颁布环保法律,没有环保法律的运行成本,政府的收入为0,政府颁布环保法律后形成的成本为0,政府部门的收益为0,企业降低环境污染物排放的情况下生产的产量形成的销售额为r,由于企业倾向于降低环境污染排放,因此,企业面临的成本治理污染投资为t,企业面临的收益为r-t。政府和企业的博弈模型,如表2-1所示。

表2-1　　　　　　　　政府和企业的博弈模型

政府行为	企业行为	
	降低环境污染物排放	增加环境污染物排放
法律监管	h-c, r-t-h	H-C, R-H
不监管	0, r-t	0, R

如果政府没有对环境污染企业进行法律监管,企业便会扩大生产规模,增加环境污染物排放,政府由于没有颁布环保法律,没有环保法律的运行成本,政府的收入为0,政府颁布环保法律后形成的成本为0,政府部门的收益为0,企业通过扩大生产规模,导致的环境污染物排放的增加,在此情况下生产的产量形成的销售额为R,由于没有政府环保法规的约束,因此企业的排污成本为0,企业的治理污染成本为0,企业的收益为R。

假设H-C>0时,企业选择扩大生产规模,增加环境污染物的情况下,政府颁布环境法规进行环境监管的收益大于没有颁布环境法规不进行环境监管的收益。该模型没有纯策略纳什均衡,因此接下来探讨模型的混合策略纳什均衡。

假设政府通过制定法律进行环境监管的概率为m,企业降低环境污染排放的概率为n,那么,政府和企业分别采取不监管和增加环境污染物排放的概率分别为1-m和1-n。

政府的收益函数采用$G(m, 1-m)$来表示:
$$G(m, 1-m) = m[n(h-c)+(1-n)(H-c)]+(1-m)[n\times 0+(1-n)\times 0]$$
$$= mn(h-c)+m(1-n)(H-c)$$
$$= mnh-mnc+(m-mn)(H-c)$$

$$= mnh - mnc + mH - Mc - mnH + mnc$$
$$= mnh + mH - Mc - mnH$$
$$= mn(h - H) + mH - Mc$$

$$(2-31)$$

对 m 求偏导数得到：

$$\frac{\partial G(m, 1-m)}{\partial m} = n(h - H) + H \quad (2-32)$$

我们令 $\frac{\partial G(m, 1-m)}{\partial m} = 0$，可以得到 $n = \frac{H}{H-h}$，当 $n < \frac{H}{H-h}$ 时政府不颁布法律进行监管，当 $n > \frac{H}{H-h}$ 时政府颁布环保法规进行法律监管。当 $n = \frac{H}{H-h}$ 时，政府对于是否颁布环保法规进行环境污染治理中立态度，无法进行选择。

企业的收益函数采用 U(n, 1-n) 来表示：

$$U(n, 1-n) = n[m(r-t-h) + (1-m)(r-t)]$$
$$+ (1-n)[m \times (R-H) + (1-m)R]$$

$$(2-33)$$

对 n 进行求偏导，

$$\frac{\partial U}{\partial n} = mh - mH + R - r + t \quad (2-34)$$

我们令 $\frac{\partial U(n, 1-n)}{\partial n} = 0$，可以得到 $m = \frac{R-r+t}{H-h}$，当 $m < \frac{R-r+t}{H-h}$ 时企业选择少排污，当 $m > \frac{R-r+t}{H-h}$ 时企业选择多排污。当 $m = \frac{R-r+t}{H-h}$ 时，企业无法选择少排污或多排污。

政府和企业的博弈树，如图 2-6 所示。

综上所述，当 $n = \frac{H}{H-h}$，$m = \frac{R-r+t}{H-h}$ 时，政府部门以 $\frac{H}{H-h}$ 的概率颁布环保法规对环境污染企业进行监管，企业则以 $\frac{R-r+t}{H-h}$ 的概率进行排污，政府和企业的博弈模型达到了混合策略的纳什均衡。换言之，政府部门以 $\frac{H}{H-h}$ 的比例进行监管，而企业则以 $\frac{R-r+t}{H-h}$ 的比例进行排放。

图 2-6 政府和企业的博弈树

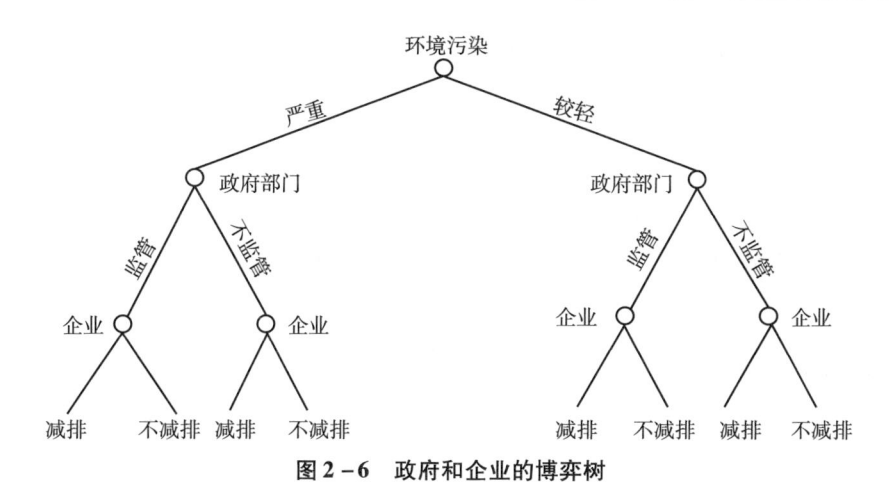

二、企业与社会公众的博弈分析

伴随着生态文明建设的推进,我国公民对环境污染的关注度逐渐提高,环保意识逐渐增强。因此逐渐加强对地方政府的环境信息公开力度,发挥社会公众的环境监督意识,成为政府型环境规制和市场型环境规制之外的另一种环境规制形式。目前,我国颁布了环境信息披露的法律法规,使社会公众了解环境信息的渠道更加公开、更加透明。社会公众监督和企业环境污染形成了博弈双方,一方面,社会公众是环境污染的直接受害者,迫切要求改变环境污染现状,对企业环境污染形成监督,对企业环境污染行为施加压力,另一方面,企业面临着扩大再生产追求利润最大化和节能减排的两难选择问题。因此,社会公众和企业成为博弈的参与者,通过博弈的方式达到社会公众效用最大化、企业实现利润最大化的目的。

本书提出以下假设:一是博弈双方包括社会公众和企业,双方均以自身利益最大化决定行为策略,社会公众以效用最大化为目标,企业以企业利润最大化为目标。二是本书所讲的社会公众是指对企业生产生活起监督作用的民众、新闻媒体、环保组织、社会公益组织等。三是企业面临的决策有 {正常排污,增加环境污染物},如果企业选择扩大生产规模增加环境污染物排放,那么企业就会获得 R 的额外收益。四是如果企业的环境污染问题被社会公众揭发或举报需要向社会公众支付 nR

的环境补偿金,其中 n 为环境补偿因子(满足 0 < n < 1)。五是如果社会公众部门面对企业的环境污染问题,没有实施监督,那么,社会公众会损害健康和生活质量,所造成的成本为 α。六是社会公众对企业的监督成本为 c_1,社会公众对企业进行监督的主要形式主要包括对企业的环境污染行为进行举报,导致企业的绿色商业信誉降低,影响企业商品的销售,影响利润率。社会公众和企业的博弈模型,如表 2-2 所示。

表 2-2　　　　　　　　社会公众和企业的博弈模型

企业行为	社会公众行为	
	监督	容忍
增加污染	R-nR, nR-c_1-α	R, -α
正常生产	0, -c_1	0, 0

假设社会公众部门对企业的环境污染行为进行监督的概率为 p,企业降低环境污染物排放的概率为 q,那么,社会公众部门和企业分别采取不监督和增加环境污染物排放的概率分别为 1-p 和 1-q。

如果当社会公众对环境污染企业进行监督时,企业增加环境污染排放,社会公众会得到企业补偿给社会公众的赔偿金 nR,社会公众对企业的监督成本为 c_1,同时社会公众会损害健康和生活质量,所造成的成本为 α,社会公众的收益为 nR-c_1-α,由于企业扩大了生产规模,选择继续增加环境污染物,因此,对企业的收益为 (1-n)R。

如果社会公众选择容忍企业环境污染行为,没有对环境污染进行监督,而企业选择增加环境污染排放,由于社会公众对企业的监督成本为 0,环境损害导致社会公众的效用水平收益值为 -α,企业扩大生产规模、增加环境污染物排放的情况下获得的收益为 R。

如果当社会公众对环境污染企业进行监督时,企业选择正常生产。由于企业没有扩大再生产,没有增加环境污染物的排放,因此,企业没有获得额外的收益,企业的收益为 0,社会公众对企业的监督成本为 c_1,社会公众的收益为 -c_1。

如果社会公众选择容忍企业的环境污染,没有对环境污染企业进行监督,而企业选择正常生产,不增加环境污染物的排放,企业的额外收益为 0。由于社会公众的收益和监督成本均为 0,因此,社会公众的收益为 0。

社会公众部门的收益函数采用 $Z(p, 1-p)$ 来表示：
$$Z(p, 1-p) = p[q(nR - c_1 - \alpha) + (1-q) \times (-\alpha)] \\ + (1-p)[q \times (-c_1) + (1-q) \times 0] \quad (2-35)$$

对 p 求偏导数得到：
$$\frac{\partial Z}{\partial p} = q(nR - c_1 - \alpha) + (1-q)(-\alpha) + qc_1, \quad (2-36)$$

令 $\frac{\partial Z}{\partial p} = 0$ 可以求出 $q = \frac{\alpha}{nR}$

企业面临的收益函数采用 $E(q, 1-q)$ 来表示：
$$E(q, 1-q) = q[p(R - nR) + (1-p)R] + (1-q)[p \times 0 + (1-p) \times 0] \quad (2-37)$$

对 p 求偏导数得到：
$$\frac{\partial E(q, 1-q)}{\partial q} = p(R - nR) + (1-p)R \quad (2-38)$$

我们令 $\frac{\partial E(q, 1-q)}{\partial q} = 0$ 可以求出 $p = \frac{1}{n}$

社会公众和企业的博弈树，如图 2-7 所示。

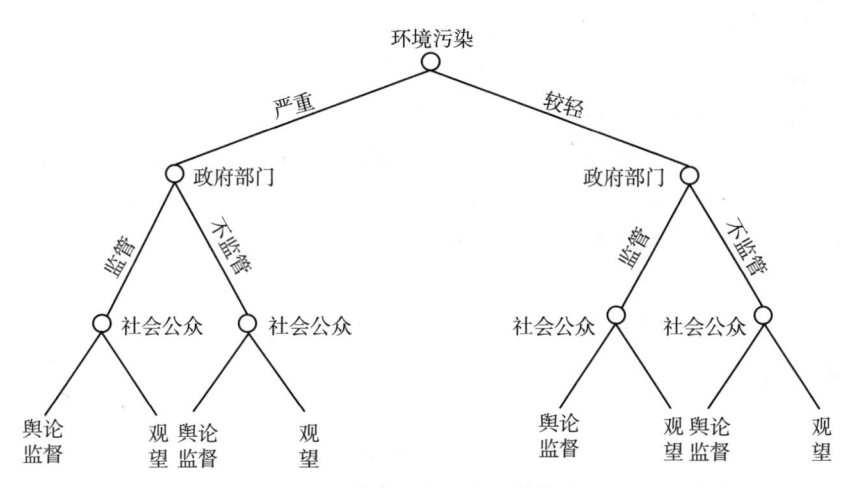

图 2-7 社会公众和企业的博弈树

综上所述，当 $p = \frac{1}{n}$，$q = \frac{\alpha}{nR}$ 时，企业以 $q = \frac{\alpha}{nR}$ 的概率增加环境污

染物排放，社会公众以 $p = \frac{1}{n}$ 的概率对企业进行监督。企业增加环境污染物的概率与社会公众的监督成本成正比，与环境污染企业的惩罚力度成反比。社会公众对环境污染企业的监管概率与污染企业的惩罚力度成反比，这意味着对企业的惩罚力度越大，社会公众对企业环境污染行为监管的可能性就越小。

三、政府与社会公众的博弈分析

通过上述理论分析，我们发现政府和社会公众是环境规制政策制定的主要推动者，共同形成对企业的压力，在政府和社会公众的监督作用下，企业革新生产工艺，提高科技创新水平，增加环境污染治理投资，从而促进了环境污染的有效治理以及绿色发展效率的提升。社会公众对企业污染的监督容易造成社会公众的寻租行为，不仅不利于环境污染的治理，而且容易滋生社会腐败问题，因此，必须引入政府的监管作用。综上所述，政府和社会公众在环境污染治理过程中既有合作又有博弈。一方面，政府对社会公众的职权具有监督作用，杜绝社会公众滥用职权、恶意举报给企业带来的不良影响。另一方面，社会公众对企业环境污染行为进行合法合理的监督会获得政府的奖励。

假设：政府部门对社会公众的职权进行监督所支付的成本为 C，如果社会公众存在寻租行为，接受企业贿赂所得到的收益为 γ，如果被政府部门发现将会受到政府部门的惩罚，惩罚系数为 n，政府会扣除环保部门的奖励，并给 nγ 的罚款。如果政府监管之下，社会公众出现寻租行为，社会公众的信誉降低，造成的损失为 $α_1$，如果社会公众没有寻租行为会获得政府的奖励金 $α_2$，如果出现政府的监督缺位，社会公众的寻租行为没有被政府惩罚，政府损失的信誉为 $α_3$。社会公众和政府的博弈模型，如表 2-3 所示。

表 2-3　　　　　　　社会公众和政府的博弈模型

社会公众行为	政府行为	
	监督	不监督
寻租	$α_2 + nγ - c, -α_2 - nγ - α_1$	$-α_3, γ$
不寻租	$-c, α_2$	0, 0

假设社会公众部门接受企业寻租的概率为 p，政府选择监督社会公众的概率为 q，那么，社会公众部门和企业分别采取不寻租和监督社会公众的概率分别为 1-p 和 1-q。那么，政府面临的策略有 {监督，不监督}，社会公众面临的策略为 {寻租，不寻租}，每个参与人的策略两两组合形成的四种类型，其收益函数如下：第一，如果当社会公众接受环境污染企业的寻租行为时，政府采用监督行为时，政府会扣除社会公众的奖励金 α_2，并且政府会以惩罚因子 n，对社会公众进行处罚 $n\gamma$，同时政府部门会增加对社会公众的监督成本 c，政府的收益为 $\alpha_2 + n\gamma - c$，由于社会公众的寻租行为被政府发现，损失了政府的奖励 α_2，而且还需向政府缴纳 $n\gamma$ 的罚款，由于社会公众收受企业的贿赂，因此社会公众的社会信誉大大降低 α_1。社会公众的收益为 $-\alpha_2 - n\gamma - \alpha_1$。第二，如果社会公众接受企业的寻租行为，但是政府没有采取监督行为时，政府部门的公信力会下降 α_3，社会公众会收到环境污染企业的贿赂金为 γ。第三，如果社会公众没有接受环境污染企业的寻租，政府选择监督社会公众行为。政府部门支付的监督成本为 c，社会公众会获得政府的奖励金 α_2。第四，如果社会公众没有接受企业的寻租行为，政府选择不监督社会公众，社会公众的收益为 0，政府的收益为 0。

政府部门的收益函数采用 H(p, 1-p) 来表示：
$$H(p, 1-p) = p[q(\alpha_2 + n\gamma - c) + (1-q) \times (-\alpha_3)]$$
$$+ (1-p)[q \times (-c) + (1-q) \times 0] \quad (2-39)$$

对 p 求偏导数得到：
$$\frac{\partial H}{\partial p} = q(\alpha_2 + n\gamma - c) + (1-q)(-\alpha_3) + qc, \quad (2-40)$$

令 $\frac{\partial Z}{\partial p} = 0$ 可以求出 $q = \frac{\alpha_3}{\alpha_2 + n\gamma + \alpha_3}$

社会公众面临的收益函数采用 X(q, 1-q) 来表示：
$$X(q, 1-q) = q[p(-\alpha_2 - n\gamma - \alpha_1) + (1-p)\gamma]$$
$$+ (1-q)[p \times \alpha_2 + (1-p) \times 0] \quad (2-41)$$

对 p 求偏导数得到：
$$\frac{\partial E(q, 1-q)}{\partial q} = p(-\alpha_2 - n\gamma - \alpha_1) + (1-p)\gamma - p\alpha_2 \quad (2-42)$$

我们令 $\frac{\partial E(q, 1-q)}{\partial q} = 0$ 可以求出 $p = \frac{\gamma}{2\alpha_2 + n\gamma + \alpha_1 + \gamma}$

社会公众和政府部门的博弈树，如图 2-8 所示。

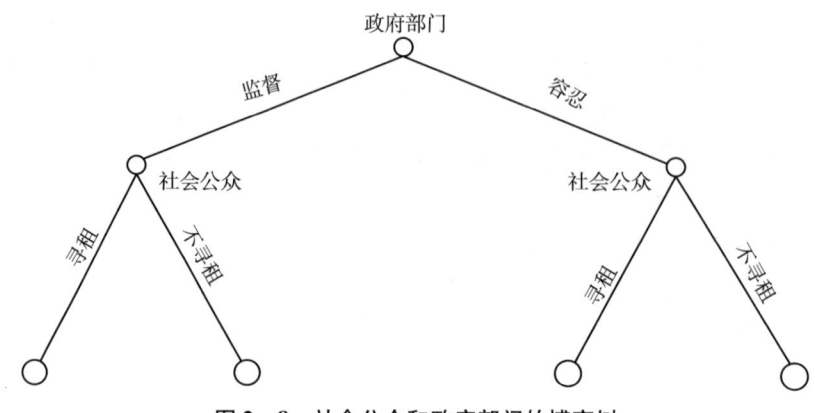

图 2-8　社会公众和政府部门的博弈树

综上所述，政府以 $p = \dfrac{\gamma}{2\alpha_2 + n\gamma + \alpha_1 + \gamma}$ 的概率对社会公众进行监督，可以发现当 γ 较大时，p 越大，γ 越大说明社会公众接受企业的贿赂越多，越不利于社会公众型环境规制的运行，因此，迫切需要政府的监管。nγ 越大，p 值越小，这说明政府对社会公众行为的惩罚力度越大，社会公众的寻租概率越低，政府监管的概率就越低。政府的奖励金 α_2 越大时，p 值越小，这说明当政府给予社会公众较多的奖金时，社会公众为获得较多的政府奖励，越不会接受企业的寻租，因此，政府的监管概率就会降低。当社会公众的信誉值 α_1 越高时，社会公众更加珍惜自身信誉不接受企业的贿赂，对企业监管能力越强，政府监管的概率会下降。

社会公众以 $q = \dfrac{\alpha_3}{\alpha_2 + n\gamma + \alpha_3}$ 的概率接受企业的寻租行为。政府的奖励金 α_2 越大时，q 值越小，如果社会公众接受企业的贿赂，那么在政府部门得到的奖励金损失就越大，这种情况下社会公众接受企业寻租的概率就越低。n 越大，p 越小这说明惩戒因子越大，导致政府对社会公众的惩戒力量就越大，社会公众接受企业贿赂的可能性就降低。γ 越大，q 越小这说明社会公众接受企业贿赂越多，一旦被政府监管部门发现，对社会公众的罚款数额就越多，因此，社会公众接受企业贿赂的可能性就降低。

第六节 本章小结

本章旨在从政府、企业和社会公众视角出发分析环境规制对绿色发展效率影响的理论机制。第一，已有研究并未将环境规制纳入到内生增加框架中，本章构建了考虑家庭部门、厂商部门在内的两部门内生增长模型，基于政府、企业和社会公众多主体参与视角对环境规制影响绿色发展效率的数量模型进行推导。第二，对政府、企业和社会公众型环境规制影响绿色发展效率的传导机制进行分析，并提出相应的研究假说。第三，本章采用博弈论分析方法构建了政府与企业、社会公众与企业、政府与社会公众的博弈模型，分析多主体参与环境规制对绿色发展效率的影响。研究发现：

（1）本书将资本要素划分为物质资本要素和环境规制资本，而环境规制资本的形成是受到政府、企业和社会公众的影响。在经济发展达到稳态经济条件下，绿色发展效率与环境规制资本的增长率成正比，因此，环境规制的提升有助于提升绿色发展效率。

（2）本书分别对政府型、市场型和社会公众型环境规制影响绿色发展效率的渠道进行分析，政府型环境规制在短期内降低绿色发展效率，长期内通过技术创新的门槛效应可以提升绿色发展效率；中介效应模型的分析结果显示排污权交易政策通过技术进步和外商直接投资影响绿色发展效率；社会公众型环境规制通过"创新驱动效应"和"环境污染治理效应"提升绿色发展效率。

（3）本书构建政府与企业、社会公众与企业、政府与社会公众的博弈模型。通过分析我们发现政府、企业和社会公众在制定环境规制的问题上，任何一方的行为均受到另一方行为的影响，环境规制政策的制定并非是由单独作用的结果，而是通过政府、企业和社会公众博弈形成的。因此，在考察单一环境规制对绿色发展效率影响的同时，需要进一步考察多种环境规制对绿色发展效率的影响。

第三章 中国绿色发展效率的测度及典型化事实描述

本章首先对绿色发展效率的内涵进行界定,并基于环境技术框架下的 Global 可参比的超效率 SBM 模型,对 2005~2017 年中国 285 个城市的绿色发展效率进行测度,进一步对中国城市绿色发展效率的空间分布、空间差异、空间集聚以及空间分布动态演进规律进行分析。本章将详细介绍中国绿色发展效率的测度方法,在科学构建绿色发展效率投入产出体系的基础上,并对投入产出变量的选取以及数据处理进行详细说明。

第一节 绿色发展效率的内涵界定

绿色发展效率是衡量环境污染治理能力和经济发展效率的指标,提升效率是市场经济运行的主要目标,表示一个地区在资本、劳动等生产要素给定前提下达到经济产出的最高水平,抑或是在经济产出一定的情况下,达到最小生产要素投入的潜力。伴随着经济增长过程中出现的资源浪费和环境污染等问题,环境经济学开始将环境污染等因素纳入到效率的测度过程中。目前较多的研究将考虑非期望产出的效率称为环境效率,但是学术界尚未就环境效率的内涵和外延进行界定。一部门学者认为环境效率是指经济系统的生产要素投入和经济产出保持不变时,环境污染物的减排能力;另一部分学者认为环境效率是在生产要素投入保持不变的情况下,经济产出增加的同时确保环境污染物排放量的降低;还有学者认为环境效率是指经济产出的增加,生产要素投入和环境污染物同时减少的潜力(王兵等,2010)。本书认为同时考虑经济产出增加和环境污染物减少并且包含资源投入减少的效率测度方法,这不仅能够兼顾资源节约、污染治理,而且能综合考虑经济发展等因素,我们称之为绿色发展效率。

绿色发展效率是以效率、和谐、持续为目标的发展效率,换言之,绿色发展效率是在充分考虑到资源与环境双重约束的前提下,经济社会的投入产出效率。本书将从"绿色""发展""效率"三个层面对绿色发展效率的内涵进行说明。

从绿色层面来讲。新时代的绿色发展理论来自于习近平生态文明思想。党的十八大以来,习近平总书记高度重视经济的绿色发展。2013年习近平总书记在哈萨克斯坦纳扎尔巴耶夫大学发表演讲时阐释了"我们既要绿水青山,也要金山银山。宁要绿水青山,不要金山银山,而且绿水青山就是金山银山"①的理论,旗帜鲜明地反对以牺牲生态环境为代价换取经济的一时发展。2015年10月29日,习近平在党的十八届五中全会上提出了创新、协调、绿色、开放、共享的发展理念。②

从发展层面来讲。党的十九大提出中国已经由过去的高速增长阶段逐渐向高质量发展阶段转化。发展思路已经由过去强调"量的积累",向注重"质的提升"转化。因此,中国经济发展需要转变过去的经济发展方式、逐渐优化产业结构、转换经济发展的动力,在党的十九大上习近平总书记指出要推动经济发展质量变革、效率变革和动力变革,③因此,提升经济发展效率要贯穿经济高质量发展的全过程。

从效率层面来讲。提升经济效率是宏观经济运行的目标之一。由于市场在资源配置中起决定作用,因此,市场竞争是提高经济效率的重要途径,市场竞争归根结底是投入产出比较的竞争、效率高低的竞争。因此,经济效率的提升要逐渐破除制约经济效率提升的体制机制障碍,以既定的投入获取最大的产出。

综上所述,绿色发展效率是在资源承载力和环境保护的约束条件下,将提升经济系统的投入产出效率作为实现经济高质量发展的途径。本书从以下三个方面对绿色发展效率进行理论阐释:第一,绿色发展效

---

① 习近平在哈萨克斯坦纳扎尔巴耶夫大学发表重要演讲[N].人民日报,2013-9-8.
② 中共十八届五中全会在京举行[EB/OL].(2015-10-30)[2023-08-13],http://jhsjk.people.cn/article/27756155.
③ 习近平在中国共产党第十九次全国代表大会上的报告[EB/OL].(2017-10-28)[2023-08-13],http://jhsjk.people.cn/article/29613660.

率将资源环境作为经济社会高质量发展的内在要素；第二，绿色发展效率是将经济（economics）、社会（social）和环境（environment）作为一个投入产出系统；第三，实现经济社会的可持续发展是绿色发展效率提升的目标。

第二节　投入产出指标体系的构建

本书根据数据的可获得性，将数据的时间跨度定为 2005～2017 年，样本包括中国 285 个地级及以上城市，数据不包括我国香港、澳门和台湾地区的城市，接下来，本书将构建中国绿色发展效率的投入产出指标体系，并对数据处理过程进行说明。

一、投入指标

资本存量投入。本书采用各城市物质资本存量作为资本投入的衡量指标。由于各类统计资料并未报告城市资本存量的数据，因此，本书基于单豪杰（2008）提供的测算方法，利用永续盘存法对物资资本存量进行测度，其中采用的数据主要包括固定资产投资总额、折旧率等数据，其中折旧率设定为 10.96%，各城市固定资产投资数据利用其所在省份的固定资产投资价格指数进行平减处理，将其调整为 2005 年为基期的实际值。劳动力投入。劳动是经济发展过程中最活跃的生产要素，本书采用第二产业和第三产业从业人员总数作为衡量各城市劳动力投入的指标。能源资源投入。本书将全社会用电量与城市供水总量作为衡量经济发展过程中能源与资源投入的测度指标。

二、产出指标

期望产出。本书从经济产出和居民生活质量产出两个层面来衡量期望产出，经济产出层面，借鉴林伯强和谭睿鹏（2019）、宋马林和金培振（2016）的研究，本书采用实际地区生产总值作为衡量城市创造经济财富能力的指标。居民生活质量产出层面，本书采用建成区绿化覆盖率作为城市居民生活质量的代理变量。

非期望产出。本书选择工业废水排放量、工业 SO_2 排放量、工业烟尘排放量以及 $PM_{2.5}$ 浓度作为衡量经济活动所带来污染的指标。投入产出数据主要来自《中国城市统计年鉴》以及各省市历年统计公报整理所得，各城市 $PM_{2.5}$ 浓度数据来自美国国家航空航天局公布的卫星遥感数据（http://earthdata.nasa.gov），利用国家基础地理信息中心提供的1:400万中国基础地理信息数据裁剪得到各城市历年 $PM_{2.5}$ 浓度均值。

第三节 全局可参比的超效率 SBM 模型

本书借鉴帕斯特和洛弗尔（Pastor & Lovell, 2005）的方法，在全局参比的 DEA 框架下，综合考虑非期望产出的超效率 SBM 模型对城市绿色发展效率进行测度。全局参比的方法是利用整个考察期间所有决策单元的投入产出数据构建最佳生产前沿，将不同时期的决策单元均在全局最佳生产前沿下进行测度，有效解决测度存在不可行解以及跨期不可比等问题。采用超效率模型可以对有效决策单元进一步比较，避免多个决策单元同时有效时无法做出进一步比较的局限性。本书借鉴王兵等（2010）的研究，当两种技术假设下得到不同的结果时，选择 VRS 下得到的结果，因此，本书采用 VRS 假设下测算的绿色发展效率作为本书的被解释变量，采用 CRS 假设下测算的绿色发展效率作为稳健性检验。

本章将介绍全局参比下考虑非期望产出的 SBM 模型，并对地区层面的效率值进行测度。借鉴环境技术分析框架，构造同时包含期望产出和非期望产出的生产可行性集。假设有 $k = 1, 2, \cdots, K$ 个决策单元，决策单元 k 投入 I 种要素 $x_i(i = 1, 2, \cdots, I)$，生产 M 种期望产出 $y_m(m = 1, 2, \cdots, M)$ 并排放 Q 种非期望产出 $b_q(q = 1, 2, \cdots, Q)$。对于每个时期 T，满足闭集和有界集、投入和产出可自由处置、零结合以及产出弱可处置性等条件的环境生产可行性集（environmental production possibility set, EPPS）如式（3-1）所示。

$$EPPS^T = \left\{ (x^t, y^t, b^t) : \sum_{k=1}^{K} \lambda_k^t x_{ki}^t \leq x_{oi}^t; \sum_{k=1}^{K} \lambda_k^t y_{km}^t \geq y_{om}^t; \sum_{k=1}^{K} \lambda_k^t b_{kq}^t \leq b_{oq}^t; \lambda_k^t \geq 0 \right\} \quad (3-1)$$

为了解决不同生产技术前沿下效率值的跨期可比性，本书借鉴了帕斯托和洛弗尔（Pastor & Lovell，2005）提供的全局参比方法。具体做法是在 $EPPS^T$ 的基础上，进一步根据整个样本时期内决策单元的投入产出数据构建一个基于全局参比下的生产技术前沿，如式（3-2）所示。

$$EPPS^G = (EPPS^1 \cup EPPS^2 \cup \cdots \cup EPPS^T) \quad (3-2)$$

其中，$EPPS^G$ 表示以全局为基准下的生产性可能性集合，$EPPS^T$（T = 1，2，…，t）为不同时期下的生产性可能性集合。在全局基准下的 SBM 模型的分式规划模型如式（3-3）所示。需要注意的是，式（3-3）为分式规划模型，具体在实际测算中可以通过 Charnes - Cooper 转换方法将其转换为等价的线性规划模型进行求解。

$$E = \min_{\lambda, s_i^x, s_m^y, s_q^b} \frac{1 - \frac{1}{I}\sum_{i=1}^{I}\frac{s_i^x}{x_{oi}^t}}{1 + \frac{1}{M+Q}\left(\sum_{m=1}^{M}\frac{s_m^y}{y_{om}^t} + \sum_{q=1}^{Q}\frac{s_q^b}{b_{oq}^t}\right)}$$

$$\text{s.t.} \sum_{t=1}^{T}\sum_{k=1}^{K}\lambda_k^t x_{ki}^t + s_i^x = x_{oi}^t, \forall i;$$

$$\sum_{t=1}^{T}\sum_{k=1}^{K}\lambda_k^t y_{km}^t - s_m^y = y_{om}^t, \forall m; \quad (3-3)$$

$$\sum_{t=1}^{T}\sum_{k=1}^{K}\lambda_k^t b_{kq}^t + s_q^b = b_{oq}^t, \forall q;$$

$$s_i^x \geq 0, s_m^y \geq 0, s_q^b \geq 0, \lambda_k^t \geq 0;$$

式（3-3）中，E 表示全局可参比下的绿色发展效率；S_i^x、S_m^x、S_q^b 分别表示第 i 种要素投入、第 m 种期望产出和第 q 种非期望产出的松弛向量；λ_k^t 表示观测值的权重。

第四节 中国绿色发展效率的空间分布特征

本书采用 ArcGIS 软件绘制了 2005 年和 2017 年中国绿色发展效率的空间分布图，从中我们可以发现，中国绿色发展效率的空间分布均存在明显的空间非均衡特征。从整体特征来看，无论是 2005 年还是 2017

年，东部地区城市绿色发展效率整体高于中部和西部地区城市，这与东部地区互联网经济发展、技术创新以及对外开放等因素密切相关。从局部特征来看，各省份省会城市的绿色发展效率较高，而非省会城市往往较低，这是由于省会城市的经济发展水平较高、技术创新能力较强，在中国绿色发展效率提升过程中能够发挥良好的示范带头作用，此外，京津冀城市群、长三角城市群、珠三角城市群绿色发展效率较高，随着近年来城市群战略的不断推进，城市群内部在产业分工、创新结构、网络基础设施建设等方面取得了较快发展，有利于促进绿色发展效率的增长。

为了清晰地展示中国绿色发展效率的空间趋势演进，文章基于地理信息技术，绘制了2005年和2017年中国绿色发展的趋势面分析图，在ArcGIS软件的支持下，本书以地理空间坐标投影为基础，对中国285个城市绿色发展效率进行三维透视分析（见图3-1和图3-2）。图3-1为2005年中国绿色发展效率的趋势面分析，其中Z轴为285个城市的绿色发展效率的大小，X轴与Y轴所组成的平面展示了中国285个城市的地理位置，其中285个城市绿色发展效率的大小投影到Y轴与Z轴组成的平面上表示东—西方向，投影到X轴与Z轴平面上表示南—北方向；图中的散点是绿色发展效率在东—西和南—北向正交平面上的投影，并将散点采用三次多项式拟合并旋转合理的透视角度得到一条最佳拟合线，模拟东西和南北方向上存在的趋势。趋势面分析表明中国285个城市绿色发展效率的最优拟合线在东西方向上呈拉平的S形曲线，这表明中国绿色发展效率在东—西方向上呈现出东部＞西部＞中部的态势，西部地区的绿色发展效率高于中部地区，其原因是随着近年来西部大开发战略的实施，西部地区经济取得了较快发展，资本存量的累积、劳动者素质的提高促进了西部地区绿色发展效率的提升。东部地区绿色发展效率水平较高主要是因为东部地区经济发达，城镇化水平较高，市场经济较为发达，科技水平以及金融发展水平较高。从图3-1和图3-2中本书发现绿色发展效率在空间分布上呈南高北低的空间分布格局。在南北方向上，绿色发展效率的演变趋势呈现U形曲线，这表明中国绿色发展效率在南—北方向上呈现出南部＞中部＞北部，这是由于南方地区是改革开放的前沿阵地，外向型经济较为发达，无论是市场经济发展水平还是科技发展水平较为发达，绿色经济发展效率较高。

图 3-2 为 2017 年中国绿色发展效率的趋势面分析，与图 3-1 的 2005 年相比，在东西方向上，2005 年拉平的 S 形曲线变得更加平直，说明绿色发展效率的地区差异程度大幅度降低，这得益于近年来中国区域协调发展战略的实施，降低了东部地区和西部地区的地区差异。在南北方向上，南方和北方地区绿色发展效率的差异逐渐拉大，北方地区绿色发展效率有所下降，南方绿色发展效率大幅度上升。综上所述：中国绿色发展效率呈现出东高西低，南高北低的空间演变趋势，其中，中部地区和北方地区的绿色发展效率较低。

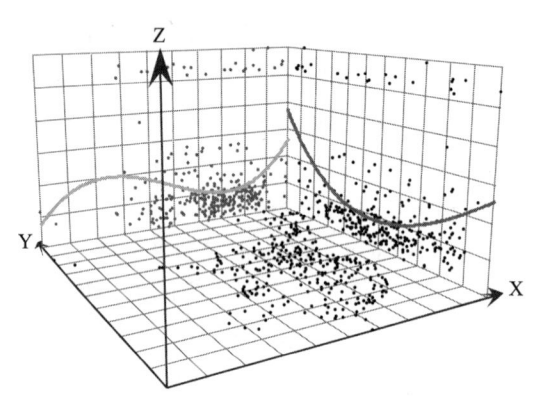

图 3-1　中国绿色发展效率的趋势面分析（1）

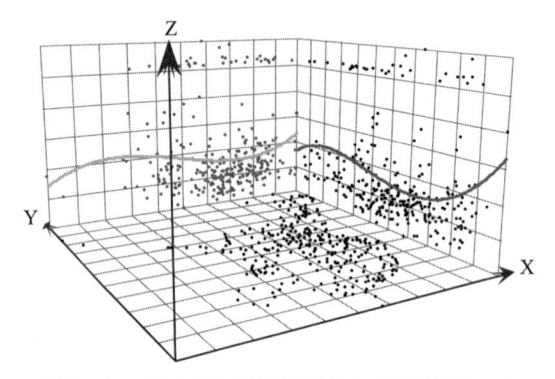

图 3-2　中国绿色发展效率的趋势面分析（2）

第五节　中国绿色发展效率的空间差异特征

在上一节本书采用空间可视化方法对中国绿色发展效率的空间分布特征进行了分析，然而，采用 ArcGIS 绘制空间分布图的方法仅能直观地分析绿色发展效率的空间非均衡特征，不能精准测度中国绿色发展效率的空间差异，也不能对空间差异进行分解。本节在中国绿色发展效率空间分布的基础上，进一步对中国绿色发展效率的地区差异进行精准测度，采用 Dagum 基尼系数及其按子群分解的方法，并将绿色发展效率的地区差异进行分解，并揭示地区差距的来源。

一、地区差距的测度及分解方法

本节采用 Dagum 基尼系数及其按子群分解的方法对中国绿色发展效率的地区差距进行测度，目前，Dagum 基尼系数方法已经广泛地运用到金融发展差异、经济发展差异、产业结构高级化的测度，本书对基尼系数的测度方法和公式均来自戴格姆（Dagum，1997）。总体基尼系数的公式如式（3-4）所示，$y_{ji}(y_{hr})$ 表示为 j(h) 地区内某城市的绿色发展效率，$\bar{y}$ 为各城市的绿色发展效率的均值，n 表示为城市个数，k 表示为划分地区的个数，$n_j(n_h)$ 表示为 j(h) 地区内的城市个数。

$$G = \frac{\sum_{j=1}^{k}\sum_{h=1}^{k}\sum_{i=1}^{n_j}\sum_{r=1}^{n_h}|y_{ji} - y_{hr}|}{2n^2\bar{y}} \quad (3-4)$$

基尼系数在 20 世纪 90 年代后期之前被认为不可以进行分解，而戴格姆（1997）提出的 Dagum 基尼系数按子群分解方法可把地区差距分解成地区内差距、地区间净值差距以及超变密度，使地区差距来源问题得到有效解决。

本部分采用 Dagum 基尼系数按子群分解方法对中国绿色发展效率地区差距的来源进行分解。首先按照式（3-5）对各地区绿色发展效率的均值进行排序。式（3-6）及式（3-7）分别为 j 地区基尼系数 G_{jj} 与地区内差距贡献 G_W，式（3-8）及式（3-9）分别为 j 地区和 h

地区的地区间基尼系数 G_{jh}、地区之间净值差距贡献 G_{nb}，式（3-10）为超变密度贡献 G_t，其中，$p_j = n_j/n$，$s_j = n_j\bar{y}_j/n\bar{y}$。$D_{jh}$表示 j 地区和 h 地区间绿色发展效率的相对影响，定义见式（3-11）。d_{jh}为地区间的绿色发展效率的差值，表示为 j 地区和 h 地区中所有 y_{ji} 与 y_{hr} 之间差值大于 0 的样本值进行加总的数学期望，定义见式（3-12）；p_{jh}为超变一阶矩，表示为 j 地区和 h 地区中所有 y_{hr} 与 y_{ji} 之间差值大于 0 的样本值进行加总的数学期望，定义具体见式（3-13）。其中，$F_j(F_h)$ 是 j(h) 地区的积累密度分布函数。

$$\bar{Y}_1 \leq \bar{Y}_2 \leq \cdots \leq \bar{Y}_h \leq \cdots \leq \bar{Y}_j \leq \cdots \leq \bar{Y}_k \quad (3-5)$$

$$G_{jj} = \frac{\frac{1}{2\bar{Y}_j}\sum_{i=1}^{n_j}\sum_{r=1}^{n_j}|y_{ji} - y_{jr}|}{n_j^2} \quad (3-6)$$

$$G_w = \sum_{j=1}^{k} G_{jj}p_js_j \quad (3-7)$$

$$G_{jh} = \frac{\sum_{i=1}^{n_j}\sum_{r=1}^{n_h}|y_{ji} - y_{hr}|}{n_jn_h(\bar{Y}_j + \bar{Y}_h)} \quad (3-8)$$

$$G_{nb} = \sum_{j=2}^{k}\sum_{h=1}^{j-1} G_{jh}(p_js_h + p_hs_j)D_{jh} \quad (3-9)$$

$$G_t = \sum_{j=2}^{k}\sum_{h=1}^{j-1} G_{jh}(p_js_h + p_hs_j)(1 - D_{jh}) \quad (3-10)$$

$$D_{jh} = \frac{d_{jh} - p_{jh}}{d_{jh} + p_{jh}} \quad (3-11)$$

$$d_{jh} = \int_0^\infty dF_j(y)\int_0^y (y - x)dF_h(x) \quad (3-12)$$

$$p_{jh} = \int_0^\infty dF_h(y)\int_0^y (y - x)dF_j(x) \quad (3-13)$$

二、绿色发展效率的空间差异分析

本书为了清晰地解构中国绿色发展效率的空间差异特征，将全国 285 个城市划分到东部、中部、西部和东北四大区域。根据 Dagum 基尼系数按照子群分解的方法，将中国绿色发展效率的空间差异分解为区域内差异、区域间差异和超变密度，并据此测算了贡献率，测算结果如表3-1所示。

表3-1　　　　　2005~2017年基尼系数及其分解

年份	总体差异	区域内	区域间	超变密度	区域内贡献	区域间贡献	超变密度贡献
2005	0.312	0.078	0.094	0.139	25.104	30.242	44.654
2006	0.257	0.066	0.083	0.108	25.718	32.284	41.998
2007	0.238	0.062	0.057	0.118	26.192	24.012	49.796
2008	0.244	0.065	0.072	0.107	26.495	29.520	43.985
2009	0.238	0.063	0.064	0.111	26.375	26.902	46.723
2010	0.252	0.066	0.071	0.115	26.218	28.162	45.620
2011	0.244	0.064	0.075	0.105	26.320	30.673	43.007
2012	0.253	0.067	0.085	0.101	26.447	33.556	39.997
2013	0.236	0.061	0.061	0.114	25.834	25.817	48.349
2014	0.232	0.061	0.075	0.096	26.470	32.092	41.437
2015	0.234	0.061	0.078	0.095	26.121	33.334	40.546
2016	0.279	0.073	0.091	0.115	26.093	32.671	41.236
2017	0.284	0.075	0.070	0.139	26.369	24.533	49.098

中国绿色发展效率总体基尼系数的演变趋势如图3-3所示，根据图3-3本书发现2005~2017年中国绿色发展效率的总体地区差异呈现出先下降—再平稳变化—后上升趋势。2005~2007年绿色发展效率的空间差异呈下降趋势，基尼系数由2005年的0.312下降到2007年的0.238，年均下降率为12.66%，这意味着随着区域协调发展战略的实施，中国绿色发展效率的空间差异呈现出逐渐缩小的态势。2007~2015年绿色发展效率空间差异呈平稳变化趋势，基尼系数在0.230~0.240附近波动。2015~2017年绿色发展效率空间差异呈迅速上升趋势，基尼系数由2015年的0.234上升到2017年的0.284，年均上升率为10.167%，这意味着，近年来中国绿色发展效率的空间差异呈现出扩大

的趋势，其主要原因可能是，虽然东部地区和西部地区的差异在逐渐缩小，但是，中国南方和北方的差异逐渐拉大，这与前文中趋势面分析的结果较为一致，北方地区资本存量下降、经济体制改革滞后、劳动力数量下降是北方地区落后于南方地区的主要原因之一。

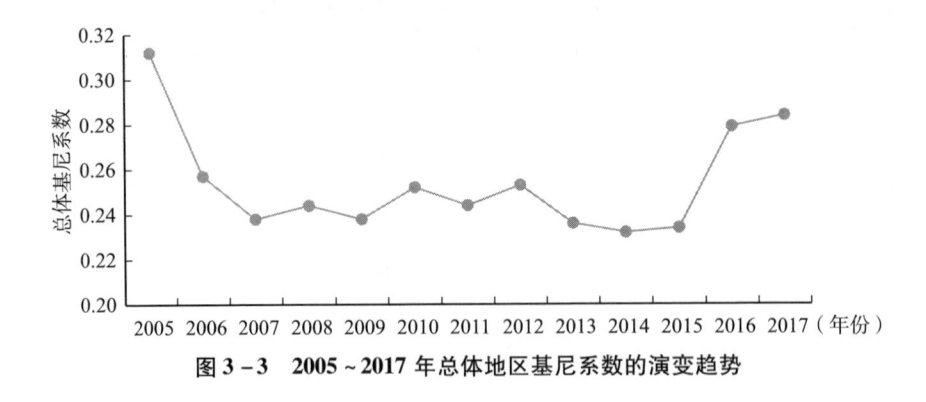

图 3-3　2005~2017 年总体地区基尼系数的演变趋势

中国绿色发展效率的地区内差异的演变趋势如图 3-4 所示。从数值大小看，东部、中部、西部和东北地区的基尼系数均值分别为 0.225、0.195、0.290、0.233，其中，西部地区绿色发展效率的差异最大，且明显大于东部、中部和西部地区；这主要是由于西部地区内部不同城市绿色发展效率存在较大的差距，四川、重庆等地的经济发展水平较高，而新疆、西藏等地的经济发展水平较低。从演变趋势看，西部地区绿色发展效率的基尼系数呈下降趋势，基尼系数由 2005 年的 0.346 下降到 2017 年的 0.291，年均下降率 1.442%，这意味着绿色发展效率的空间差异呈逐渐降低趋势。东部地区绿色发展效率的基尼系数先下降后上升，2005~2007 年呈下降趋势，基尼系数由 2005 年的 0.264 下降到 2007 年的 0.164，年均下降率为 21.191%，2008~2017 年呈上升趋势，基尼系数由 2008 年的 0.187 上升到 2017 年的 0.298，年均增长率为 5.318%，这是因为东部地区内部的差异主要来源于中国南北方的差异。东北地区绿色发展效率的基尼系数在 2005~2014 年呈波动下降趋势，基尼系数由 2005 年的 0.361 下降到 2014 年的 0.189，年均下降率为 6.949%，2014~2017 年基尼系数由 2014 年的 0.189 上升至 2017 年的 0.249，年均增长率为 9.616%。

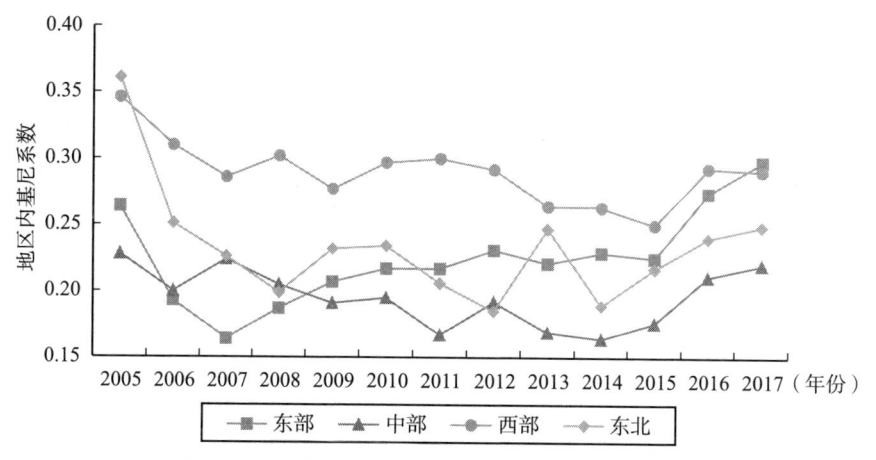

第三章 中国绿色发展效率的测度及典型化事实描述

图 3-4 2005~2017 年地区内基尼系数的演变趋势

中国绿色发展效率的地区间差异的演变趋势如图 3-5 所示。从数值大小看，地区间地区差异从大到小依次是中部与西部地区、东部与西部地区、西部与东北地区、中部与东北地区、东部与东北地区、东部与中部地区，基尼系数依次是 0.2828、0.2723、0.2717、0.238、0.2369、0.2227，其中，中部与西部地区的差异最大。从演变趋势看，地区间基尼系数呈先下降，平稳变化，再下降，再上升的演变趋势。以地区间差

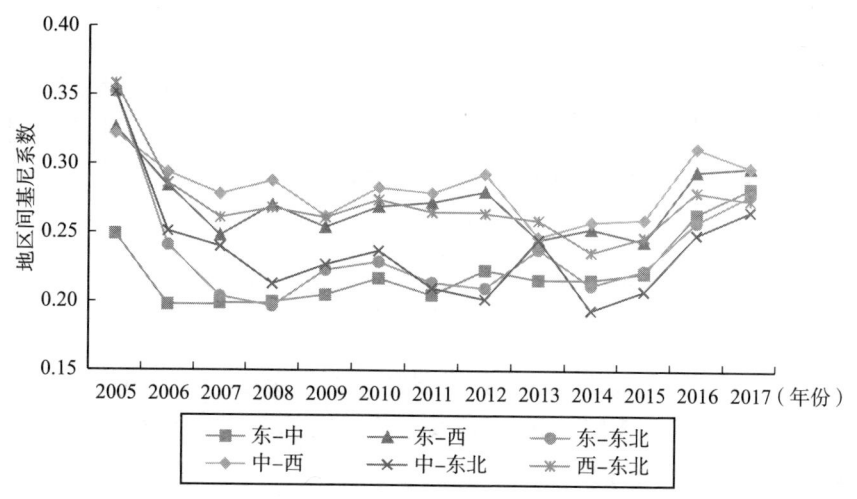

图 3-5 2005~2017 年地区间基尼系数的演变趋势

异最大的东部与西部地区的差异为例,2005~2007年东部与西部的差异由2005年的0.326下降到2007年的0.248,2008~2012年呈平稳变化趋势,基尼系数保持在0.25~0.28之间,2012~2017年呈上升趋势,由2012年的0.280上升至2017年的0.298。这意味着东部和西部之间的差异依然是绿色发展效率地区差异的主要来源(见表3-2)。

表3-2　　　　　　　2005~2017年基尼系数及其分解

年份	地区内				地区间					
	东部	中部	西部	东北	东-中	东-西	东-东北	中-西	中-东北	西-东北
2005	0.264	0.228	0.346	0.361	0.249	0.326	0.352	0.322	0.352	0.358
2006	0.193	0.200	0.310	0.251	0.198	0.284	0.241	0.294	0.251	0.286
2007	0.164	0.224	0.286	0.226	0.199	0.248	0.204	0.278	0.240	0.261
2008	0.187	0.205	0.302	0.199	0.200	0.270	0.197	0.288	0.213	0.268
2009	0.207	0.191	0.277	0.232	0.205	0.254	0.223	0.262	0.227	0.261
2010	0.217	0.195	0.297	0.234	0.217	0.269	0.229	0.283	0.237	0.274
2011	0.217	0.167	0.300	0.206	0.205	0.272	0.214	0.279	0.210	0.265
2012	0.231	0.192	0.292	0.185	0.223	0.280	0.210	0.293	0.202	0.264
2013	0.221	0.169	0.264	0.247	0.216	0.245	0.238	0.247	0.245	0.259
2014	0.229	0.164	0.263	0.189	0.216	0.253	0.212	0.258	0.194	0.236
2015	0.225	0.176	0.250	0.217	0.221	0.244	0.223	0.260	0.208	0.247
2016	0.274	0.211	0.293	0.240	0.264	0.295	0.258	0.312	0.249	0.280
2017	0.298	0.220	0.291	0.249	0.283	0.298	0.278	0.298	0.266	0.274

为了刻画绿色发展效率空间差异的来源及贡献,本书测算了地区内、地区间、超变密度的贡献率,如表3-1所示,并绘制了图3-6以揭示贡献率的演变趋势。

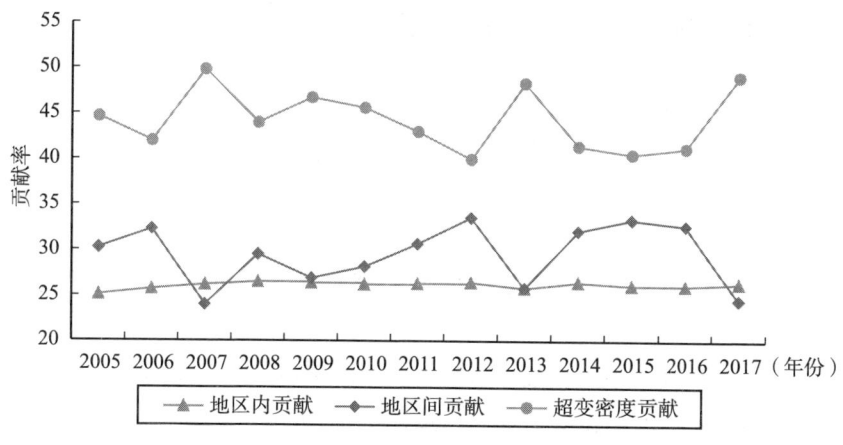

图 3-6　2005~2017 年基尼系数的贡献率分析

2005~2017 年地区内、地区间以及超变密度的平均贡献率分别为 26.135%、29.523%、44.342%，因此，绿色发展效率地区差异的主要来源依次是超变密度、地区间差异、地区内差异，其中，超变密度是导致绿色发展效率空间差异的主要原因。从图 3-6 中我们可以清晰地发现，超变密度的贡献呈波动变化趋势，但贡献率维持在 40%~50% 之间，2005~2017 年地区间基尼系数的贡献虽然存在波动，但一直稳定在 24%~31% 之间，地区内基尼系数的变化较为平稳，均维持在 25%~26% 之间。

第六节　中国绿色发展效率的空间集聚特征

一、空间自相关指数测度

本书考虑 285 个城市绿色发展效率具有的空间依赖特征，本书测度了 2005~2017 年中国绿色发展效率的 Moran's I 指数。通过 Moran's I 指数我们可以清晰地刻画中国 285 个城市绿色发展效率的空间集聚和空间依赖程度，测算公式如下所示：

本书通过测算 Moran's I 指数刻画绿色发展效率的空间相关性特征。

式（3-14）为 Moran's I 指数的测度公式。

$$\text{Moran's I} = \frac{n\sum_{i=1}^{n}\sum_{j=1}^{n}w_{ij}(x_i-\bar{x})(x_j-\bar{x})}{\sum_{i=1}^{n}\sum_{j=1}^{n}w_{ij}\sum_{i=1}^{n}(x_i-\bar{x})^2} = \frac{\sum_{i=1}^{n}\sum_{j=1}^{n}w_{ij}(x_i-\bar{x})(x_i-\bar{x})}{S^2\sum_{i=1}^{n}\sum_{j=1}^{n}w_{ij}}$$

(3-14)

其中，$S^2 = \frac{1}{n}\sum_{i=1}^{n}(x_i-\bar{x})^2$，$\bar{x} = \frac{1}{n}\sum_{i=1}^{n}x_i$，n 为城市个数，$w_{ij}$ 为空间权重矩阵元素，$\sum_{i=1}^{n}\sum_{j=1}^{n}w_{ij}$ 则表示所有空间权重之和。本书以地理距离平方的倒数作为空间权重矩阵；x_i 表示第 i 城市绿色发展效率的观测值。Moran's I 指数的取值范围为 [-1, 1]，大于 0 时表示绿色发展效率具有空间正相关特征。绿色发展效率的 Moran's I 指数表示绿色发展效率在空间相关性程度的大小，绿色发展效率空间相关性指数越大说明空间相关程度越大。Moran's I 指数揭示了绿色发展效率的全局空间自相关，而通过绘制绿色发展效率的 Moran 散点图可以直观地描绘绿色发展效率的空间集聚模式。

空间权重的所具有的经济含义就是绿色发展效率的空间溢出模式，本书在设置空间权重时，采用城市之间地理距离平方的倒数来表示，其经济学含义是绿色发展效率随着地理距离的拉大，各城市间绿色发展效率的影响程度将逐渐减小。

二、绿色发展效率的全局自相关指数

本书测算了 2005~2017 年绿色发展效率的 Moran's I 指数（见表 3-3），从测算结果看，样本考察期内绿色发展效率的 Moran's I 指数均为正值，均位于 0.037~0.119 之间且均通过了 1% 的显著性水平检验，这说明中国绿色发展效率具有显著的空间集聚特征，换言之，一个城市绿色发展效率受到与之地理距离邻近城市绿色发展效率的影响，绿色发展效率较高的城市与较高的相邻，而绿色发展效率较低的城市被绿色发展效率较低的城市包围，绿色发展效率的空间相关性特征表现出"一荣俱荣，一损俱损"的格局。

表 3-3　　　　2005~2017 年绿色发展效率的全局自相关指数

年份	Moran'I 指数	E (I)	SD (I)	Z 值	p 值
2005	0.088	-0.004	0.023	4.039	0.000
2006	0.067	-0.004	0.022	3.142	0.001
2007	0.046	-0.004	0.022	2.215	0.013
2008	0.104	-0.004	0.022	4.795	0.000
2009	0.089	-0.004	0.022	4.139	0.000
2010	0.104	-0.004	0.022	4.781	0.000
2011	0.091	-0.004	0.022	4.192	0.000
2012	0.119	-0.004	0.023	5.444	0.000
2013	0.094	-0.004	0.022	4.348	0.000
2014	0.108	-0.004	0.022	4.992	0.000
2015	0.083	-0.004	0.022	3.871	0.000
2016	0.108	-0.004	0.023	4.948	0.000
2017	0.037	-0.004	0.023	1.784	0.037

三、绿色发展效率的局域自相关指数

为了揭示绿色发展效率在空间上究竟存在何种的空间集聚模式，本书绘制了 2005 年和 2017 年中国 285 个城市绿色发展效率的 Moran 散点图。Moran 散点图的四个象限分别表示 HH 集聚、LH 集聚、HH 集聚、HL 集聚，其中 HH 集聚和 LL 集聚表示空间相关系数为正值，而 LH 集聚和 HL 集聚表示空间相关性指数为负值，图 3-7 和图 3-8 中的 Moran 散点图我们发现，大多数的城市位于 HH 集聚板块和 LL 集聚板块。根据 2005 年 Moran 散点图我们发现，三亚、北京、中山、天津、宁德、上海等城市位于 HH 集聚板块，这些城市主要位于直辖市城市和东部沿海地区的城市，这些城市的绿色发展效率较高。焦作、菏泽、六盘水、滨州、贵阳、吉林、嘉兴、平顶山、邢台、滁州、南阳、衢州、商丘等城市位于 LL 集聚板块，这些城市大部分位于中国的北方地区，绿色发展效率较低。2017 年绿色发展效率的 Moran 散点图中上海、青岛、深圳、随州、中山、莆田、汕头、舟山、绥化等城市位 HH 集聚板块，这些城市位于东部地区沿海城市，以及珠三角城市群和长三角城市群。菏泽、柳州、肇庆、保定、晋中、滨州、孝感、赣州、上饶、焦作、达州等城市位于 LL 集聚类型，这些城市均为非省会城市，这些城市经济发展水平较低，科技发展水平较低，因此，这些城市绿色发展效率较低。

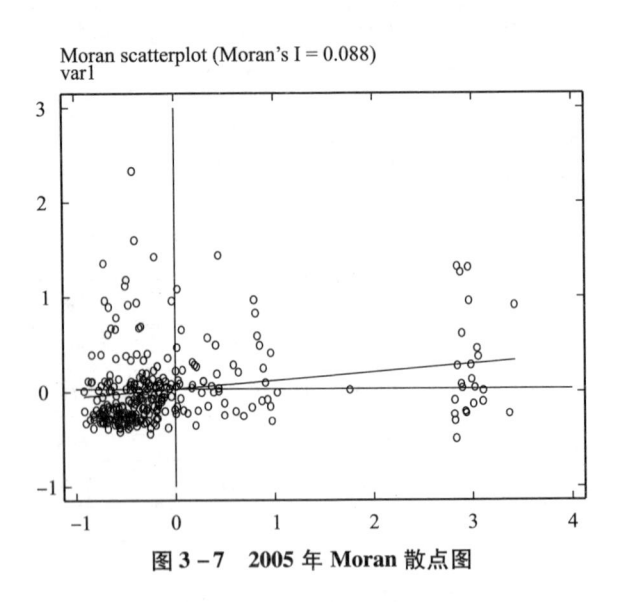

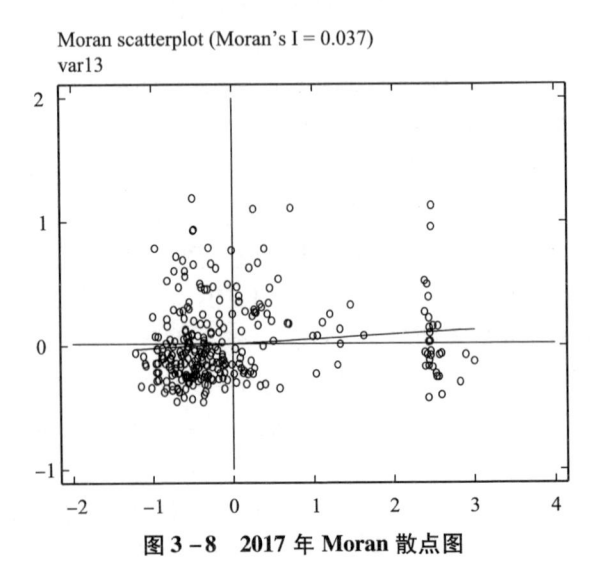

图 3-7　2005 年 Moran 散点图

图 3-8　2017 年 Moran 散点图

第七节 中国绿色发展效率的分布动态演进

一、Kernel 核密度

核密度估计作为一种非参数估计方法,已经成为研究不均衡分布的一种流行的方法。该方法主要用于对随机变量的概率密度进行估计,用连续的密度曲线描述随机变量的分布形态。假设随机变量 x 的密度函数为 f(x),在点 x 的概率密度可以由式(3-15)进行估计。

$$f(x) = \frac{1}{Nh} \sum_{i=1}^{N} K\left(\frac{X_i - \bar{X}}{h}\right) \quad (3-15)$$

其中,N 为观测值的个数,h 为带宽,K(·)是核函数 [其表达式见式(3-16)],它是一种加权函数或平滑转换函数,X_i 为独立分布的观测值,$\bar{X}$ 为均值。根据 Kernel 核密度函数的表达形式不同,核函数可以分为高斯核和三角核、四次核等函数类型。本书选择比较常用的高斯核函数进行估计,表达式见式(3-16):

$$K(x) = \frac{1}{\sqrt{2\pi}} \exp\left(-\frac{x^2}{2}\right) \quad (3-16)$$

由于非参数估计没有确定的函数表达式,我们需要通过图形的对比来观察分布的变化。一般来说根据核密度估计结果的图形,可以得到变量分布的位置、形态和延展性等三方面的信息,核函数需要满足以下条件,见式(3-17)。

$$\begin{cases} \lim_{x \to \infty} K(x) \cdot x = 0 \\ K(x) \geq 0, \sum_{-\infty}^{+\infty} K(x)dx = 1 \\ \sup K(x) < +\infty, \sum_{-\infty}^{+\infty} K^2(x)dx < +\infty \end{cases} \quad (3-17)$$

二、绿色发展效率的 Kernel 核密度分析

本书在分析中国绿色发展效率空间差异和空间集聚的基础上,对中

国绿色发展效率的分布动态进行核密度分析，本书在 Maltlab 软件的支持下采用高斯核函数方法测算了全国、东部、中部和西部地区绿色发展效率的核密度，并进行了三维透视分析（见图 3-9 至图 3-12），就全国而言，首先，从绿色发展效率核密度的分布位置来看，核密度函数的中心呈现出逐渐向右移动态势，这意味着中国绿色发展效率呈逐年提升的演变趋势，绿色发展水平不断提高；其次，从绿色发展效率核密度的分布形态来看，2005~2017 年绿色发展效率的核密度函数的主峰峰值呈现出逐渐上升的趋势，其中，2015~2016 年核密度函数的波峰

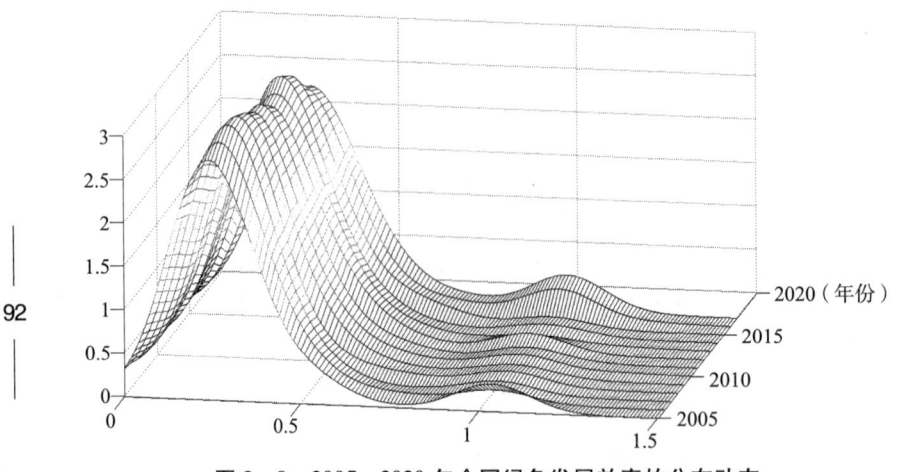

图 3-9 2005~2020 年全国绿色发展效率的分布动态

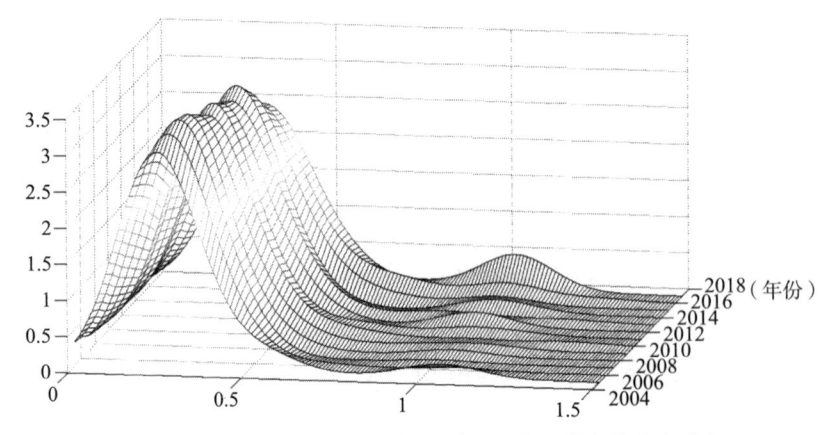

图 3-10 2004~2018 年东部地区绿色发展效率的分布动态

最为陡峭，2016年核密度函数的峰值达到样本考察期的最大值，这表明2015~2016年中国绿色发展效率的差距呈扩大的态势，这与前文总体基尼系数的演变趋势较为一致。第三，从绿色发展效率核密度函数的延展性分析，2005~2017年，绿色发展效率的核密度函数具有较为显著的向右拖尾的态势；第四，从波峰数量的演变趋势来看，2005~2015年核密度函数虽然具有双峰现象，但是侧峰的变化趋势较为平缓，2016~2017年侧峰逐渐陡峭，这说明中国绿色发展效率的两极分化趋势较为明显。

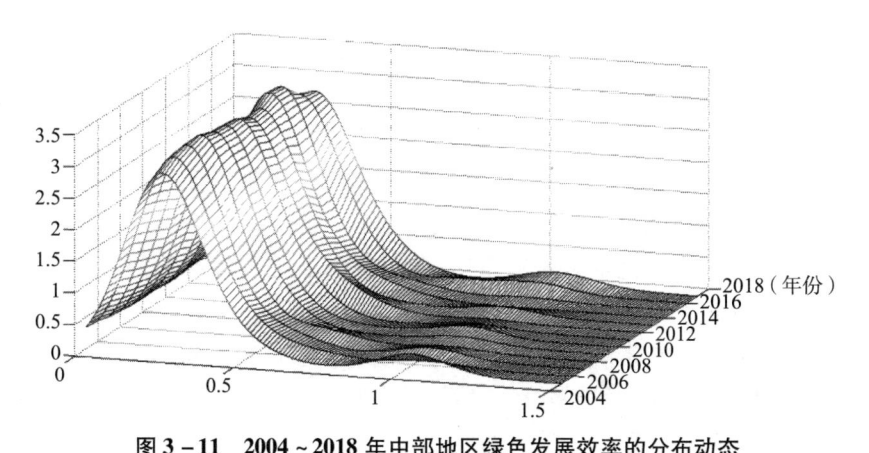

图 3-11　2004~2018 年中部地区绿色发展效率的分布动态

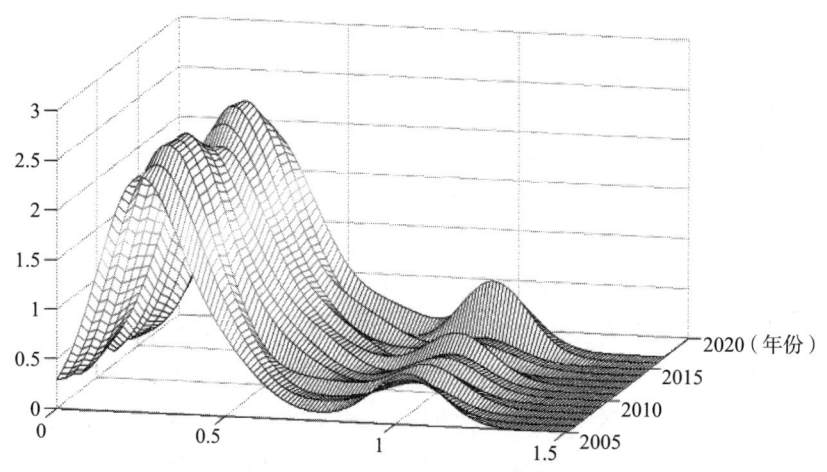

图 3-12　2005~2020 年西部地区绿色发展效率的分布动态

东部地区 Kernel 核密度函数的三维透视图如图 3-10 所示。由图 3-10 本书发现东部地区绿色发展效率的分布动态主要呈现出三个方面的特征：第一，2005~2017 年东部地区绿色发展效率核密度函数的中心呈逐渐向右移动的态势，这意味着东部地区绿色发展效率呈不断提高的态势，这与东部地区的经济发展质量、科技发展水平较为发达有密切关系；第二，核密度函数的主峰呈先上升后下降的趋势，具体而言，2005~2015 年核密度函数的主峰呈逐渐上升趋势，2016~2017 年呈逐渐下降趋势，这说明东部地区绿色发展效率的差异呈先下降后上升演变趋势；第三，2005~2011 年东部地区绿色发展效率的核密度图只有一个主峰，没有侧峰，2012~2017 年绿色发展效率在 1 附近形成一个侧峰，且侧峰的峰值越来越高，近年来，东部地区核密度函数拥有一个主峰和一个侧峰，这意味着东部地区绿色发展效率出现了两极分化现象。

中部地区绿色发展效率的分布动态如图 3-11 所示。根据图 3-11 本书发现中部地区绿色发展效率的三个特征，第一，与全国和东部地区相比，中部地区绿色发展效率拥有一个主峰，但是并没有侧峰，这说明中部地区绿色发展效率并没有较大的两极分化特征。但是，在绿色发展效率为 1 附近，核密度函数的图像存在波动，但是波动幅度并不大，这意味着中部地区绿色发展效率依然较低，并且呈现出向高水平绿色发展效率发展的趋势。第二，从中部地区绿色发展效率的核密度函数的分布位置来看，中部核密度函数的中心在 2005~2013 年呈逐渐上升的趋势，这说明中部地区绿色发展效率主要分布在 0~0.5 之间，绿色发展效率处于较低的水平；第三，从中部地区核密度函数的延展性上看，中部地区绿色发展效率的核密度函数明显地向右拖尾的态势。

西部地区 Kernel 核密度函数的三维透视图如图 3-12 所示。通过对图 3-12 的分析本书总结西部地区绿色发展效率的分布动态的主要特征：首先，虽然样本考察期内核密度函数存在波动变化趋势，但仍呈逐渐向右移动的趋势，这意味着西部地区绿色发展效率呈不断上升的态势，随着西部大开发战略的实施，西部地区在促进了经济高质量发展的同时注重生态文明建设，促进了绿色发展效率的提升。其次，从波峰的数量来看，西部地区绿色发展效率存在一个主峰和一个侧峰，说明西部地区绿色发展效率存在两极分化现象，2005~2015 年侧峰变化较为平缓，2016~2017 年侧峰由平缓变得更加陡峭，这意味着西部地区绿色发展效率的两极分化现象较为严重，西部地区的重庆和四川经济发展水平较高，科技较为发达，而新疆、西藏等地区经济发展水平较低，科技水平比较落后，随着近年来成渝城市群和长江经济带等政策的推进，成渝城市群的城市绿色发展效率较高，这是导致西部地区绿色发展效率存在较大差异的原因之一。

三、中国绿色发展效率的无条件核密度估计

图 3-13 为中国绿色发展效率分布的无条件随机核图。图 3-13 中 X 轴为第 t 期绿色发展效率水平；Y 表示第 t+1 期绿色发展效率，Z 轴为根据随机核测算的 Kernel 核密度；为了揭示绿色发展效率由 t 期到 t+1 期中国绿色发展效率的分布变化转移概率与趋势，图 3-13 中绘制了与 Y 轴平行的线，这些线表示从 X 轴的点到 Y 轴任意一点的转移概率。

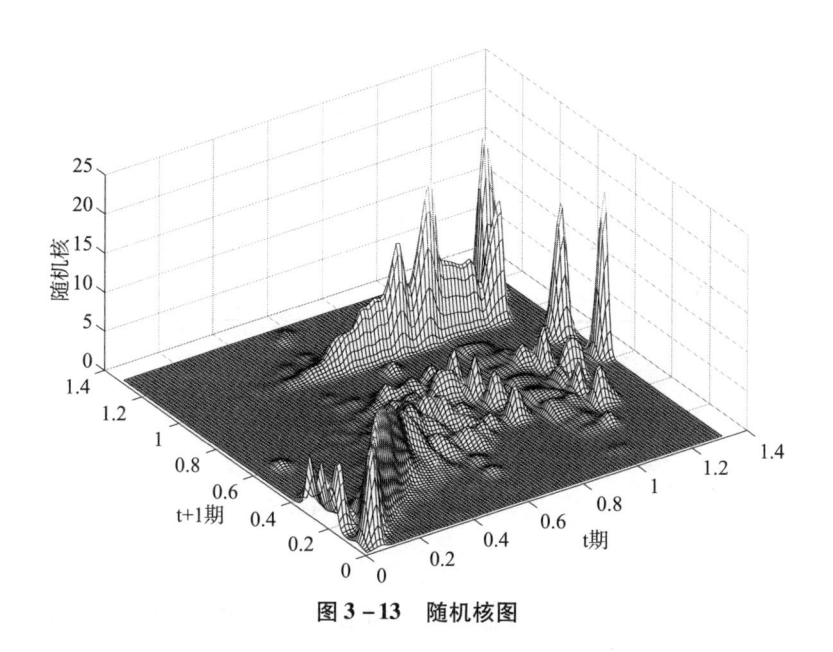

图 3-13　随机核图

通过图 3-14 可知，从立体核密度图看，概率密度大部分位于正 45 度对角线的两侧，另有部分图形分别位于正 45 度对角线上方和正 45 度对角线下方，说明中国绿色发展效率在全国所处位置于 t+1 年并未发生较大改变，中国绿色发展效率的分布有较强的持久性，而位于正 45

度对角线上方的图形表明部分城市的绿色发展效率在t+1期时的提升状况较为理想,比如绿色发展效率较高的北京、上海和天津等城市,这些城市绿色发展效率逐渐呈上升趋势;有一部分城市的绿色发展效率处于正45度对角线下方,这说明在t+1期的绿色发展效率相较于t期有所下降,各地区政府应当关注绿色发展效率下降的问题,逐步地提高经济发展质量、促进这些城市科学技术的发展、实施较为严格的环境规制逐步地提高绿色发展效率。

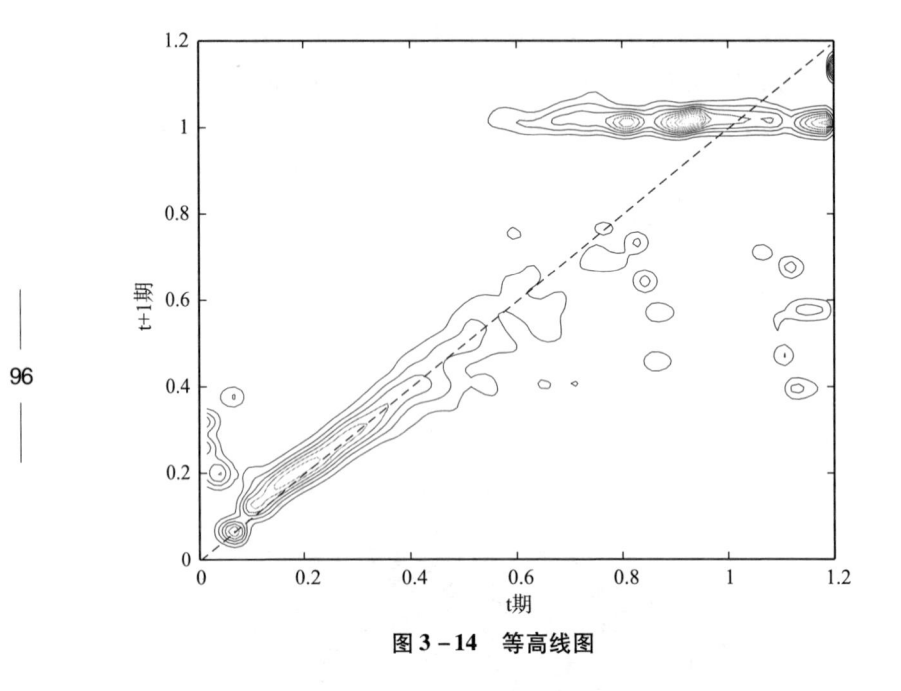

图 3-14 等高线图

第八节 本章小结

本章基于全局可参比的超效率SBM模型对中国绿色发展效率进行测度,并对中国绿色发展效率的空间分布、空间差异和分布动态演进规律进行分析。研究发现:

第一,从空间分布视角来看。东部地区城市绿色发展效率整体高于中部和西部地区城市,各省省会城市的绿色发展效率较高,而非省会城市绿色发展效率低往往较低。

第二，从空间差异视角来看。中国绿色发展效率的基尼系数呈先下降—平稳变化—后上升趋势，这说明中国绿色发展效率的空间差异呈先下降后上升趋势，西部地区的地区内差异明显高于东部、中部、东北地区。

第三，从空间集聚的视角来看。绿色发展效率的空间自相关指数为正值，说明中国绿色发展效率具有显著的空间集聚特征。

第四，从分布动态角度来看，绿色发展效率核密度函数中心呈向右移动趋势且存在一个主峰和一个侧峰，说明绿色发展效率存在明显的两极分化特征。

第四章 政府型环境规制对绿色发展效率的影响*

本章基于前文的理论机制分析以及中国绿色发展效率的测度结果，构建空间联立方程模型揭示政府型环境规制与绿色发展效率之间的空间交互影响。本章研究包括三个部分：第一，本章通过对比政府型环境规制与市场型、社会公众型环境规制的不同，总结政府型环境规制的特点。第二，采用修正的引力模型构建空间关联网络权重，以表征政府型环境规制的空间溢出模式。第三，构建空间联立方程模型，在综合考虑政府型环境规制与绿色发展效率之间的空间交互影响的基础上，解决二者间互为因果的内生性问题。

第一节 政府型环境规制的特点及其典型化事实

一、政府型环境规制的特点

生态环境保护与绿色发展效率的提升是当前中国亟待解决的两大问题，关乎国家安全、人民福祉与经济可持续发展。改革开放40多年中的相当长时间采取的"高污染、高能耗、高排放"的粗放型发展模式，导致生态环境与绿色发展效率之间的矛盾激化，环境承载力已经突破了自然界所能承受的阈值，成为我国经济实现高质量发展严峻挑战之一。实施严格的环境规制是实现绿色发展的必由之路，就环境污染治理的速

---

* 本章是在刘传明等发表于《经济与管理评论》2021年第3期上的《环境规制与经济高质量发展的双向反馈效应研究》基础上修改完成的。

度和效率来讲，政府型环境规制是遏制环境污染的首选，政府型环境规制是指政府部门通过制定环境法律和环保法规以及其他规章制度对企业污染物排放方式以及污染物的排放数量进行规定，环境法律和法规一经制定，就要求企业必须严格遵守，否则企业将会面临法律制裁和行政处罚，以此强制环境污染企业降低污染物的排放，从而实现环境污染的有效治理。政府型环境规制有以下四方面特点：第一，政府型环境规制具有强制性和命令性的特点。为了遏制环境污染和生态破坏，提高环境治理能力和生态保护力度，政府通常采取法律手段和行政手段等进行环境规制。行政手段主要是指颁布生产禁令，关闭环境污染较为严重的企业，向企业颁发非转让性的许可证，禁止排污权进行交易和转让，必要时可以对企业进行关停并转。法律手段主要是指环保部门制定严格的环境保护标准和排污规范，企业必须遵守环境保护的法律和法规，没有任何的选择权。由于环境规制的细则和举措是通过政府的行政手段和法律手段制定和实施，因此具有强制性和命令性。第二，政府型环境规制能够更加快速的控制环境污染。由于政府型环境规制具有强制性和命令性，一方面，政府能够在短时间调动资本、劳动、技术等资源，可以迅速遏制环境污染的蔓延和扩散，所以，政府型环境规制的短期效果十分明显；另一方面，政府型环境规制能够对企业形成强有力的约束力，企业面对政府的行政命令和法律法规，不得不迅速停止生产过程中的环境污染行为。第三，政府型环境规制具有较高的实施成本。由于政府命令型环境规制的强制性和命令性特点，政府型环境规制会导致环境政策的执行成本较高。由于政府直接干预企业的生产经营行为，环境污染较为严重的企业面临着停业的风险，导致企业的利润水平下降、成本提高，从社会层面看，政府型环境规制会导致社会失业率上升，因此，政府型环境规制的污染治理成本较高。第四，政府型环境规制的激励效应较小。企业没有时间对政府的强制命令迅速做出反应，因此，企业没有充足的时间对资本、劳动、技术等生产要素进行调整，短时间内实现企业的转型升级较为困难。

二、政府型环境规制的典型化事实

（一）政府型环境规制的空间分布

本书利用地理统计系统 ArcGIS 软件分别绘制了中国 30 个省份环境

保护法规总数和环境保护规章总数的空间分布图，从空间分布图我们发现无论是环境保护法规总数和环境保护规章总数均存在空间非均衡特征。从全国范围内来看，环境保护法规数量的空间分布呈现出阶梯状，东部地区的广东、山东、江苏、浙江等省份为环境保护法规的第一梯队，湖南、安徽、河南等省份属于第二梯队，新疆、青海、西藏、广西、重庆等省份属于环境保护法规的第三梯队。通过对空间分布图分析我们发现东部地区的江苏省环境保护规章总数最多，这说明江苏省为了降低环境污染、提升绿色发展效率制定了较多的环境保护规章。此外，与江苏相邻的山东、安徽、浙江的环境保护规章数量较少。位于华南地区的江西、湖南、广西、重庆、四川等省份环境保护规章数量较少，说明这些省份对环境的保护力度较小。

政府型环境规制呈现出由东向西逐渐递减的趋势。政府型环境规制之所以出现如此显著的空间非均衡特征，其主要原因可能是各地区经济发展水平、产业结构等方面存在显著的差距，由于欠发达地区的经济发展水平较低，在以 GDP 为主要考核标准的政绩评价体系下，地方政府坚持"以 GDP 论英雄""唯 GDP 论"，通过放宽环境准入标准，放松环境规制条件来吸引外商投资，这就是环境规制逐底竞争现象。通过分析我国绿色发展效率的空间分布，我们发现绿色发展效率的空间分布主要包含四个梯队，第一梯队主要包括：东部地区的上海、北京、江苏、浙江、广东，这些地区的绿色发展效率较高。第二梯队主要包括：东部地区的辽宁、山东、福建、海南等省份。第三梯队主要包括中部地区的山西、河南、湖南、湖北、江西，东北地区的黑龙江、吉林，西部地区的新疆、青海、陕西、内蒙古、宁夏。第四梯队的省份主要包括：贵州、云南、四川、甘肃，这些地区的绿色发展效率较低，究其原因可能是这些地区经济发展水平比较低，产业结构过度依赖于高能耗产业。

（二）空间相关性检验

在对政府型环境规制与绿色发展效率的空间分布特征进行分析的基础上，本书认为政府型环境规制与绿色发展效率存在空间非均衡分布特征。空间经济学认为地理位置相邻的经济变量之间往往存在空间相关性，一个省份的政府型环境规制与绿色发展效率会受到与之地理位置相邻或邻近地区的影响。为了对环境规制和绿色发展效率的空间自相关进行检验，本书运用空间统计技术对政府型环境规制与绿色发展效率的空间相关性进行检验，空间自相关检验主要包括全局空间相关性检验与局域空间相关性检验，其中全局空间相关性采用 Moran's I 指数来表示，具体公式如下：

$$\text{Moran's I} = \frac{n\sum_{i=1}^{n}\sum_{j=1}^{n}w_{ij}(x_i-\bar{x})(x_j-\bar{x})}{\sum_{i=1}^{n}\sum_{j=1}^{n}w_{ij}\sum_{i=1}^{n}(x_i-\bar{x})^2} = \frac{\sum_{i=1}^{n}\sum_{j=1}^{n}w_{ij}(x_i-\bar{x})(x_j-\bar{x})}{S^2\sum_{i=1}^{n}\sum_{j=1}^{n}w_{ij}}$$

(4-1)

其中，$S^2 = \frac{1}{n}\sum_{i=1}^{n}(x_i-\bar{x})^2$，$\bar{x} = \frac{1}{n}\sum_{i=1}^{n}x_i$，n 为省份的个数，$w_{ij}$ 为空间权重矩阵元素，$\sum_{i=1}^{n}\sum_{j=1}^{n}w_{ij}$ 则表示所有空间权重之和。本书以空间邻接矩阵、地理距离矩阵、空间关联网络矩阵作为空间权重矩阵；x_i 表示第 i 省份环境规制和绿色发展效率的观测值。Moran's I 指数的取值范围为 [-1, 1]，大于 0 时表示存在空间正相关；小于 0 时表示空间负相关；如果 Moran's I 指数接近于 0 表示经济变量在空间上是随机分布的，若等于 0 则表示空间独立分布。Moran's I 指数绝对值表征空间相关程度的大小，绝对值越大表明空间相关程度越大；反之则越小。

表 4-1 报告了中国 30 个省份政府型环境规制的 Moran's I 指数和显著性检验结果。根据表 4-1 我们发现无论是邻接权重、经济地理权重还是空间网络权重，政府型环境规制的 Moran's I 指数均为正值，且通过显著性水平检验，这意味着中国政府型环境规制存在显著的空间相关特征。Moran's I 的大小反映了政府型环境规制的空间相关性程度，从表 4-1 可以发现 2017 年政府型环境规制的 Moran's I 指数最高值为 0.330。这说明政府型环境规制水平相似的省份在空间上集中分布，空间集聚特征明显。此外本书绘制了 2017 年政府型环境规制的 Moran 散点图（见图 4-1 和图 4-2），根据图 4-1 和图 4-2 我们可以发现，空间邻接权重下大多数省份位于第一（H-H）、第三（L-L）象限，进一步表明省际环境规制在空间上存在高度的集聚特征，换言之，城市的空间邻接效应对环境规制和绿色发展效率具有显著的影响，这与

伍格致和游达明（2018）的研究相一致。位于HH位置的省份有北京、天津、山东、广东、江苏、浙江等，这些省份位于东部地区。位于LL位置的省份有新疆、青海、内蒙古、甘肃等，这些省份主要位于中国西部地区，经济发展水平低、产业结构主要以第二产业为主，西部地区省份通过降低环境标准来吸引外商直接投资，从而促进经济发展。

表4-1　　　2004~2017年政府型环境规制的空间自相关检验

年份	空间邻接权重			地理距离权重			空间网络权重		
	I	sd（I）	p值	I	sd（I）	p值	I	sd（I）	p值
2004	0.233	0.118	0.012	0.105	0.089	0.058	0.187	0.07	0.001
2005	0.248	0.115	0.007	0.098	0.087	0.064	0.195	0.069	0.000
2006	0.221	0.118	0.015	0.067	0.089	0.126	0.181	0.07	0.000
2007	0.33	0.116	0.001	0.139	0.088	0.024	0.217	0.069	0.000
2008	0.307	0.114	0.001	0.187	0.086	0.005	0.218	0.068	0.000
2009	0.26	0.116	0.005	0.135	0.088	0.027	0.214	0.069	0.000
2010	-0.14	0.079	0.093	-0.043	0.06	0.447	0.01	0.05	0.185
2011	0.247	0.12	0.009	0.151	0.091	0.02	0.147	0.071	0.005
2012	0.239	0.12	0.012	0.123	0.091	0.042	0.17	0.071	0.002
2013	0.262	0.117	0.006	0.192	0.088	0.005	0.216	0.07	0.000
2014	0.224	0.119	0.015	0.226	0.09	0.002	0.233	0.071	0.000
2015	0.18	0.116	0.032	0.17	0.088	0.01	0.167	0.069	0.002
2016	0.176	0.123	0.044	0.16	0.093	0.018	0.239	0.073	0.000
2017	0.251	0.121	0.009	0.161	0.092	0.016	0.22	0.072	0.000

图 4-1　Moran 散点图

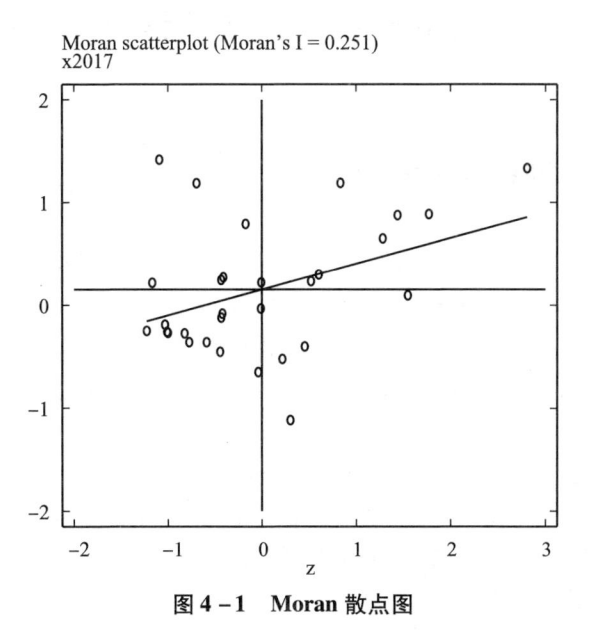

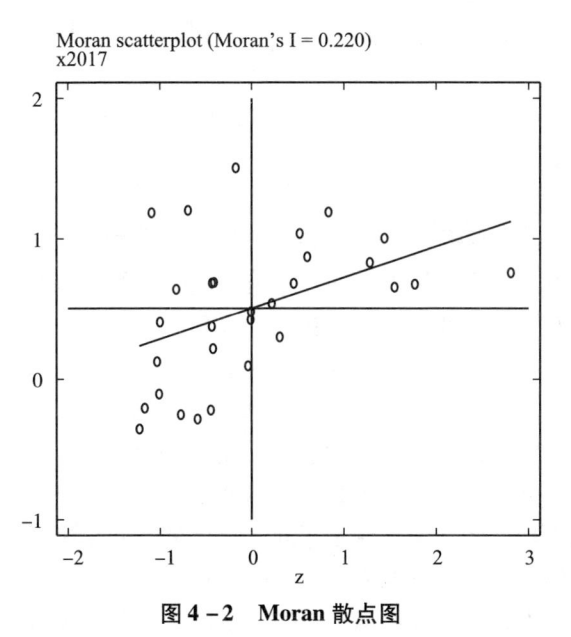

图 4-2　Moran 散点图

第二节 模型设定、指标数据与估计方法

一、空间联立方程模型

通过对已有文献的梳理，本书将政府型环境规制和绿色发展效率发展作为内生变量，构建空间联立方程模型（spatial simultaneous equations）考察政府型环境规制与绿色发展效率的交互影响效应和空间溢出效应，这样既避免了采用传统联立方程模型忽视空间溢出效应的问题，又避免了采用空间计量模型的单方程估计导致的内生性问题。通过探索性空间数据分析（exploratory spatial data analysis，ESDA）我们发现政府型环境规制和绿色发展效率之间存在显著的空间集聚和空间依赖特征，因此，本书构建空间联立方程并采用广义空间三阶段最小二乘法（GS3SLS）进行估计。

$$\text{Eregu}_i = \alpha_0 + \alpha_1 \sum_{j \neq i}^{n} w_{ij} \text{Eregu}_i + \alpha_2 \sum_{j \neq i}^{n} w_{ij} \text{Effect}_i + \alpha_3 \text{Effect} + \phi X_i + \varepsilon_i$$

$$\text{Effect}_i = \gamma_0 + \gamma_1 \sum_{j \neq i}^{n} w_{ij} \text{Effect}_i + \gamma_2 \sum_{j \neq i}^{n} w_{ij} \text{Eregu}_i + \gamma_3 \text{Eregu} + \theta Z_i + \mu_i$$

(4-2)

上式中 i 表示省级行政区，Eregu 和 Effect 分别表示的是政府型环境规制与绿色发展效率，X 表示的是环境规制的方程的控制变量，其中包括经济发展水平（GDP）采用国内生产总值来衡量，第二产业发展水平（indus）采用第二产业的总产值与国内生产总值的比值来衡量，外商直接投资（fdi）采用各省份的外商直接投资总量来衡量。Z 表示绿色发展效率发展方程的控制变量，其中包括经济结构（E-stru）、国民经济的福利变化与成果分配（E-qual）、经济稳定性（E-stab）。α_1 表示地理或经济上邻近地区的环境规制水平对本地区的空间溢出系数，反映了环境规制空间溢出效应的方向和强弱；γ_1 表示地理或经济上邻近地区的绿色发展效率对本地区的空间溢出系数，反映了绿色发展效率空间溢出效应的方向和强弱；α_2 和 γ_2 反映的是政府型环境规制与绿色发展效率之

间的策略性互动效应，α_2表示地理或经济上邻近地区的绿色发展效率对本地区政府型环境规制水平的影响效应和方向，γ_2表示地理或经济上邻近地区的政府型环境规制对本地区绿色发展效率的影响效应和方向；α_3和γ_3表示政府型环境规制与绿色发展效率之间的内生关系，如果$\alpha_3 > 0$，表示随着绿色发展效率提升会促进本地区政府型环境规制的提升，如果$\gamma_3 < 0$，表示随着政府型环境规制水平的提高会抑制绿色发展效率的提升。ε和μ分别表示环境规制方程和绿色发展效率方程的随机扰动项。w_{ij}表示的空间权重矩阵，空间权重反映了环境规制与绿色发展效率之间交互影响的空间溢出模式，本书采用三种空间权重矩阵对政府型环境规制与绿色发展效率之间的溢出模式进行刻画。

二、空间权重的设置

第Ⅰ类权重为空间邻接权重，根据地理学第一定律，任何事物都与距离相近的事物关联紧密，因此，本书定义两个省份的地理距离相邻则为1，如果两个省份不相邻则为0，构建中国30个省份的空间邻接权重，需要特别注意海南省虽然是岛屿省份，但是由于海南岛毗邻广东和港澳地区，因此，定义海南省与广东省相邻。具体如下列公式所示：

$$W_1 = \begin{cases} 0, & \text{当 } i = j \text{ 时} \\ 1, & \text{当 } i \neq j \text{ 时} \end{cases} \quad (4-3)$$

第Ⅱ类权重为地理距离矩阵。经济变量的空间关联随着地理距离的拉大呈现出逐渐减弱的态势，本书定义地理距离矩阵是地理距离平方的倒数，两个省份之间的地理距离采用省会城市之间的球面距离来代替，省会城市之间的地理距离是采用ArcGIS软件测算的球面劣弧距离。

$$W_2 = \begin{cases} 0, & \text{当 } i = j \text{ 时} \\ \dfrac{1}{d^2}, & \text{当 } i \neq j \text{ 时} \end{cases} \quad (4-4)$$

第Ⅲ类权重为空间网络权重，通过对已有文献的梳理，我们发现由于一个地区环境污染具有空间溢出效应，导致各地区环境规制存在普遍的空间关联（刘华军和彭莹，2019），为了精准刻画环境规制的空间关联特征，本书构建环境规制的空间网络权重，以全国30个省份作为环境规制空间关联网络的节点，省际间环境规制的空间关联关系作为空间关联网络的连线，这些点和线便构成了省际间环境规制的空间关联网络。我们选择引力模型刻画环境规制的空间关联关系，修正后的引力模型如式（4-5）所示：

$$W_3 = k_{ij} \times \frac{\sqrt{invest_i \times charge_j}\sqrt{invest_i \times charge_j}}{D^2} \quad (4-5)$$

$$k_{ij} = \frac{gdp_i}{gdp_i + gdp_j}$$

其中，W_3 为省 i 和省 j 的环境规制空间关联网络权重。$invest_i$ 为 i 省的环境污染治理投资总额，$charge_j$ 为 j 省的征收排污费总额。k_{ij} 为调节系数，本书采用的地理距离是 i 省和 j 省省会城市之间的距离，衰减系数为 2，计算出引力矩阵。引力矩阵的每行表示本省对其他 29 个省的环境规制的影响力，我们取平均引力作为临界值，如果省际间环境规制的影响力高于平均引力则记为 1，表明这两个省份之间具有明显的空间关联关系的，即环境规制的空间网络权重。

$$W = \begin{cases} 1, & 如果引力 R 大于行均值 \bar{R} \\ 0, & 如果引力 R 小于行均值 \bar{R} \end{cases} \quad (4-6)$$

本章考虑到各地区环境规制之间的空间关联特征，采用修正的引力模型，识别了中国各地区环境规制的空间关联关系，并且利用 UCINET 可视化工具 Netdraw 绘制了中国省际环境规制间的空间关联网络图（见图 4-3），从图 4-3 中可以明显地看出，中国各地区环境规制的空间关联呈现出复杂的、多线程的网络结构形态，基于此，我们认为各地区环境规制在空间上是"普遍联系的"，本章将采用环境规制空间关联网络作为空间权重，考察政府型环境规制与绿色发展效率的空间交互影响。

三、数据说明

内生变量：环境规制强度指标：第一类为现行有效的地方性环保法规总数，主要是指各地区为了治理环境污染问题颁布的环境保护法规的数量，本书采用各地区现行有效的地方性环保法规总数作为政府型环境规制的衡量指标。第二类为现行有效的地方性环保规章总数，采用各地区现行有效的地方性环保规章的数量来衡量。引力模型中所采用的环境保护治理投资总额和排污费征收总额的数据来自于《中国环境统计年鉴》和《中国环境年鉴》，各地区的地区生产总值、第二产业增加值数

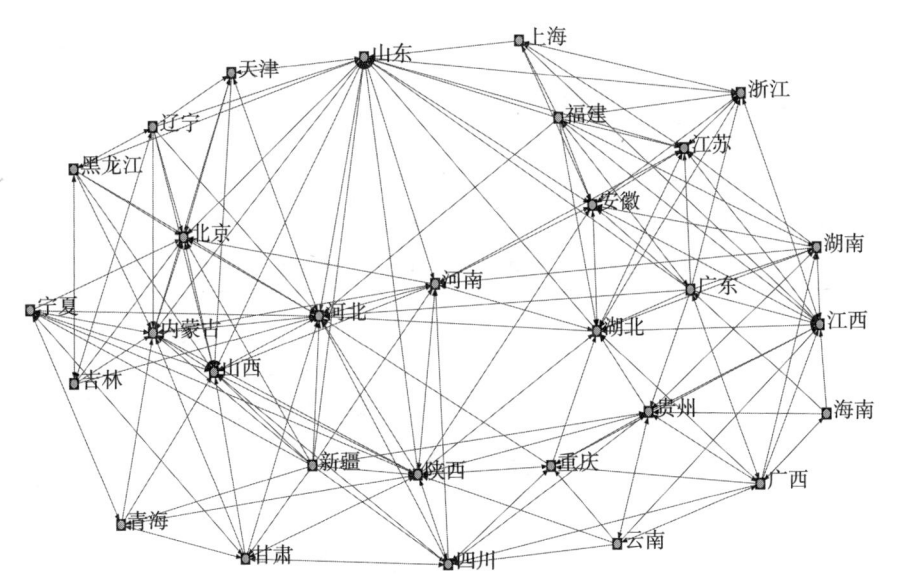

图 4-3　环境规制空间关联网络权重

据来自于国家统计局新版数据库。绿色发展效率指标：采用全局可参比的超效率 SBM 模型测算的全国 30 个省份的绿色发展效率。经济增长的结构、经济增长的稳定性、福利变化成果分配等数据来自于西北大学任保平团队发布的《中国经济增长质量发展报告 2018——新时代背景下的中国经济增长质量》。本书的变量及描述性统计，如表 4-2 所示。

表 4-2　变量及描述性统计

变量	变量定义	观测值	样本均值	标准误	最小值	最大值
Invest	治理污染投资	30	316.957	225.214	41.100	948.800
charge	排污费征收	30	201.964	148.871	17.880	640.000
Effect1	规模报酬可变下的绿色发展效率	30	0.638	0.312	0.267	1.144
Effect2	规模报酬不变下的绿色发展效率	30	0.524	0.279	0.168	1.125
E-stru	经济增长的结构	30	0.057	0.013	0.034	0.087
E-stab	经济增长的稳定性	30	0.042	0.021	0.015	0.130
E-qual	福利变化成果分配	30	0.064	0.020	0.037	0.124
lngdp	经济发展水平	30	9.654	0.873	7.396	11.106

续表

变量	变量定义	观测值	样本均值	标准误	最小值	最大值
indus	第二产业发展	30	0.374	0.072	0.162	0.485
fdi	外商直接投资	30	11.530	1.276	8.949	14.382
Law1	环保法规总数	30	15.833	11.893	2	46
Law2	环保规章总数	30	10.400	10.801	0	59

第三节 政府型环境规制对绿色发展效率的实证分析

政府型环境规制与绿色发展效率存在互为因果的内生性问题一直是模型参数估计的难题，会导致 OLS 的估计结果不一致等问题。为了解决内生性和空间溢出问题，本书采用空间联立方程模型对环境规制与绿色发展效率的估计结果进行估计，采用 GS3SLS 进行估计，既考虑了内生变量的潜在空间相关性，又兼顾到随机扰动项之间存在的相关关系，可提高估计结果的有效性。

一、空间滞后项的经济解释

政府型环境规制方程和绿色发展效率方程的估计结果如表 4-3 所示，本书为了保证估计结果的稳健性，分别将空间邻接权重（W_1）、地理距离权重（W_2）、空间关联网络权重（W_3）作为空间联立方程的空间权重。三种空间权重下政府型环境规制空间滞后项的估计系数均为负值，地理距离权重（W_2）下环境规制的空间滞后项的估计系数通过了 1% 的显著性水平检验，这说明中国省际的环境规制呈现出明显的空间溢出效应。这一现象的原因可能有：一是"官场+市场"的模式是中国经济 40 多年发展的主要原因之一，地方官员的"GDP 锦标赛"和"官员晋升锦标赛"相结合使地方政府采用短期经济政策，放松本地区的环境规制，通过大规模的基础设施的投资、吸引高污染的外资等举措来促进本地区经济的发展。当某一地区实施较为严格的环境规制时，高污染的企业为了降低生产成本，向政府型环境规制水平较低的地区迁移，促进环境规制较低水平地区经济的短期增长和财政收入的增加，如果一个地区设置较高的环境规制，其他地区就倾向于降低环境规制以促进经济的增长，财政收入的提高。二是环境污染的外部性特征导致生产者与消费者均不愿为破坏环境支付成本，地方政府在治理环境过程中存在着"搭便车"的现象，如果一个地区通过颁布环境保护法规的形式对环境污染企业进行管制等措施降低环境污染水平，在没有外部强制措施的情况下，其他地区的"搭便车"行为泛滥，降低本地区环境规制，造成"集体行动的困境"。如果一个地区设置较高的环境规制，其他地区就会产生搭便车行为，倾向于降低环境规制，假说2.3得到验证。

表4-3　政府型环境规制与绿色发展效率的GS3SLS估计结果

变量	W₁（邻接权重）政府型环境规制	W₁（邻接权重）绿色发展效率	W₂（经济地理距离权重）政府型环境规制	W₂（经济地理距离权重）绿色发展效率	W₃（网络权重）政府型环境规制	W₃（网络权重）绿色发展效率
W × Eregu	-0.2216*** (-0.0516)	-0.000159 (0.00012)	-26.496* (13.202)	-0.0287 (-0.0295)	-0.0414 (0.065)	-0.000091 (-0.000109)
W × Effect	79.30611* (46.519)	0.07643 (0.07415)	29733.79** (11540.21)	2.922 (26.389)	112.753** (42.051)	0.2463*** (0.0802)
Effect	4.0916*** (145.8893)	—	5.7064*** (222.1763)	—	5.4419*** (144.79)	—
lnGDP	163.563*** (56.991)	—	221.2631*** (62.42384)	—	162.71*** (50.047)	—
indus	2.0058 (-486.952)	—	618.0068 (568.5593)	—	306.2032 (461.815)	—
fdi	-81.2593** (39.305)	—	-117.878** (50.977)	—	-71.903** (31.555)	—
Eregu	—	-0.000315* (-0.000411)	—	-0.000167 (-0.00023)	—	-0.001098*** (-0.00026)
E-stab	—	2.039* (1.436)	—	1.254* (1.6469)	—	2.6201* (1.6896)
E-stru	—	7.742*** (2.816)	—	7.1169** (3.211)	—	-1.9342 (3.315)
E-qual	—	7.092*** (2.019)	—	7.6873*** (2.0799)	—	7.5013*** (1.7666)

续表

变量	W₁（邻接权重）		W₂（经济地理距离权重）		W₃（网络权重）	
	政府型环境规制	绿色发展效率	政府型环境规制	绿色发展效率	政府型环境规制	绿色发展效率
cons_	−708.3267 (321.588)	−0.399* (0.2086)	−1073.873*** (386.2313)	−0.3728 (0.2302)	−1109.26*** (364.869)	0.4329* (0.2453)
R^2	0.9052	0.9724	0.7125	0.8991	0.9387	0.9798
obs	30	30	30	30	30	30

注：***、**、*分别表示的是1%、5%、10%的显著性水平，括号内为标准误。

绿色发展效率空间滞后项的估计系数均为正值，无论是在空间邻接权重 W₁ 和经济地理距离权重 W₂ 还是环境规制空间关联网络权重 W₃ 的情景下，绿色发展效率空间滞后系数均通过了显著性水平检验，这说明绿色发展效率存在着显著的空间溢出特征，呈现出"一荣俱荣，一损俱损"的结果。其中原因可能是：一是区域之间的发展存在着明显的"经验学习效应"和"成功示范效应"，某个省份绿色发展效率提升过程中所总结的成功经验，会被推广到其他省份，形成经济发展效率的路径依赖，如果一个地区在推动绿色发展效率发展的过程中注重发挥科技创新、转变经济发展方式的作用，那么，其邻近地区将会根据该地区的成功经验，实施一系列发展科技的政策措施，提高本地区绿色发展效率。二是伴随着互联网经济的发展以及高速公路、高速铁路等交通基础设施的建设，促进了信息的传递、资本的流动、劳动力资源的合理配置，诸如此类的生产要素的流动促使区域经济的联系增强，经济发展呈现出复杂的、多线程的空间关联网络，正是由于经济发展空间关联网络的存在，导致绿色发展效率的空间溢出。三是新时代党和政府高度重视和推动区域协调发展新机制，相继提出了京津冀协同发展、长江三角洲城市群协同发展、长江经济带、粤港澳大湾区等区域经济发展一体化的战略。2018年11月18日中共中央、国务院印发了《关于建立更加有效的区域协调发展新机制的意见》，明确指出了要深化区域合作机制、优化区域互助机制、健全区域利益补偿机制。综上所述，区域协同发展战略对于绿色发展效率的协同提升具有重要的意义，因此，区域协同发展战略的实施能够促进绿色发展效率空间溢出。

二、政府型环境规制方程的估计结果分析

为了保证回归结果的稳健性，本书将空间邻接权重、经济地理距离权重、空间关联网络权重作为空间权重，考察了绿色发展效率对政府型环境规制的影响。回归结果（见表4-3）显示在三种空间权重情景，绿色发展效率对政府型环境规制的回归系数为正且均通过了1%的显著性水平检验，这说明绿色发展效率的提升对政府型环境规制提出更为严格的要求，绿色发展效率促进了政府型环境规制水平的提高，假说2.2得到了验证。在空间邻接权重下绿色发展效率水平每平均上升1个单位，政府型环境规制就平均提高4.0916，在经济地理距离权重下绿色发展效率每上升1个单位，政府型环境规制平均上升5.7064，在空间关联网络权重下绿色发展效率每上升1个单位，政府型环境规制平均上升5.4419。绿色发展效率对政府型环境规制的影响效应主要包括以下三个方面：一是绿色发展效率的收入效应。绿色发展效率提升意味着国家在注重经济增长的同时，也会将更多的国民收入运用于环境治理。绿色发展效率提升能够为环境保护提供更多的投资，环保工程投资主要有以下几方面：废水、废气、废渣的去除设施、废水处理设施、环境监测设施等。环境治理资金主要来源于国民经济的发展。二是绿色发展效率的资源配置效应。绿色发展效率提升有利于治污资源的优化配置，在市场经济条件下，市场在治污资源配置中起到决定性作用，治污资源作为一种稀缺资源有其价值属性，通过市场机制对环境资源进行优化配置，提高了治污资源的利用率，从而提高了环境规制水平和效率。三是绿色发展效率的"棘轮效应"。党的十八大以来，在绿色发展理念和习近平生态文明思想的指导下，环境污染得到了显著扭转，生态文明建设取得了阶段性胜利，人们得到了环境改善带来的实惠。人们习惯于享受现有的优质环境，这种习惯一旦形成就具有不可逆性，生态环境易于向优质调整，而难于向劣质调整。因此，需要更加严格的环境规制来促进生态环境的改善，这种特点被称为环境规制的"棘轮效应"。

控制变量：国内生产总值（GDP）代表了经济增长的数量，其对环境规制的水平为负值且均通过了显著性水平检验，这表明经济增长数量的提高降低环境规制水平，这与绿色发展效率的回归结果完全相反，其

中原因主要是经济增长与绿色发展效率相比其主要特点是只注重经济的短期数量的增长。在环境规制存在"空间溢出效应"的情况下，各地区在"GDP锦标赛""官员晋升锦标赛"的短期经济增长思维的指导下，以降低环境规制水平和牺牲环境为代价，通过环境规制的"逐底竞争"，纷纷降低环境规制水平来吸引外资短期的经济增长。第二产业发展水平（indus）对环境规制的影响在空间邻接权重下回归系数为 -2.0058，通过了10%的显著性水平检验，第二产业发展是造成化石燃料燃烧的主要原因，因此，是环境污染的重要因素，其排放量越高对环境规制水平也提出了新的要求。外商直接投资（FDI）对环境规制的回归系数分别为 -81.2593（W_1）、-117.878（W_2）、-71.903（W_3），三种空间权重下回归系数均为正值且均通过了显著性水平检验，这说明伴随着外商直接投资的提高，环境规制水平呈上升趋势，外商直接投资的提升意味着引进外资带来的清洁技术和高新技术手段运用于企业的生产和消费，环境规制对环境污染治理的能力提高。

三、绿色发展效率方程的估计结果分析

表4-3中的第3列、第5列、第7列报告了绿色发展效率影响因素的回归结果。根据回归结果我们发现政府型环境规制对绿色发展效率的回归结果为负值，三种空间权重下的回归系数分别为 -0.000315（W_1）、-0.000167（W_2）、-0.001098（W_3）均通过了显著性水平检验，这说明政府型环境规制显著地降低了绿色发展效率，这也支持了约根森（Jorgenson，1990）和费尔加尼（Ferjani，2011）的观点，假说2.1得到了验证。环境规制降低绿色发展效率的原因主要有以下三点：一是根据"遵循成本假说"由于环境规制的实施，企业需要对排污行为支付一定的费用，由于短期内企业的技术和生产工艺保持不变，污染排污费的征收在短期内势必会增加企业的成本，导致企业的生产率和利润率下降。此外，由于受到政府环保法律的管制，企业治污投资的增加挤占了企业用于研发的资金，从而限制了企业的技术革新，进而降低了绿色发展效率。二是根据"污染天堂假说"，经济发展水平较低的地区由于环境规制水平较低，在发展粗放型经济和污染密集型产品的生产上具有优势，如果经济发展水平较低的地区提高环境规制水平就会增加企业的生

产成本导致部分企业转移，进而限制了绿色发展效率。三是由于环境规制空间溢出的存在，在"GDP锦标赛"和"官员晋升锦标赛"的作用下，地方政府为了实现辖区内经济的短期增长纷纷降低本地区的环境规制，导致环境规制的"逐底竞争"行为。环境污染严重的企业为了降低成本，由环境规制较高的地区向环境规制较低的地区转移，导致环境污染的空间溢出，增加了环境污染治理的难度，降低了绿色发展效率。

控制变量：经济稳定性（E–stab）对绿色发展效率的影响是正值且通过了10%的显著性水平检验，这说明经济稳定性的提高能够显著促进绿色发展效率。经济的稳定性反映了经济抵抗经济风险和熨平经济波动的能力，经济的稳定性的提高是促进绿色发展效率提升的重要因素。经济结构（E–stru）对绿色发展效率的影响为正值且均通过了1%的显著性水平检验，说明国民经济结构的调整和优化能够有效促进绿色发展效率的提升。国民经济素质（E–qual）对绿色发展效率的影响是正值且均通过了1%的显著性水平检验，说明国民经济素质的提升能够促进绿色发展效率。在以空间邻接矩阵为权重的空间联立方程模型中，环境规制方程与绿色发展效率的方程的 R^2 为0.9052和0.9724，可决系数较高，这说明在充分考虑政府型环境规制与绿色发展效率空间交互效应的情况下，模型具有较大的解释能力。

四、稳健性检验

为了保证回归结果的稳健性，本书通过替换政府型环境规制变量的方式对政府型环境规制与绿色发展效率的策略性互动效应进行稳健性检验。在进行稳健性估计时采用各地区环境保护规章总数作为政府型环境规制的代理变量，同样基于空间邻接权重（W_1）、经济地理距离权重（W_2）、环境规制空间关联网络权重（W_3），采用空间联立方程模型的广义空间三阶段最小二乘估计方法（GS3SLS）对模型进行估计，估计结果如表4–4所示。根据表4–4我们发现以各地区环境保护规章总数作为政府型环境规制的代理指标，政府型环境规制的空间滞后项的回归系数为负值，且在空间邻接权重（W_1）和经济地理距离权重（W_2）情景下通过了显著性水平检验，说明存在环境规制逐底竞争的现象。绿色发展效率空间滞后项的回归系数为正值且在空间邻接权重（W_1）下通过了显著性水平检验，这说明中国绿色发展效率存在着"一荣俱荣，一损俱损"的特点。政府型环境规制对绿色发展效率的回归系数为负值，且在空间邻接权重（W_1）、地理距离权重（W_2）、经济距离权重（W_3）下均通过了1%的显著性水平检验，这与采用各地区环保法规总数得到的回归系数一致，这说明回归结果具有较强的稳健性。绿色发展效率对环境规制的影响系数在三种权重下均通过了显著性水平检验，说明绿色发展效率有助于地方政府实施更加严格的环境规制手段，严格的政府型环境规制能够确保环境质量满足人们日益增长的对高质量环境的要求。

表4-4　政府型环境规制与绿色发展效率的GS3SLS估计结果

变量	W_1（邻接权重） 政府型环境规制	W_1（邻接权重） 绿色发展效率	W_2（经济地理距离权重） 政府型环境规制	W_2（经济地理距离权重） 绿色发展效率	W_3（网络权重） 政府型环境规制	W_3（网络权重） 绿色发展效率
W×Eregu	-0.27684*** (0.0592)	0.000296** (-0.000175)	-31.217* (23.506)	0.0215 (0.0475)	-0.0755* (0.0791)	0.000215 (0.000219)
W×Effect	-60.266 (35.966)	0.1010779 0.0762554	23982.45 (19110.7)	2.072 (26.567)	89.279*** (29.344)	-0.2607*** (0.09296)
Effect	241.616** (103.344)	—	126.8931* (170.8514)	—	341.525*** (56.214)	—
lnGDP	80.1802** (39.554)	—	129.6294*** (45.77381)	—	30.01418 (24.865)	—
indus	-471.1518 (359.256)	—	-207.6404 (454.2105)	—	-41.90472 (182.32)	—
fdi	-44.5585 (27.245)	—	-40.2412 (39.20575)	—	-12.3088 (15.202)	—
Eregu	—	-0.0556* (-0.055)	—	-0.092* (0.414)	—	-0.0024*** (0.00043)
E-stab	—	1.6659 (1.4430)	—	1.646 (1.848)	—	0.6358 (1.4413)
E-stru	—	7.18301** (2.7837)	—	8.6972** (3.5057)	—	-0.8759 (2.485)
E-qual	—	6.97527*** (2.0713)	—	8.3782*** (2.337)	—	2.441 (1.771)
cons_	-144.51 (220.959)	-0.3789* (0.2015)	-601.2344** (270.02)	-0.457* (0.237)	-303.3785 (156.988)	0.502* (0.2679)

续表

变量	W₁（邻接权重）		W₂（经济地理距离权重）		W₃（网络权重）	
	政府型环境规制	绿色发展效率	政府型环境规制	绿色发展效率	政府型环境规制	绿色发展效率
R^2	0.8938	0.9681	0.7188	0.9077	0.9662	0.9577
obs	30	30	30	30	30	30

注：***、**、*分别表示的是1%、5%、10%的显著性水平，括号内为标准误。

第四节 门槛模型构建

前文中采用空间联立方程模型的 GS3SLS 估计方法对政府型环境规制与绿色发展效率的策略性互动效应进行了实证分析。根据回归结果我们发现，在短期内环境规制通过"成本效应""挤出效应""逐底竞争效应"降低了绿色发展效率。本书认为政府型环境规制对绿色发展效率的影响受到绿色工艺创新的影响，根据波特假说（Potter hypothesis），政府型环境规制通过诱发绿色工艺创新，从而促进绿色发展效率的提升。因此，政府型环境规制是否诱发绿色工艺创新成为政府型环境规制与绿色发展效率的关键。因此，本部分采用 2004~2017 年中国省际面板数据，本书将绿色工艺创新（Green）作为门槛变量，考察门槛变量的不同取值对政府型环境规制与绿色发展效率的影响。

本书采用面板门槛回归方法实际上是"单一门槛"，政府型环境规制（Eregu）与绿色发展效率（Effect）的关系受到第三方因素绿色工艺创新（Green）取值的影响，目前学术界通常采用解释变量的二次项来解决变量间的非线性问题，然而容易造成解释变量与解释变量的二次项之间存在共线性问题。本书采用的面板门槛是 Stata 软件中的 xthreg 命令，该命令受到国内学者的广泛关注（原毅军和谢荣辉，2014）。

一、门槛模型构建

本书运用门槛回归模型，将绿色工艺创新视为门槛变量，考察环境规制对绿色发展效率的短期和长期影响表示为以下形式：

$$\text{Effect}_{it} = \begin{cases} \beta_0 + \beta_1 \text{Eregu}_{it} + \alpha \text{finan}_{it} + \eta \text{indu}_{it} + \theta \ln\text{edu}_{it} + \xi \ln\text{peop}_{it} + \\ \zeta \ln\text{sci} + \mu_{it}, \quad \text{innov} \leq \gamma \\ \beta_0 + \beta_1 \text{Eregu}_{it} + \alpha \text{finan}_{it} + \eta \text{indu}_{it} + \theta \ln\text{edu}_{it} + \xi \ln\text{peop}_{it} + \\ \zeta \ln\text{sci} + \varepsilon_{it}, \quad \text{innov} > \gamma \end{cases}$$

(4-7)

其中，Effect 表示绿色发展效率，Eregu 表示政府型环境规制水平，innov 为门槛变量，在这里是独立的门槛变量。定义虚拟变量 $d_{it}(\gamma) = I(\text{innov} \leq \gamma)$，其中 $I(\cdot)$ 为指示函数：$\text{innov} \leq \gamma$ 时，$I(\cdot) = 1$；$\text{innov} > \gamma$ 时，$I(\cdot) = 0$。上述方程可以表示为下列方程：

$$\text{Effect}_{it} = \beta_0 + \beta \text{Eregu}_{it} + \text{Eregu}_{it} d_{it}(\gamma) \theta + e_{it} \quad (4-8)$$

其中，$\beta = \beta_2$；$\theta = \beta_1 - \beta_2$。对于任意的门槛值 γ，可以通过测算残差平方和 $S_n(\gamma) = \hat{e}(\gamma)'\hat{e}(\gamma)$，进而求得各参数的估计值。最优的门槛值 γ 为了使 $S_n(\gamma)$ 在所有残差平方和中是最小的 $\gamma = \text{argmin} S_n(\gamma)$。Hansen 将门槛变量中的每一个观测值都作为可能的门槛值，将满足 $\gamma = \text{argmin} S_n(\gamma)$ 的门槛值作为门槛。在确定了门槛估计值以后，其他参数值能随之确定。在确定门槛值时采用 Bootstrap 抽样方法，可以根据数据的特征来估计门槛值，并可以检验门槛值的存在性和显著性。

二、门槛效果检验与门槛值估计

根据前文理论分析，本书将绿色工艺创新作为门槛变量，分析政府型环境规制对绿色发展效率的影响，首先，本书通过对单一门槛、双重门槛、多重门槛的情形下，采用自抽样的 Bootstrap 方法，通过迭代 300 次对门槛值和 F 统计量进行估计。其次，在对门槛值进行估计的基础上，以门槛值作为临界值，将整体样本划分为两组，检验两组样本的参数是否具有显著差异，原假设为：不存在门槛值即 $H_0: \beta_0 = \beta_1$，备择假设为：$H_1: \beta_0 \neq \beta_1$，本书通过构造的 F 统计量进行显著性水平检验，如果通过了显著性水平检验，则拒绝 $H_0: \beta_0 = \beta_1$ 的原假设，认为门槛效应显著。从表 4-5 门槛效果的检验来看，绿色工艺创新的单一门槛通过了 5% 的显著性水平检验，而三重门槛没有通过显著性水平检验，本书将不考虑双重门槛和三重门槛的情形。

表 4-5　　　　　　　　　　门槛效果检验

模型	F 值	P 值	门槛值 I	门槛值 II	门槛值 III	临界值 10%	临界值 5%	临界值 1%
单一门槛	45.31**	0.013	0.9081	—	—	25.7782	30.3397	48.8189
双重门槛	33.31	0.120	0.9081	0.0340	—	43.7708	56.6214	86.8531
三重门槛	13.66	0.557	0.9081	0.0340	0.0084	55.7806	76.4588	96.4376

三、门槛模型分析

面板门槛回归反映了政府型环境规制（Eregu）对绿色发展效率（Effect）影响的方向和程度依赖于门槛变量创新水平（innov）的取值。绿色工艺创新在给定区间内取值为虚拟变量 1，否则取值为 0，采用 Bootstrap 的抽样方法抽样 300 次，确定门槛值。政府型环境规制的代理变量无论是采用环保法规总数还是环保规章总数，得到的绿色工艺创新的门槛值均为 0.9081。根据表 4-6 的估计结果，我们发现 innov(0) 的回归系数为正值且通过了 1% 的显著性水平检验，这说明当绿色工艺创新（innov）没有超过 0.9081 时，政府型环境规制对绿色发展效率的回归系数为 0.5319，这说明政府型环境规制水平的提高，促进了企业提升绿色工艺创新水平，提高了绿色发展效率，这一结果印证了 Potter 假说的"创新补偿效应"。当绿色工艺创新（innov）超过 0.9081 时，政府型环境规制对绿色发展效率的回归系数为 3.1920 且通过了 1% 的显著性水平检验，这一结果与绿色工艺创新没有超过门槛值的 0.5319 的回归系数相比，政府型环境规制对绿色发展效率的影响系数明显增大，这说明当绿色工艺创新超越门槛值时，政府型环境规制对绿色工艺创新的促进作用明显增强。在绿色工艺创新没有超过门槛值时，政府环境规制对绿色发展效率的"促增效应"被成本效应、挤出效应、逐底竞争效应等"促降效应"所抵消，这与前文的分析一致，假说 2.4 得到验证。

表 4-6　　　　　　　　　门槛回归结果

	绿色发展效率	绿色发展效率	绿色发展效率
finan	0.0096 (0.1184)	0.0034 (0.1179)	-0.0097 (0.1177)
indu	-0.0024 (0.0025)	-0.0023 (0.0025)	-0.0022 (0.0025)
lnedu	3.6295*** (1.1929)	3.4144*** (1.1882)	3.1855*** (1.1879)
lnpeop	0.8086 (1.6070)	-0.9542 (1.6311)	-1.6220 (1.6391)
lnsci	-0.8037* (0.4628)	-0.7862* (0.4607)	-0.7668* (0.4600)
lngdp	-2.6114** (1.1494)	-2.4504** (1.1446)	-2.5075** (1.1427)
0	0.5319*** (0.1956)	-0.0061 (0.2175)	-0.5784** (0.2704)
1	3.1920*** (0.4300)	1.0362*** (0.2149)	0.2698 (0.2306)
2	—	3.4937*** (0.4315)	1.1172*** (0.2157)
3	—	—	3.5934*** (0.4317)
_cons	0.2126** (0.0895)	0.3064*** (0.0907)	0.3719*** (0.0924)
N	3614	3614	3614
F	10.9961	13.2807	13.2561

注：***、**、*分别表示的是1%、5%、10%的显著性水平，括号内为T统计量。

第五节　本　章　小　结

第一，政府型环境规制空间滞后项的估计系数均为负值，这说明中国省际的环境规制呈现出明显的反向空间溢出效应，一个地区如果设置较高的环境规制，其他地区就倾向于设置较低的环境规制水平。绿色发展效率空间滞后项的估计系数均为正值且通过了1%的显著性水平检验，这说明绿色发展效率存在着显著的空间溢出特征，呈现出"一荣俱荣，一损俱损"的结果。

第二，空间联立方程模型的回归结果显示：在三种空间权重情景，绿色发展效率对环境规制的回归系数为正且均通过显著性水平检验，这说明绿色发展效率促进了环境规制水平的提高，绿色发展效率对环境规制的影响主要通过"收入效应""资源配置效应""棘轮效应"对环境规制产生正向促进作用。环境规制对绿色发展效率的回归结果为负值，三种空间权重下的回归系数均通过显著性水平检验，这说明环境规制显著地降低了绿色发展效率，环境规制降低绿色发展效率主要通过"遵循成本假说""污染天堂假说""空间溢出下的逐底竞争效应"降低绿色发展效率水平。

第三，政府型环境规制对绿色发展效率的影响受到绿色工艺创新的影响。门槛回归的结果表明，当绿色工艺创新没有超过0.9081时，政府型环境规制对绿色发展效率的影响系数为0.5319；当绿色工艺创新超过0.9081时，政府型环境规制对绿色发展效率的回归系数为3.1920。这说明当地区绿色工艺创新较低时，政府型环境规制对绿色发展效率的影响较小，而当创新水平较高时，政府型环境规制对绿色发展效率的影响较大。

第五章　市场型环境规制对绿色发展效率的影响*

上一章介绍了政府型环境规制对绿色发展效率的影响效应，与政府型环境规制的强制性特征不同，市场型环境规制通过市场交易的手段降低环境污染，从而达到提高绿色发展效率的目的。本章考察市场型环境规制对绿色发展的影响效应，其中主要包括以下三个方面的内容，首先，本章将排污权交易试点政策作为市场型环境规制的主要形式，采用双重差分法对排污权交易对绿色发展效率的影响效应进行分析。其次，构建中介效应模型对市场型环境规制影响绿色发展效率的影响渠道进行研究。最后，采用合成控制法对排污权交易试点政策影响绿色发展效率的异质性进行分析。

第一节　市场型环境规制的特点

伴随着中国经济进入高质量发展阶段，实现经济发展由"增长速度"到"发展质量"的有效转向是经济可持续发展的必由之路。中国在过去相当长的时间内是以牺牲生态环境为代价实现的经济腾飞，但是高污染、高投入、高能耗的粗放型发展模式必然导致"环境污染严重"和"绿色发展效率较低"两个关键问题。一方面，环境污染问题日益严重，逐渐成为影响人民生活和健康的元凶，这无疑降低了人民的生活质量，2018 年由耶鲁大学环境法律与政策中心（Yale Center for Environmental Law and Policy）和哥伦比亚大学国际地球科学信息网络中心联合

---

* 本章是在刘传明发表于《环境经济研究》2021 年第 2 期上的《排污权交易制度对绿色发展效率的影响》基础上修改完成的。

发布的环境绩效指数（environmental performance index，EPI）显示，世界上180个国家中，中国以50.74分的得分位居第120位。另一方面，粗放型的经济发展模式会使经济发展过多地依赖资本投入、能源消耗，从而导致绿色发展效率低下，一旦形成路径依赖必然会增加中国经济转型升级的难度。因此，如何在"降低环境污染"和"绿色发展效率"之间实现双赢成为经济学界关注的焦点。目前解决环境污染问题的途径主要有政府型环境规制、市场型环境规制和社会公众型环境规制。福利经济学家认为可以通过征收庇古税的手段来解决外部性问题，然而征收庇古税需要满足边际社会成本等于边际私人收益的条件，遗憾的是，这一条件在现实中很难满足，并不能有效解决公地悲剧（tragedy of the commons）问题。新制度经济学的产权理论认为当交易费用不为零时，可以通过产权界定的方式，将产权作为一种特殊的商品在自由市场上交换和买卖，由于产权是明晰的，市场上的行为个体为了降低交易费用，将资源通过市场手段配置到产出最大、成本最低的地方，正是由于市场机制、竞争机制、成本收益机制的引入，内化了公共产品产生的负外部效应，从而避免了公地悲剧的发生。排污权交易政策是在排污总量不超过许可排污量的前提下，省际之间可以采用市场交易的手段对排污权进行交易以实现减排的目的。排污权交易政策成为解决环境污染问题的重要途径，排污权交易是将污染排放权作为一种特殊的商品在市场上交易的行为，旨在通过市场机制的作用达到降低环境污染的目的。由于排污权交易将污染排放所产生的成本内生到企业的生产过程，倒逼企业进行技术研发、推动企业进行生产工艺革新，从而达到推动绿色发展效率的目的。排污权交易政策的特点主要有：

第一，排污权交易双方是以降低交易费用，实现利润最大化为主要目的。科斯定理认为交易费用的存在是实现资源优化配置的前提，排污权交易作为污染物排放权的交易方式，可以将环境污染企业与污染物排放权组织在一起共同参与市场交易，环境污染企业成为市场的"卖方"，污染物排放权成为排污权交易市场上的"商品"，由于市场机制的引入，降低了交易中的摩擦成本和搜寻成本，从而降低了交易费用。由于污染物的排放具有成本，环境污染企业存在交易费用，交易费用的大小直接影响了污染企业的经济效益，因此，可以通过排污权交易政策实现企业的利润最大化，避免公地悲剧的发生。

第二,排污权交易政策的实施是以排污权界定为前提。明确企业污染排放权是界定环境产权的前提,由于自然环境具有非竞争性和非排他性的特征,同时环境承载力的有限性与排污需求的无限性存在矛盾,采用法律手段平衡二者之间的关系是实现生态环境保护与高质量发展的必要手段。政府通过法律或者行政法规的形式赋予排污权以法律意义,通过法律或者行政法规的方式将富余的污染排放权赋予给环境污染企业,由于环境污染企业对富余的污染物排放权拥有转让权和收益权,企业才能从产权的视角,通过排污权交易的方式对排污权进行合理配置。排污企业拥有对富余污染物排放权的转让权,排污权的所有者可以将该权利的使用权让渡给其他企业,同时排污企业拥有对富余污染物排放权的收益权,由于排污许可的稀缺性,企业可以将此权利进行有偿转让,从而达到企业利润最大化的目的。

第三,排污权交易的市场主体:环境污染企业。由于市场在排污权交易过程中起到决定性作用,因此,排污权交易双方具有平等的法律地位,能够依据自身的成本收益进行企业生产经营活动。排污权交易双方均需满足以下两方面的条件:一方面,排污权交易的出售方必须按照法律的规定获得政府部门的排污许可证,同时该企业能够通过技术创新、革新工艺等手段降低企业污染排放量,从而得到富余的排污权,当满足以上条件,排污权交易的出售方才有进入排污权市场的资格;另一方面,排污权交易的购买方为从事生产经营的真正排污企业,购买排污权的企业必须是出于扩大生产规模的目的,排污量的增加是由于新增或扩大生产规模而产生,避免排污权交易市场的"套利行为"。

为了实现降低环境污染和推动绿色发展效率的双赢发展,2007年财政部、环保部和发改委联合批复了湖北、浙江、湖南、天津、河南、江苏、重庆、山西、陕西、河北、内蒙古等11个省份作为排污权交易试点。那么我们面临的问题是:排污权交易试点的实施是否促进了绿色发展效率?排污权交易试点对绿色发展效率的影响机制是什么?这些问题的回答对于降低环境污染、提高绿色发展效率,进而实现中国经济高质量发展具有重要意义。为了回答上述问题,第一,本章基于2004~2017年城市面板数据采用双重差分法和倾向得分匹配双重差分法考察排污权交易政策对绿色发展效率的影响;第二,采用合成控制法对排污权交易试点影响绿色发展效率的政策效应进行异质性检验;第三,对排污权交易政策影响绿色发展效率的影响机制进行实证考察。

第二节 模型构建、指标选取与数据说明

本章采用双重差分法对排污权交易试点的绿色发展效率效应进行了评估，为了保证研究结论的稳健性，本部分继续采用倾向得分匹配双重差分法（PSM – DID）研究排污权交易试点对绿色发展效率的影响。

一、模型构建

本部分采用双重差分法对排污权交易试点的绿色发展效率效应进行检验。本书将排污权交易试点的 11 个省份作为实验组，其他省份为控制组，以 2007 年排污权交易试点政策的实施为时间分界点，将 2004～2017 年分为 2 组，2004～2007 年为政策实施之前，2007～2017 年为政策实施之后。这样将 2004～2017 年中国 278 个城市分为四组，实施排污权交易试点的实验组、未实施排污权交易试点的控制组、排污权交易试点政策实施之后的实验组、排污权交易试点政策实施之前的控制组。基于此，本书设置了 Time 和 Group 两组虚拟变量，Time 表示时间虚拟变量，排污权交易试点政策实施之前为 0，实施之后为 1，Group 表示组间虚拟变量，排污权交易试点地区为 1，非排污权交易试点为 0。我们构建具体计量模型如下式所示：

$$\text{Effect}_{it} = \beta_0 + \beta_1 \text{Time} + \beta_2 \text{Group} + \beta_3 (\text{Time} \times \text{Group}) + \sum_{i=1}^{N} \alpha X_{ij} + \varepsilon_{it}$$

(5 – 1)

式（5 – 1）中 i 表示城市，t 表示年份，Effect 为被解释变量，表示各城市绿色发展效率，X 表示控制变量，其中包括：经济发展水平（rgdp），二产发展水平（indust），三产发展水平（serv），技术水平（tech），人口密度（popu）。Time 为时间虚拟变量，2007 年实施排污权交易试点之前为 0，实施排污权交易试点政策以后为 1，Group 为组间虚拟变量，实施排污权交易试点的省份为 1，其他省份为 0。Time × Group 为双重差分项，回归系数 β_3 表示排污权交易试点的绿色发展效率效应。

二、双重差分法的平行趋势检验

为了精准地识别排污权交易试点对绿色发展效率的影响效应,在对上述模型进行估计之前需要对平行趋势假设进行检验。处理组和控制组之间的平行趋势检验意味着:在排污权交易试点政策实施之前,处理组和对照组的绿色发展效率的演变趋势一致,绿色发展效率不存在显著的差异,本书通过事件研究法检验处理组和控制组绿色发展效率的演变趋势。图5-1中虚线的左侧表示排污权交易试点政策实施之前的时期,虚线的右侧表示排污权交易试点政策实施之后的时期。从图5-1我们可以发现,在虚线的左侧,即在排污权交易政策实施之前的时期内处理组和对照组的绿色发展效率的演变趋势基本一致,在虚线的右侧,即在排污权交易试点政策实施之后的时期内处理组和对照组绿色发展效率的差异逐渐开始显现,处理组的绿色发展效率的上升速度要大于对照组。综上所述,本书的处理组和控制组可以满足双重差分法的平行趋势假设,排污权交易试点的实施可能促进了绿色发展效率的提升。

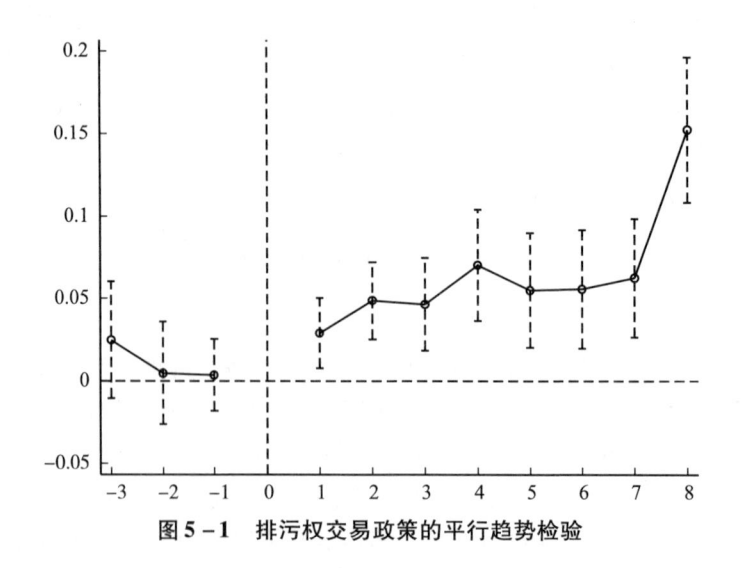

图5-1 排污权交易政策的平行趋势检验

三、双重差分法的基准回归

表 5-1 报告了排污权交易试点对绿色发展效率的 DID 回归结果，其中（1）和（2）是没有控制其他控制变量所得到的估计结果，（3）和（4）为加入其他控制变量的回归结果。为了避免区域异质性和时间趋势对绿色发展效率的影响，本书将同时采用时间固定效应和个体固定效应对模型进行估计。

表 5-1　　　　　双重差分法的基准回归模型

变量	(1)	(2)	(3)	(4)
Time	-0.0136 (0.0083)	-0.0697 *** (0.0130)	0.0287 ** (0.0129)	0.0901 ** (0.0390)
Group	-0.1055 *** (0.0251)	-0.1135 *** (0.0247)	-0.0641 (0.0560)	-0.1573 * (0.0886)
Time × Group	0.0369 *** (0.0136)	0.0360 *** (0.0135)	0.0369 *** (0.0133)	0.0373 *** (0.0133)
控制变量	未控制	控制	未控制	控制
常数项	0.4137 ***	0.2694 ***	0.5433 ***	1.2430 ***
时间固定效应	未控制	未控制	控制	控制
个体固定效应	未控制	未控制	控制	控制
Within-R^2	0.0022	0.0166	0.0452	0.0586
观测值	3614	3614	3614	3614

注：***、**、* 分别表示显著性为 1%、5%、10% 的显著性水平检验，括号内为标准误。

根据表 5-1 我们发现无论是否加入控制变量，双重差分项的估计系数均为正值且通过了显著性检验，这说明排污权交易试点政策的实施促进了绿色发展效率的提升。其原因是：排污权交易试点政策在实施过程中，污染排放权富余的企业不仅可以将污染排放权出售给污染排放额度不足的企业，而且污染排放权富余的企业可以获得减少环境污染带来的转让收益。在市场收益的诱导下企业会改良生产技术，从而达到环境保护和市场收益双赢的效果。对于污染排放权不足的企业，因为购买污染排放权所增加的企业成本直接计入企业的成本函数，因此企业会考虑到成本变化给企业产出和利润所带来的影响，迫使高污染的企业革新设备，促进技术进步、减少成本进而增加企业收益。表 5-2 中加入控制变量的调整 R^2 与未加入控制变量的调整 R^2 相比，拟合效果明显改善，这说明控制变量中的影响因素是影响绿色发展效率的重要变量。

表 5-2　　　　　　　倾向得分匹配平衡性检验

变量	Unmatched / Matched	Mean Treated	Mean Control	% reduct % bias	% reduct bias	t-test t	t-test p>t
finan	U	6.3147	5.1475	26.6	—	8.25	0.000
	M	6.1617	5.9311	5.3	80.2	1.5	0.134
indus	U	0.49598	0.51965	-2.7	—	-0.7	0.484
	M	0.49602	0.49177	0.5	82	0.15	0.879
lnedu	U	12.705	12.38	33.6	—	9.69	0.000
	M	12.704	12.716	-1.3	96.2	-0.33	0.74
lnpeop	U	4.6602	4.5659	12.2	—	3.54	0.000
	M	4.6625	4.6942	-4.1	66.3	-1.02	0.309
lnsci	U	9.7285	9.2918	25.9	—	7.49	0.000
	M	9.7285	9.7389	-0.6	97.6	-0.16	0.873
lngdp	U	10.364	10.224	18.3	—	5.28	0.00
	M	10.364	10.366	-0.3	98.6	-0.07	0.947

四、市场型环境规制的 PSM-DID 检验

本书将进一步采用 PSM-DID 方法检验排污权交易试点对绿色发展效率的影响。其核心思想是通过 Kernel 核匹配的方法匹配一个对照组，使排污权交易试点省份与非排污权交易试点省份在试点前满足共同趋势的假定。首先，采用 Kernel 核匹配方法对变量进行匹配；其次，采用 T 检验方法对匹配前后的变量进行平衡性检验；最后，采用 Logit 模型对排污权交易试点的政策进行评估。

本书采用 PSM - DID 对排污权交易试点的绿色发展效率效应进行进一步的探讨。PSM - DID 能够解决传统 DID 中各经济变量不满足共同趋势假定所带来的估计结果存在偏误的问题。PSM - DID 检验结果的科学与否，完全取决于样本的观测值是否满足"条件独立性"假定，换言之，匹配后的实验组省份和对照组省份在排污权交易试点政策实施之前不存在显著的差异。若匹配之后实验组省份和对照组省份在排污权交易试点政策实施之前存在显著的差异，这会导致由匹配方法不合适造成的匹配错误问题。因此在进行 PSM - DID 回归之前对变量进行平衡性检验是相当必要的。

表 5 - 2 报告了 PSM - DID 平衡性检验的结果，表 5 - 2 的检验结果显示，匹配之后协变量金融相关率（finan）、第二产业发展水平（indus）、教育发展水平（edu）、人口数量（people）、经济发展水平（gdp）、科学技术支出（sci）的均值在实验组与对照组之间的差异并不显著，这说明可以选择 PSM - DID 方法研究排污权交易试点对绿色发展效率的影响。本书采用核匹配、近邻匹配和半径匹配的方法来确定权重，并采用 Stata 软件对排污权交易试点的绿色发展效率效应进行评估，表 5 - 3 报告了绿色发展效率效应 PSM - DID 的评估结果。根据表 5 - 3 我们发现以绿色发展效率作为被解释变量时，政策变量的回归结果为 0.038，且通过了 10% 的显著性水平检验，这说明排污权交易试点对于绿色发展效率起到了显著的促进作用。

表 5 - 3　　市场型环境规制的实施效果：PSM - DID 检验

变量	核匹配 VRS	半径匹配 VRS	近邻匹配 VRS
Time × Group	0.0383* (0.0213)	0.0385* (0.0213)	0.0373* (0.0213)
控制变量	控制	控制	控制
时间固定效应	控制	控制	控制
城市固定效应	未控制	未控制	未控制
_cons	1.3219*** (0.3652)	1.4517*** (0.3761)	1.0526*** (0.3568)

续表

变量	核匹配	半径匹配	近邻匹配
	VRS	VRS	VRS
N	3611	3604	3614
F	6.8354	6.8805	6.8470
R^2	0.6351	0.6362	0.6323

注：***、* 分别表示显著性为1%、10%的显著性水平检验。

第三节 市场型环境规制对绿色发展效率的影响机制分析

通过上文的分析我们发现市场型环境规制对绿色发展效率具有显著的促进作用，那么我们需要探讨的是，市场型环境规制是通过何种机制促进绿色发展效率的？本书将技术创新外商直接投资同时作为中介变量和调节变量对市场型环境规制影响绿色发展效率的中介效应和调节效应进行检验。

一、中介效应检验

（1）中介变量说明。根据第三部分的理论机制分析，我们发现市场型环境规制通过技术创新和外商直接投资对绿色发展效率产生影响，因此，本书将技术创新作为中介变量。由于实用新型专利具有研制周期短、实用性强等优点，排污权交易试点政策实施后，企业将首先考虑提高企业的实用新型技术来实现创新水平的提高，因此，技术创新变量采用国内实用新型专利申请授权量来衡量，数据来自于国家统计局数据库。

（2）中介效应模型构建。根据谭静和张建华（2018）对中介效应的介绍，本书构建中介效应模型的主要步骤是：第一，将绿色发展效率作为被解释变量，将排污权交易政策作为核心解释变量进行回归，如果排污权交易政策的回归系数显著为正，则表示排污权交易试点能够促进绿色发展效率。第二，将技术创新和外商直接投资作为中介变量，考察排污权交易试点政策对技术创新和外商直接投资的影响，如果回归系数为正且显著，说明排污权交易试点政策的实施促进了技术创新和外商直接投资。第三，用技术创新和外商直接投资对绿色发展效率进行回归，如果回归结果为正且通过显著性水平检验，说明技术创新和外商直接投资能够促进绿色发展效率。第四，将排污权交易试点政策变量和中介变量同时纳入到回归模型中，观察二者对绿色发展效率的影响。接下来将按照中介效应的步骤构建模型：

$$\text{Effect}_{it} = \beta_0 + \beta_1 \text{Time} + \beta_2 \text{Group} + \beta_3 \text{Time} \times \text{Group} + \phi \sum_{N=1}^{N} X_{it} + \nu_{it}$$
(5-2)

$$\text{lnmed}_{it} = \alpha_0 + \alpha_1 \text{Time} + \alpha_2 \text{Group} + \alpha_3 \text{Time} \times \text{Group} + \theta \sum_{N=1}^{N} X_{it} + \xi_{it}$$
(5-3)

$$\text{Effect}_{it} = \delta_0 + \delta_1 \text{lnmed} + \eta \sum_{N=1}^{N} H_{it} + \mu_{it} \quad (5-4)$$

$$\text{Effect}_{it} = \gamma_0 + \gamma_1 \text{Time} + \gamma_2 \text{Group} + \gamma_3 \text{Time} \times \text{Group} + \gamma_4 \text{lnmed} + \psi \sum_{N=1}^{N} X_{it} + \tau_{it}$$
(5-5)

其中，Effect 表示的是绿色发展效率；Time 表示排污权交易试点的时间虚拟变量，2007 年之前为 0，2007 年之后为 1；Group 表示排污权交易试点的组间虚拟变量，属于排污权交易试点的省份为 1，非排污权交易试点的省份为 0；Time × Group 表示排污权交易试点的政策变量；X 和 H 是一组控制变量，med 表示技术创新和外商直接投资。

（3）中介效应分析。表 5-4 报告了中介效应的估计结果，模型 1 的结果显示排污权交易政策的实施对绿色发展效率的回归系数为 0.0395，通过了 1% 的显著性水平检验，这与前文双重差分法和 PSM-DID 得到的结果一致，换言之，排污权交易试点促进了绿色发展效率。模型 2 的结果表明，排污权交易试点政策对创新水平的回归系数为 0.1403，且通过 1% 的显著性水平检验，这意味着排污权交易试点政策显著提高了技术创新水平。模型 3 的回归结果显示，创新水平对绿色发展效率的回归系数为 0.0169，且通过了 1% 的显著性水平检验，这说明创新水平促进了绿色发展效率。模型 4 将排污权交易试点政策与创新变量同时纳入到回归模型中，我们发现模型 4 中技术创新变量对绿色发展效率的回归系数为0.0159，通过了1%的显著性水平检验，排污权交易政策的回归结果为0.0373，通过了1%的显著性水平检验，与基准回归的0.0395相比排污权交易政策的系数有所下降，这说明创新技术的中介效应存在，排污权交易试点政策的实施通过技术创新促进了绿色发展效率，该结果支持了"Porter假说"。排污权交易政策通过"市场收益诱导效应"对绿色发展效率产生正向促进作用，本书提出的假说2.5得到了验证。

表5-4　　　　　　　　技术创新的中介效应检验

变量	模型1	模型2	模型3	模型4
Time	0.1081*** (0.0384)	1.1345*** (0.1151)	—	0.0901** (0.0390)
Group	-0.1953** (0.0876)	-2.4014*** (0.2622)	—	-0.1573* (0.0886)
Group × Time	0.0395*** (0.0132)	0.1403*** (0.0397)	—	0.0373*** (0.0133)
lnsci	—	—	0.0169*** (0.0058)	0.0159*** (0.0058)
控制变量	控制	控制	控制	控制
常数项	1.1604***	-5.2029***	1.2104***	1.2430***
时间固定效应	控制	控制	控制	控制
年份固定效应	控制	控制	控制	控制
Within-R^2	0.893	0.9461	0.8443	0.8498

注：***、**、*分别表示1%、5%、10%的显著性水平检验，括号内为标准误。

（4）中介效应分析。表5-5报告了中介效应的估计结果，模型1的结果显示排污权交易政策对绿色发展效率的回归系数为0.0396，通过了1%的显著性水平检验，这说明排污权交易试点政策促进了绿色发展效率。模型2的结果表明，排污权交易试点政策对外商直接投资的回归系数为1.9612，且通过5%的显著性水平检验，这意味着排污权交易试点政策显著促进了外商直接投资的提升。模型3的回归结果显示，外商直接投资对绿色发展效率的回归系数为 0.0024，且通过了 1% 的显著性水平检验，这说明外商直接投资显著促进了绿色发展效率的提升。模型 4 将排污权交易试点政策与外商直接投资同时纳入到回归模型中，我们发现模型 4 中外商直接投资对绿色发展效率的回归系数为 0.0024，通过了 1% 的显著性水平检验。排污权交易政策的回归系数 0.0332 与基准回归的 0.0396 相比回归系数有所下降且显著性水平下降，综上所述，外商直接投资在排污权交易政策与绿色发展效率之间起中介作用，前文提出的假说 2.7 得到验证。

表 5-5 　　　　　　　外商直接投资的中介效应检验

变量	模型 1 绿色发展效率	模型 2 外商直接投资	模型 3 绿色发展效率	模型 4 绿色发展效率
Time	0.1080 *** (0.0384)	-2.6620 (2.3968)	—	0.1182 *** (0.0381)
Group	-0.1956 ** (0.0876)	-74.3320 *** (5.4735)	—	-0.0283 (0.0894)
Time × Group	0.0396 *** (0.0132)	1.9612 ** (0.8243)	—	0.0332 ** (0.0131)
lnfdi	—	—	0.0024 *** (0.0003)	0.0024 *** (0.0003)
finan	-0.0027 ** (0.0012)	-0.1490 ** (0.0741)	-0.0022 * (0.0012)	-0.0023 * (0.0012)
lnedu	0.0244 (0.0174)	6.0896 *** (1.0955)	0.0094 (0.0175)	0.0087 (0.0175)
lnpeop	-0.0238 (0.0163)	0.1226 (1.0094)	-0.0245 (0.0160)	-0.0252 (0.0160)
lngdp	-0.0742 *** (0.0125)	-2.1087 *** (0.7769)	-0.0669 *** (0.0124)	-0.0676 *** (0.0124)
时间固定效应	控制	控制	控制	控制
个体固定效应	控制	控制	控制	控制
_cons	1.1592 *** (0.2631)	20.9139 (16.3992)	1.0783 *** (0.2605)	1.1147 *** (0.2606)

注：*** 、** 、* 分别表示 1%、5%、10% 的显著性水平检验，括号内为标准误。

二、调节效应检验

（1）调节效应模型构建。根据前文的理论分析，我们发现排污权交易试点政策通过市场收益的诱导效应促进研发创新，从而促进了排污权交易试点地区创新水平的提升，进而促进排污权交易试点的绿色发展效率。本书接下来将构建计量回归模型对技术创新的调节效应进行检验。本书将研发创新水平作为调节变量。本书所构建的模型如下：

$$Effect_{it} = \beta_0 + \beta_1 group + \beta_2 time + \beta_3 did + \beta_4 lnsci +$$
$$\beta_4 did \times lnsci + \alpha \sum_{N=1}^{N} X_{it} + \nu_{it} \quad (5-6)$$

式（5-6）中 did 表示的排污权交易政策，为时间虚拟变量和组间虚拟变量之积，sci 表示的是技术创新水平，did×lnsci 表示的是政策变量与技术创新水平的交互项，如果 did×lnsci 的系数为正值，说明技术创新在排污权交易与绿色发展效率之间起调节作用。

（2）调节效应结果分析。表 5-6 报告了将技术创新作为调节变量的回归结果。表 5-6 中（1）和（2）分别表示未加入控制变量时的回归结果，其中（2）表示的是纳入时间固定效应和个体固定效应时的回归结果。结果表明 did×lnsci 的回归系数为正值，且通过了 1% 的显著性水平检验。说明技术创新水平的提高促进了排污权交易试点的绿色发展效率，（1）的可决系数 R^2 为 0.016，当纳入时间固定效应和个体固定效应之后（2）的可决系数 R^2 为 0.0467，模型的拟合优度有所提升。（3）和（4）表示的是加入控制变量之后的回归结果，其中（4）为考虑时间固定效应和个体固定效应时的回归结果，did×lnsci 的回归系数为正值且均通过了 10% 的显著性水平检验。考虑了控制变量之后（3）的可决系数为 0.0176，当控制了时间和个体固定效应之后，（4）的可决系数上升到 0.0589。排污权交易试点政策的实施通过技术创新水平的提升促进了试点城市的绿色发展效率。综上所述，技术创新在排污权交易试点与绿色发展效率之间起到了调节作用，前文提出的假说 2.6 得到了验证。

表 5 – 6　　　　　　　　调节效应分析结果

变量	绿色发展效率（1）	绿色发展效率（2）	绿色发展效率（3）	绿色发展效率（4）
Group	-0.1094*** (0.0249)	-0.00259 (0.0649)	-0.1124*** (0.0248)	-0.1574* (0.0886)
Time	-0.0507*** (0.0136)	-0.00274 (0.0234)	-0.0603*** (0.0139)	0.0923** (0.0390)
did	-0.0822*** (0.0635)	-0.0485 (0.0653)	-0.0833 (0.0636)	-0.0377 (0.0651)
did×lnsci	0.01148* (0.00612)	0.00825* (0.0063)	0.0118* (0.0061)	0.0074* (0.0063)
lnsci	0.01314*** (0.00382)	0.0082 (0.0056)	0.0050 (0.0058)	0.0140** (0.0060)
finan	—	—	-0.0008 (0.0011)	-0.0026** (0.0012)
lnedu	—	—	0.0375*** (0.0103)	0.0099 (0.0183)
lnpeop	—	—	-0.0448*** (0.0117)	-0.0253 (0.0163)
lngdp	—	—	-0.0148 (0.0097)	-0.0780*** (0.0126)
时间固定效应	未控制	控制	未控制	控制
个体固定效应	未控制	控制	未控制	控制
R^2	0.0160	0.0467	0.0176	0.0589
观测值	3614	3614	3614	3614

注：***、**、*分别表示1%、5%、10%的显著性水平检验，括号内为标准误。

第四节　市场型环境规制的异质性分析

一、异质性机制分析

根据前文分析，我们发现由排污权交易导致的创新水平的提高是排污权交易政策影响绿色发展效率的重要途径。绿色发展效率的提升不仅受排污权交易机制的影响，而且各地区的经济发展水平、技术进步等因素也会影响绿色发展效率。具体表现在：一方面，排污权交易省份在经济发展、能源效率、资源禀赋等方面存在较大差异，即使在同一时间实施同样的排污权交易政策，每个试点省份所达到的政策效果也不尽相同。另一方面，排污权交易试点政策实施后各省份排污权交易市场的运行状况以及政策落实等方面也存在显著的差异，所以排污权交易试点政策对绿色发展效率的影响也存在差异。为了分析排污权交易政策实施对绿色发展效率的异质性机制，本书绘制图5-2。

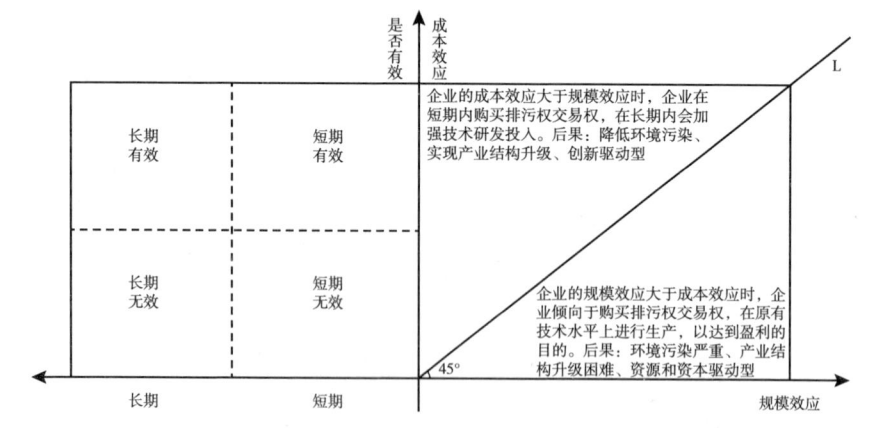

图5-2 市场型环境规制影响绿色发展效率的异质性分析

图5-2左侧的横轴表示的是企业的规模效应，即企业在原有技术水平不变的情况下，通过资本、劳动力、能源等生产要素的投入所产生的效应。纵轴表示的是企业的成本效应，即企业在排污权交易市场上购买排污权所产生的成本效应。直线L倾斜角为45°表示企业规模效应与企业成本效应相等。直线L的左下方表示规模效应大于成本效应的区域，企业倾向于购买污染排放权，在原有技术水平上进行生产，以达到盈利的目的，由于技术水平没有发生变化，因此并不会促进绿色发展效率的提高。直线L的右上方表示成本效应大于规模效应的区域，企业在短期内购买排污权，而在长期内会加强技术研发投入，在技术进步的作用下，将促进绿色发展效率的提高。图5-2右侧的横轴表示排污权交易试点是短期和长期效果，纵轴表示的是排污权交易试点是否有效，因

此，将区间划分为四个子象限，短期有效、短期无效、长期有效、长期无效。本书接下来将采用合成控制法对 11 个排污权交易试点的有效性进行检验。

二、异质性分析方法：合成控制法

合成控制法与双重差分方法相比具有以下三方面优点：一是合成控制法解决了现实中难以寻找一个控制组符合实验组基本特征的难题，在除政策覆盖省份之外的其他省份中提取部分信息构建一个虚拟的对照组，这一对照组在政策实施之前与实验组政策实施之前具有完全相似的演变趋势，观察在政策实施之后绿色发展效率指数是否出现跳跃。二是对照组权重的构建是通过测度预测变量之间的最小距离来确定，减少了主观因素对政策效果的影响，而且可以明确展示出实验组与虚拟对照组在排污权交易试点政策实施之前的相似程度，从而避免了与差距较大的省份相比所产生的误差问题。三是采用合成控制法构建的虚拟对照组是未实施排污权交易试点省份的加权平均（权重之和为 1），因此可以避免过度外推（extrapolation）问题，而且通过权重的设置可以反映每个未实施排污权交易试点的省份在构造反事实状态（counterfactual state）时的贡献。

假设给定 K + 1 个试点省份在 t ∈ [1，T] 期内的绿色发展效率，其中 $Effect_{it}^I$ 表示第 i 个试点省份在时间 t 上实施排污权交易政策时的绿色发展效率，$Effect_{it}^N$ 表示第 i 个试点省份在时间 t 上假设没有实施排污权交易政策时的绿色发展效率。假定第 i 个省份在时间 t = T_0 时被确定为排污权交易试点，则 [1，T_0] 期内试点省份的绿色发展效率不受到排污权交易试点政策的影响，即 $Effect_{it}^N = Effect_{it}^I$；排污权交易试点政策实施之后，即 [$T_0$ + 1，T] 期内，我们采用 R = $Effect_{it}^I$ − $Effect_{it}^N$ 表示排污权交易试点政策给第 i 个省份的绿色发展效率。对于成为排污权交易试点的省份，我们可以测算出它的绿色发展效率 $Effect_{it}^I$，但是我们无法观测到试点省份如果没有实施排污权交易政策时的绿色发展效率。因此，本书采用阿巴迪（Abadie，2014）提出的基于参数回归的因子模型对不可观测的虚拟省份的绿色发展效率 $Effect_{it}^N$ 进行估计。

$$Effect_{it}^N = \tau_t + \beta_t X_i + \gamma_t v_i + \mu_{it} \qquad (5-7)$$

式（5-7）中 τ_t 是所有省份绿色发展效率的时间固定效应，X_i 表示一个可以观测到的协变量，表示不受排污权交易试点政策影响的控制变量；β_t 是一个未知参数向量，γ_t 是一个无法观测的公共因子向量，v_i 是不可观测的省份固定效应；μ_{it} 是不可观测到的短期冲击，在省级水平上的均值为0。本书选取目标省份2004~2017年的人均GDP、产业结构、人口密度、FDI、能源消费等作为预测变量。

我们假设第一个省份（i=1）成为了排污权交易试点，其余K个省份 i=2, …, K+1 均不是排污权交易试点省份。考虑一个(K×1)维的向量权重 $W=(w_2, \cdots, w_{k+1})$ 以使 $w_k \geq 0$, k=2, …, K+1, 且 $w_2 + \cdots + w_{k+1} = 1$。

每一个向量W的特征值都表示一个合成控制的组合，也就是合成K个省份绿色发展效率的特定权重。针对每个控制组省份的结果变量值，经过加权后得到了：

$$\sum_{k=2}^{k+1} w_k \text{Effect}_{ki} = \tau_t + \beta_t \sum_{k=2}^{K+1} w_k X_k + \gamma_t \sum_{k=2}^{K+1} w_k v_k + \sum_{k=2}^{K+1} w_k \mu_{kt} \quad (5-8)$$

假定 $(w_2^*, \cdots, w_{k+1}^*)$ 使得：

$$\sum_{k=2}^{k+1} w_k^* \text{Effect}_{k1} = \text{Effect}_{11} \sum_{k=2}^{k+1} w_k^* \text{Effect}_{k2} = \text{Effect}_{12}, \cdots,$$

$$\sum_{k=2}^{k+1} w_k^* \text{Effect}_{kT_0} = \text{Effect}_{1T_0} \text{ 和 } \sum_{k=2}^{k+1} w_k^* X_k = X_1 \quad (5-9)$$

能够证明如果 $\sum_{t=1}^{T_0} v_t' v_t$ 是非奇异的，那么

$$\text{Effect}_{1t}^N - \sum_{k=2}^{K+1} w_k^* \text{Effect}_{kt} = \sum_{k=2}^{K+1} w_k^* \sum_{s=1}^{T_0} v_t \left(\sum_{n=1}^{T_0} v_n' v_n \right)^{-1} v_s' (\mu_{ks} - \mu_{1s}) - \sum_{k=2}^{K+1} w_k^* (\mu_{ks} - \mu_{1s}) \quad (5-10)$$

已有研究证明，排污权交易试点政策实施之前的时间段相对于排污权交易试点政策实施之后的时间段较长，那么，上式右边的均值将趋于0。在排污权交易试点政策实施之后的时间段（即2007~2017年）可以将 $\sum_{k=2}^{K+1} w_k^* \text{Effect}_{kt}$ 作为 Effect_{1t}^N 的无偏估计量，在湖北、浙江、湖南、天津、河南、江苏、重庆、山西、陕西、河北、内蒙古等11个省份实施的排污权交易试点所得到的绿色发展效率的估计值为：

$$\hat{\alpha}_{1t} = \text{Effect}_{1t} - \sum_{k=2}^{K+1} w_k^* \text{Effect}_{kt}, \ t \in [T_0+1, \cdots, T] \quad (5-11)$$

对绿色发展效率的实施效果 $\hat{\alpha}_{1t}$ 进行估计的重点和难点就是寻找某一特殊的权重,这一权重我们采用 $W^* = (w_2^*, w_3^*, \cdots, w_k^*, w_{k+1}^*)$ 表示。W^* 需要第一个省份的特征向量（$\text{Effect}_{11}, \cdots, \text{Effect}_{1r_0}, Z_1'$）,位于除湖北、浙江、湖南、天津、河南、江苏、重庆、山西、陕西、河北、内蒙古等 11 个省份之外的其他省份特征向量组的凸组合$\{(\text{Effect}_{21}, \cdots, \text{Stru}_{2r_0}, Z_2'), \cdots, (\text{Effect}_{k+11}, \cdots, \text{Stru}_{k+1r_0}, Z_{k+1}')\}$ 集合范围之内。对现有的真实数据而言,不存在这样一个特殊的权重使得（3）成立,因此,需要一个近似的值来确定权重。接下来本书定义一个向量 $M = (m_1, \cdots, m_{r_0})$ 表示政策实施前后结果的线性组合: $\overline{\text{Effect}}_i^M = \sum_{s=1}^{T_0} m_s \text{Effect}_{is}$。例如,如果 $m_1 = m_2 = \cdots = m_{T_0-1} = 0$,$m_{T_0} = 1$,则 $\overline{\text{Effect}}_i^M = \text{Effect}_{iT_0}$,这表示结果变量值恰好是政策实施前的某一时间段;如果 $m_1 = m_2 = \cdots = m_{T_0-1} = 1/T_0$,则 $\overline{\text{Effect}}_i^M = T_0^{-1} \sum_{s=1}^{T_0} \text{Effect}_{is}$ 表示结果变量值是政策实施前期的平均结果。定义 F 作为向量 $M_1, \cdots, M_F$ 的线性组合,$X_1 = (Z_1', \overline{\text{Effect}}_1^{M_1}, \cdots, \overline{\text{Effect}}_1^{M_F})$ 作为实施排污权交易政策的省市在实施前期 $[(r+M) \times 1]$ 维特征向量。相似的定义 X_0 为一个 $[(r+M) \times K]$ 的矩阵,涵盖了 K 个未被列为排污权交易省份的对应特征向量,即 X_0 的第 k 列为 $(Z_1', \overline{\text{Effect}}_1^{M_1}, \cdots, \overline{\text{Effect}}_k^{M_F})$。本书通过最小化 X_1 和 X_0W 的距离 $\|X_1 - X_0W\|$ 来确定 W^*,同时使得 $w_k \geq 0$,$k = 2, \cdots, K+1$,且各省份的权重 $w_2 + \cdots + w_{k+1} = 1$。根据阿巴迪（Abadie）教授所采用的 $\|X_1 - X_0W\|_v = \sqrt{(X_1 - X_0W)'V(X_1 - X_0W)}$ 来测度距离,其中 V 是对称半正定矩阵。尽管我们的推断过程对任意的 V 都有效,但是 V 的选择会对估计值的均方误产生影响。V 的最优选择是赋予 X_1 和 X_0 向量中的变量一个合理权重,以最小化合成控制的均方误。本书利用数据驱动的方式得到了对称半正定矩阵使得合成省份近似排污权交易试点省份在成为排污权交易试点之前绿色发展效率的运动轨迹。通过加权得到的合成省份的绿色发展效率轨迹模拟了假设试点省份不是排污权交易试点时的情况,试点省份和合成省份的绿色发展效率在 2007 年之后的差异即排污权交易试点对绿色发展效率的影响。

三、研究样本与数据来源

本书采用的预测变量包括：一是绿色发展效率（Effect）：绿色发展效率是指在非期望产出的约束下中国经济的投入产出效率，本书采用全局可参比的超效率 SBM 模型进行测度。二是经济发展指标（pergdp）：经济发展水平是影响绿色发展效率的重要因素，经济发展水平是提升绿色发展效率的前提和基础。三是外商直接投资（fdi）：外商直接投资因其具有清洁的生产技术以及先进的环境管理经验，对入驻地区的企业产生示范效应和扩散效应，从而促进入驻地区绿色发展效率的提升。四是能源利用率（energy）：能源利用率的提高意味着企业生产工艺的革新，生产工艺的革新会促进绿色发展效率的提升，进而促进绿色发展效率（表 5-7 为描述性统计的结果）。

表 5-7　　　　　　　　　　描述性统计

变量名称	符号	均值	标准差	最小值	最大值	样本容量
绿色发展效率	crs	0.3453	0.1962	0.0137	1.3167	3614
绿色发展效率	vrs	0.3741	0.2292	0.0138	3.6792	3614
金融发展水平	finan	5.5884	4.1606	0.5600	102.282	3614
教育发展水平	lnedu	12.503	0.9916	6.9017	16.082	3614
人口规模	lnpeop	4.6015	0.7769	2.6824	7.8043	3614
科学技术支出	lnsci	9.4567	1.7122	3.5264	15.211	3614
经济发展水平	lngdp	10.277	0.7754	4.595	15.775	3614

本部分选取 2004~2017 年中国 30 个省份[①]作为研究样本，将 11 个排污权交易试点作为实验组，将其他 19 个省份作为对照组（见表 5-8）。本书采用的所有预测变量的原始数据均来自于国家统计局。人均产出数据采用实际地区生产总值除以各省年末总人口，实际地区生产总值是以 2004 年为基期进行消胀处理。金融发展水平是采用城市存款余额与贷

---

① 我国的香港、澳门、台湾、西藏地区不在本次统计范围内。

款余额之和除以实际地区生产总值得到，其中教育发展水平和科学技术支出水平数据来自于2004~2017年国家统计局。

表5-8　　　　　　　对照组省份在各个合成控制省份的权重

ID	省份	天津	河北	山西	内蒙古	江苏	浙江	河南	湖北	湖南	重庆	陕西
1	北京	0.034	0.097	0.016	0.004	0.304	0.385	0.010	0.028	0.000	0.025	0.000
2	辽宁	0.009	0.045	0.028	0.007	0.041	0.031	0.023	0.045	0.000	0.040	0.021
3	吉林	0.013	0.029	0.033	0.133	0.027	0.022	0.514	0.129	0.388	0.057	0.284
4	黑龙江	0.476	0.018	0.008	0.003	0.021	0.013	0.008	0.017	0.000	0.013	0.000
5	上海	0.019	0.030	0.016	0.005	0.030	0.020	0.012	0.027	0.000	0.023	0.000
6	安徽	0.012	0.036	0.023	0.006	0.034	0.024	0.017	0.035	0.000	0.032	0.000
7	福建	0.018	0.025	0.016	0.003	0.025	0.016	0.010	0.023	0.000	0.023	0.000
8	江西	0.010	0.040	0.028	0.269	0.037	0.052	0.031	0.056	0.000	0.039	0.162
9	山东	0.126	0.018	0.008	0.003	0.021	0.015	0.009	0.018	0.000	0.013	0.015
10	广东	0.139	0.018	0.008	0.003	0.021	0.014	0.009	0.018	0.000	0.013	0.000
11	广西	0.010	0.040	0.029	0.005	0.035	0.024	0.021	0.040	0.000	0.041	0.242
12	海南	0.023	0.016	0.011	0.009	0.019	0.016	0.004	0.032	0.612	0.016	0.000
13	四川	0.010	0.041	0.027	0.007	0.037	0.028	0.022	0.043	0.000	0.038	0.000
14	贵州	0.005	0.328	0.600	0.519	0.154	0.206	0.208	0.287	0.000	0.421	0.277
15	云南	0.009	0.047	0.028	0.007	0.042	0.031	0.023	0.046	0.000	0.041	0.000
16	甘肃	0.009	0.053	0.026	0.007	0.049	0.036	0.020	0.045	0.000	0.041	0.000
17	青海	0.061	0.014	0.014	0.001	0.015	0.004	0.000	0.008	0.000	0.012	0.000
18	宁夏	0.007	0.051	0.052	0.004	0.009	0.025	0.019	0.053	0.000	0.065	0.000
19	新疆	0.008	0.056	0.029	0.007	0.050	0.037	0.024	0.050	0.000	0.046	0.000

资料来源：笔者根据Stata 15软件测算所得。

四、合成试点省份的权重设置

本部分我们采用合成控制法构建每个排污权交易试点的虚拟对照

组。本书通过 Stata 15 软件提供的 Synth 命令对排污权交易试点省份所对应的权重进行了测算。如：构造合成天津的省份有北京（0.034）、辽宁（0.009）、吉林（0.013）、黑龙江（0.476）、上海（0.019）、安徽（0.012）、福建（0.018）、江西（0.010）、山东（0.126）、广东（0.139）、广西（0.010）、海南（0.023）、四川（0.010）、贵州（0.005）、云南（0.009）、甘肃（0.009）、青海（0.061）、宁夏（0.007）、新疆（0.008）等19个省份，以此拟合天津未启动排污权交易试点时的绿色发展效率；拟合河北省绿色发展效率的省份主要有：北京（0.097）、辽宁（0.045）、吉林（0.029）、黑龙江（0.018）、上海（0.030）、安徽（0.036）、福建（0.025）、江西（0.040）、山东（0.018）、广东（0.018）、广西（0.040）、海南（0.016）、四川（0.041）、贵州（0.328）、云南（0.047）、甘肃（0.053）、青海（0.014）、宁夏（0.051）、新疆（0.056），表5-8报告了其他省份的拟合情况。综上所述，所有合成省份的权重之和相加等于1，因此可以避免过度外推的问题，通过以上权重的设置可以反映每个未实施排污权交易试点的省份在构造反事实状态时的贡献。

表5-9为2007年排污权交易政策实施之前真实的实验组与合成实验组协变量的对照表，从表5-8中我们可以发现合成实验组与真实实验组的协变量非常相似，在 SO_2、GDP、tech、qiangdu、indus、serv、vrs（2004）、vrs（2005）、vrs（2006）、vrs（2007）、vrs（2008）等变量中，SO_2、GDP等总量数据上存在较大差异，但是真实省份与合成省份在 indus、serv、vrs（2004）、vrs（2005）、vrs（2006）、vrs（2007）、vrs（2008）等指标方面的差异较小，真实省份与合成省份具有较强的相似度。综上所述，表5-8的结果显示合成省份能够比较好地拟合排污权交易政策实施之前实验组的绿色发展效率。

五、市场型环境规制对绿色发展效率影响的区域异质性分析

采用合成控制法进行分析时，政策实施之前的拟合效果是政策分析的关键。实施排污权交易试点的省份与对应的合成省份在2004~2017年绿色发展效率的演变趋势如图5-3至图5-13所示，图中虚线表示

第五章　市场型环境规制对绿色发展效率的影响

表 5-9　实验组与合成控制组的协变量对照表

变量	天津 实验组	天津 合成控制	河北 实验组	河北 合成控制	山西 实验组	山西 合成控制	内蒙古 实验组	内蒙古 合成控制
SO_2	249000	739813	1489333	856820	1469667	1071837	1397333	974850
gdp	3587.123	8714.212	9657.965	4202.944	4029.539	2974.816	3749.477	2945.218
tech	51.533	52.794	11.087	71.270	5.573	19.849	10.703	9.909
qiangdu	1.145	1.472	1.976	2.192	3.152	2.704	2.533	2.317
indus	0.546	0.503	0.522	0.421	0.553	0.422	0.448	0.433
serv	0.425	0.378	0.335	0.430	0.381	0.408	0.401	0.391
vrs(2004)	1.027	1.026	0.552	0.554	0.469	0.469	0.470	0.472
vrs(2005)	0.913	0.912	0.512	0.513	0.438	0.438	0.461	0.462
vrs(2006)	0.906	0.906	0.501	0.502	0.421	0.421	0.433	0.434
vrs(2007)	1.008	0.866	0.487	0.507	0.409	0.415	0.402	0.414
vrs(2008)	0.943	0.799	0.439	0.498	0.378	0.403	0.391	0.393

变量	江苏 实验组	江苏 合成控制	浙江 实验组	浙江 合成控制	河南 实验组	河南 合成控制	湖北 实验组	湖北 合成控制
SO_2	1305667	636753	844333	633347	1501333	663904	723333	824522
gdp	17307.180	5260.746	13238.390	5152.117	9822.665	3677.254	6342.354	4018.574
tech	86.483	182.107	45.603	220.355	23.473	20.633	46.930	34.660
qiangdu	0.958	1.708	0.910	1.671	1.494	1.998	1.592	2.147
indus	0.564	0.395	0.537	0.379	0.518	0.433	0.429	0.428

141

续表

变量	江苏 实验组	江苏 合成控制	浙江 实验组	浙江 合成控制	河南 实验组	河南 合成控制	湖北 实验组	湖北 合成控制
serv	0.355	0.490	0.398	0.513	0.307	0.399	0.406	0.406
vrs(2004)	0.605	0.607	0.561	0.559	0.643	0.643	0.583	0.584
vrs(2005)	0.572	0.573	0.556	0.555	0.571	0.571	0.532	0.533
vrs(2006)	0.580	0.581	0.573	0.572	0.518	0.518	0.505	0.506
vrs(2007)	0.595	0.622	0.604	0.630	0.475	0.470	0.496	0.492
vrs(2008)	0.577	0.631	0.593	0.649	0.412	0.432	0.473	0.471

变量	湖南 实验组	湖南 合成控制	重庆 实验组	重庆 合成控制	陕西 实验组	陕西 合成控制
SO_2	908667	153368	830667	938078	907000	870264
gdp	6332.205	1935.726	3404.829	3549.686	3590.749	3528.186
tech	42.700	5.381	50.227	29.577	16.920	9.764
qiangdu	1.435	1.173	1.353	2.427	1.529	1.883
indus	0.400	0.333	0.461	0.426	0.501	0.425
serv	0.429	0.402	0.414	0.408	0.388	0.389
vrs(2004)	1.023	1.025	0.526	0.525	0.614	0.577
vrs(2005)	1.002	0.877	0.483	0.482	0.534	0.521
vrs(2006)	0.631	0.767	0.463	0.462	0.497	0.478
vrs(2007)	0.559	0.805	0.469	0.453	0.438	0.437
vrs(2008)	0.531	0.785	0.450	0.438	0.378	0.403

的是合成省份绿色发展效率的演变趋势，实线表示实际省份绿色发展效率的演变趋势，垂直线所在位置为实施排污权交易试点的时间点，虚线左侧为排污权交易试点实施之前试点省份及其虚拟省份的绿色发展效率。图 5-3 至图 5-13 显示，排污权交易政策实施之前江苏、天津、重庆、浙江、内蒙古、河北、河南、山西、陕西、湖北等 10 个省份的绿色发展效率与虚拟合成省份的绿色发展效率非常接近，这说明合成省份能够很好地拟合试点省份在排污权交易试点实施之前的绿色发展效率。而湖南省在 2007 年排污权交易政策实施之前绿色发展效率要低于合成湖南，这说明湖南绿色发展效率拟合情况较差，政策实施之前真实湖南与合成湖南具有明显的差异。

根据合成控制法的原理，排污权交易试点对绿色发展效率的影响效应由各排污权交易试点省份的实际绿色发展效率与其合成省份的绿色发展效率的差值来表示。从图 5-3 至图 5-13 中可以看出，江苏、天津、重庆、浙江等省份的绿色发展效率与合成省市的绿色发展效率在虚线右边出现了较明显的偏离且实际绿色发展效率远高于合成省市，这表明排污权交易试点对绿色发展效率的影响较为明显，换言之，排污权交易试点的实施能够有效的促进这些省份的绿色发展效率，这与这些省市的经济发展水平和环境保护力度较高密切相关。

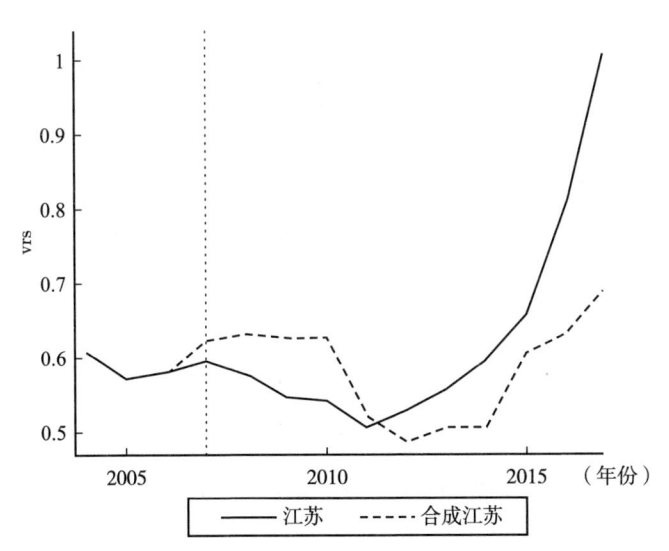

图 5-3　2005 年、2010 年和 2015 年江苏合成控制图

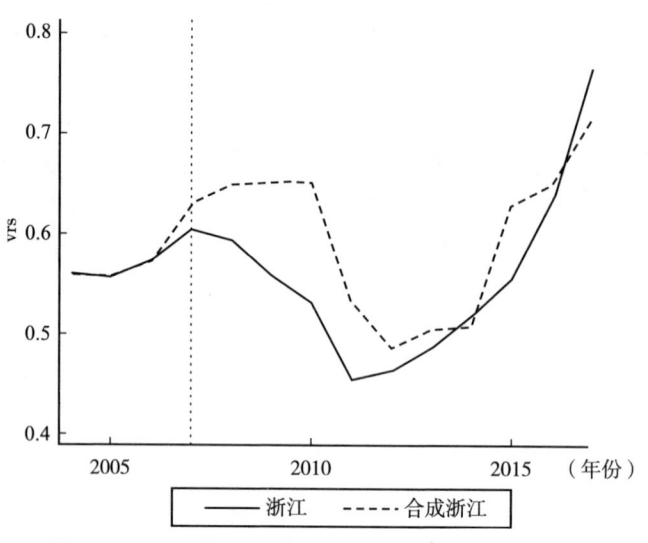

图 5-4　2005 年、2010 年和 2015 年浙江合成控制图

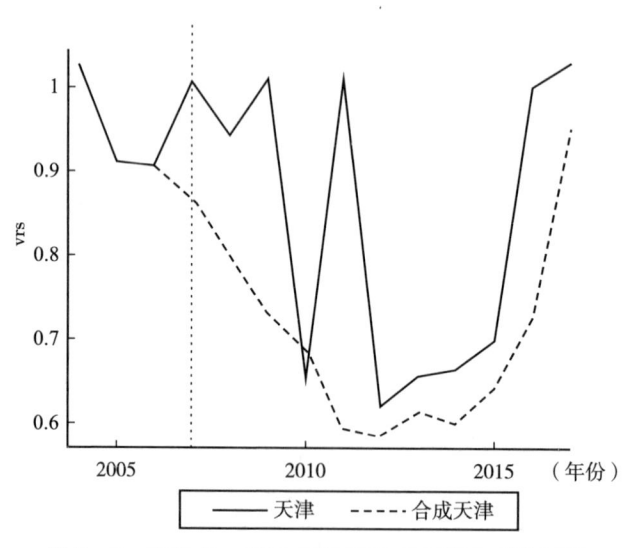

图 5-5　2005 年、2010 年和 2015 年天津合成控制图

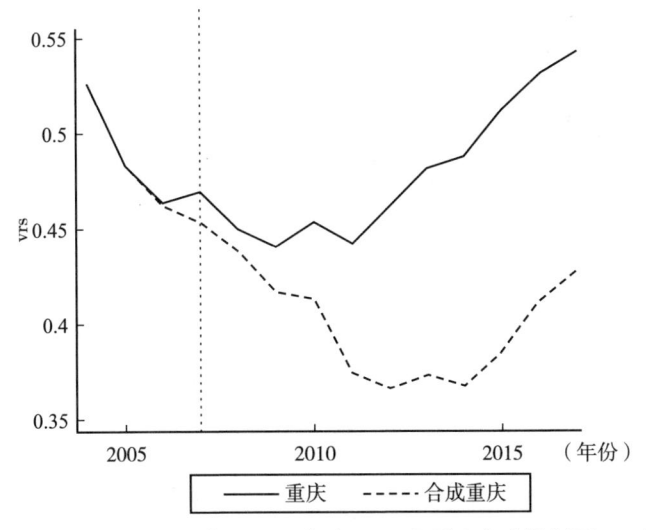

图 5-6　2005 年、2010 年和 2015 年重庆合成控制图

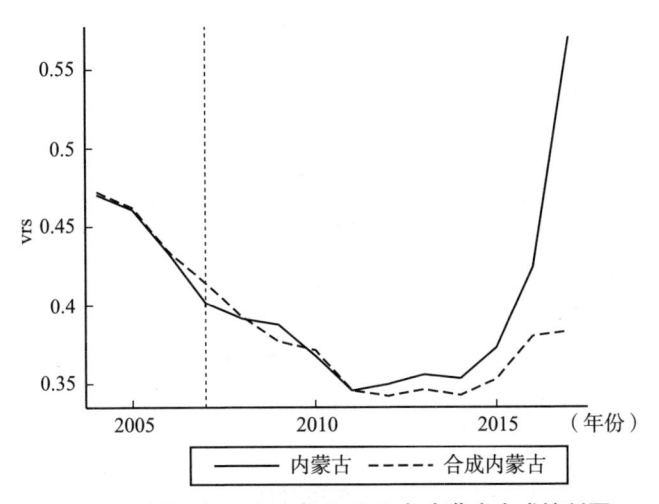

图 5-7　2005 年、2010 年和 2015 年内蒙古合成控制图

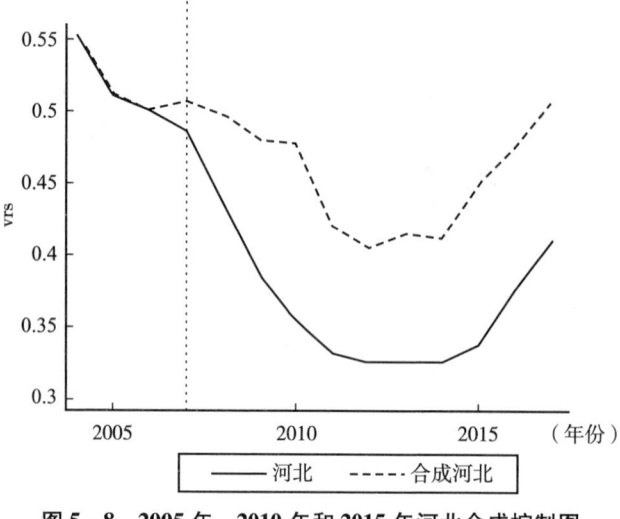

图 5-8 2005 年、2010 年和 2015 年河北合成控制图

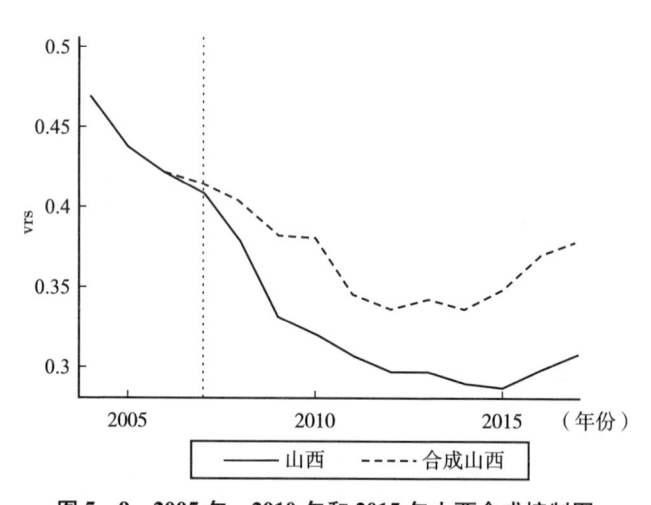

图 5-9 2005 年、2010 年和 2015 年山西合成控制图

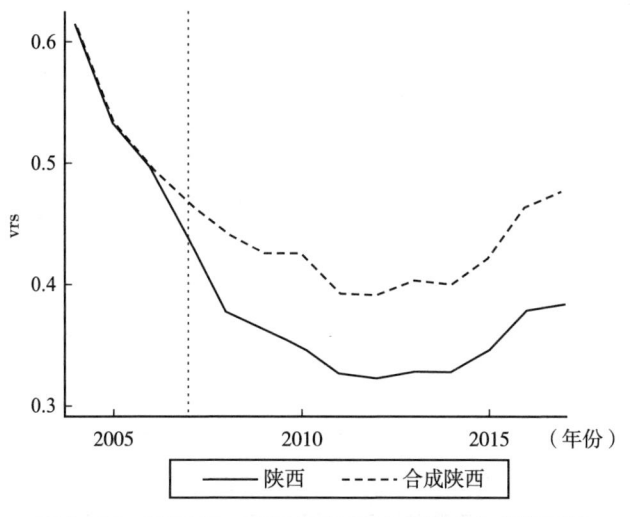

图 5-10 2005 年、2010 年和 2015 年陕西合成控制图

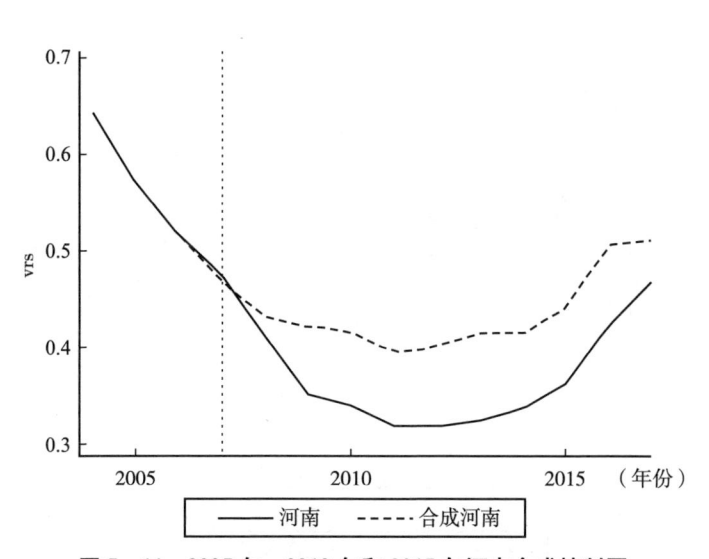

图 5-11 2005 年、2010 年和 2015 年河南合成控制图

图 5-12　2005 年、2010 年和 2015 年湖北合成控制图

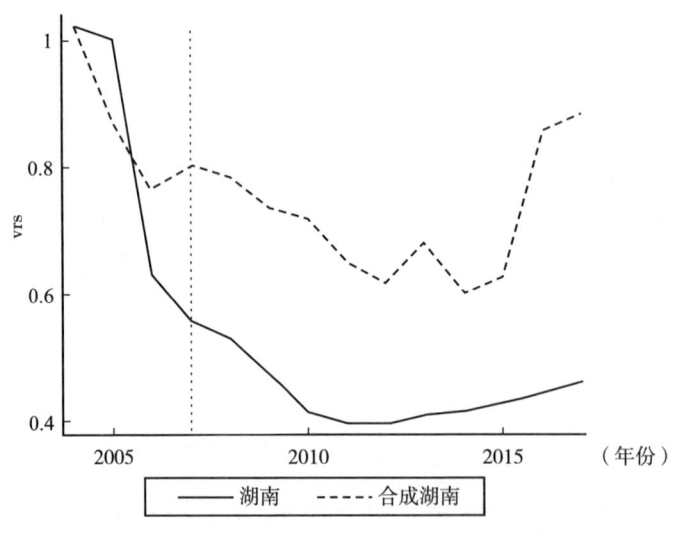

图 5-13　2005 年、2010 年和 2015 年湖南合成控制图

第五章 市场型环境规制对绿色发展效率的影响

图 5-3 至图 5-6 展示了江苏、浙江、天津、重庆等 4 个省份及其合成省份的绿色发展效率的演变趋势。图 5-3 至图 5-6 显示这些省份的绿色发展效率的演变趋势呈现出以下三个方面的特征：一是这些省份成为排污权交易试点之前，实际省份与合成省份绿色发展效率的均方误差最小，这说明趋势线的拟合较好。二是实际江苏与合成江苏、实际浙江与合成浙江在 2004~2007 年绿色发展效率缓慢上升，排污权交易试点政策实施后实际省份的绿色发展效率指数呈先下降后上升趋势，2007~2011 年实际江苏绿色发展效率要低于合成江苏，2012~2017 年实际江苏绿色发展效率迅速超越合成江苏，呈迅速上升趋势，这说明党的十八大以后，江苏生态文明建设取得了显著成就。2007~2016 年浙江绿色发展效率一直低于合成浙江，2012 年以后真实浙江绿色发展效率取得了迅速发展，并于 2017 年超越合成浙江。天津绿色发展效率在 2008~2017 年绿色发展效率的演变趋势虽然经历波折，但是始终高于合成天津。2008~2017 年真实重庆绿色发展效率始终高于合成重庆的绿色发展效率，且二者之间的差距呈逐渐扩大趋势。三是实际省份与合成省份的差距逐渐扩大，意味着这些省份在开展排污权交易试点过程中，坚持事前分配和事后调节的治污原则。从实际省份和合成省份的绿色发展效率的剪刀差来看，这些省份实施排污权交易试点之后绿色发展效率均取得了不同程度的提高。

图 5-7 展示了实际内蒙古与合成内蒙古绿色发展效率的演变趋势。在排污权交易试点实施前真实内蒙古与合成内蒙古的均方误差最小，演变趋势线几乎完全重合，说明其拟合效果较好。2004~2007 年实际内蒙古绿色发展效率呈缓慢下降趋势，2007 年内蒙古成为排污权交易试点之后，实际内蒙古的绿色发展效率虽然下降速度缓慢，但始终高于合成内蒙古，表明排污权交易试点的实施促进了内蒙古的绿色发展效率。2007~2015 年实际内蒙古与合成内蒙古的差距始终没有拉大，这意味着排污权交易试点的政策效果尚未凸显，2015 年后内蒙古与合成内蒙古的差距迅速拉大，排污权交易试点之后企业通过市场交易的手段获得排污许可证，将购买排污许可证的成本内生到企业的生产中，倒逼企业进行技术创新，进而促进了内蒙古地区绿色发展效率。

特别值得注意的是：第一，图中试点省份的绿色发展效率在 2007 年之后有明显的上升趋势，这与我国的宏观经济运行状况密切相关。近年来，长期依靠"三驾马车"拉动的我国经济增长率开始回落，产能过剩导致高污染行业的增长缓慢，高能耗行业的产值开始下降，全要素生产率对经济发展的贡献逐渐上升，这些因素都能够促进绿色发展效率。第二，排污权交易试点的政策实施效果存在显著的区域异质性，自2007年起江苏、天津、重庆、浙江、内蒙古等5个省份的实际值和合成值之间就出现明显的剪刀差，这意味着这些省份排污权交易试点能够显著促进绿色发展效率。

图5-8至图5-10展示了河北、山西、陕西省份与合成河北、合成山西、合成陕西的绿色发展效率的演变趋势，在排污权交易试点实施之前，实际省份与合成省份的绿色发展效率的演变趋势基本重合，这意味着实际省份的绿色发展效率与合成省份的绿色发展效率指数并没有系统性差异。河北、山西、陕西在成为排污权交易试点之后，实际河北、山西、陕西的绿色发展效率低于合成河北、合成山西、合成陕西，这意味着这些省份的排污权交易政策的实施不仅没有提高绿色发展效率，反而降低了绿色发展效率。究其原因可能是河北、山西、陕西蕴含着丰富的煤炭资源，是主要的能源大省，伴随着中国经济进入新常态，经济的总体速度放缓，环境污染较为严重的企业由于缺乏市场竞争力，逐渐被市场淘汰，排污权交易市场的成交量逐渐降低，排污权交易政策的研发投入效应逐渐降低，因此降低了这些省份的绿色发展效率。此外，由于这些省份的资源丰富，导致"荷兰病""资源诅咒"问题的出现，降低了绿色发展效率。

图5-11至图5-13展示了河南、湖北、湖南的绿色发展效率的演变趋势，从图5-11至图5-13中我们发现排污权交易试点实施之前，实际省份与合成省份的绿色发展效率的演变趋势基本重合，这意味着实际省份与合成省份的拟合效果较好。2007年河南、湖北、湖南成为排污权交易试点后，合成省份的绿色发展效率与真实省份的差距逐渐拉大，且合成省份的绿色发展效率高于真实省份，这意味着河南、湖北、湖南排污权交易试点政策降低了绿色发展效率。原因可能是：一是河南、湖北和湖南位于中部地区，经济发展水平较为滞后，因此绿色发展水平较低，排污权交易试点的实施增加了企业的生产成本和经营成本，成本效应远远大于规模效应，因此，降低了河南、湖北和湖南的绿色发展效率。二是河南是主要的粮食产区，河南的农业在整个国民经济中占

有相当大的比重，根据配第—克拉克定理，河南必须通过发展工业和服务业等参与来提高绿色发展效率，在排污许可证一定的前提下，必须在排污权市场上购买污染权，因此降低了绿色发展效率。三是湖北和湖南是承接江苏和浙江等长江三角洲地区产业转移的重点省份，由于受到经济发展路径依赖和资源环境的双重约束，在短期内湖北和湖南只能通过购买污染排放许可证的方式实现经济的短期增长，这不仅造成了严重的环境污染问题，而且购买污染排放许可证挤出了企业的研发支出，不利于绿色发展效率。四是湖北和湖南位于长江中游地区，毗邻洞庭湖，湖泊水污染较为严重，导致湖泊周围企业的成本效应高于规模效应，导致绿色发展效率下降。

第五节 本章小结

本章采用双重差分法研究市场型环境规制对绿色发展效率的影响，无论是否对时间固定效应和个体固定效应进行控制，采用绿色发展效率作为被解释变量，政策变量的估计系数均为正值，这表明市场型环境规制能够显著的促进绿色发展效率。技术进步是市场型环境规制影响绿色发展效率的重要渠道。本书将技术进步作为中介变量和调节变量，对市场型环境规制影响绿色发展效率的理论机制进行实证检验。研究结果显示技术进步在市场型环境规制影响绿色发展效率的机制中起到了"中介效应"，本书支持了"波特假说"。合成控制法的评估结果表明江苏、天津、重庆、浙江、内蒙古等省份的绿色发展效率效应较为明显。在排污权交易政策实施之前这些省市的合成省份的演变趋势与实际省份的演变趋势相同，且合成省份与实际省份绿色发展效率的演变趋势几乎完全重合，这说明采用人均生产总值、绿色发展效率、能源效率、人口密度、技术成交额等因素作为预测变量可以使合成省份与实际省份没有系统性差异，进而解决了准自然实验难以寻找合适对照组的难题。

第六章　社会公众型环境规制对绿色发展效率的影响[*]

本章基于前文的理论机制分析，进一步考察社会公众型环境规制对绿色发展效率的影响，并对社会公众型环境规制与绿色发展效率的因果关系进行识别。本章的主要内容主要包括以下两个方面：一方面，本章将体现社会公众对环境问题进行监督的环境信息披露作为一项准自然实验，采用双重差分法对环境信息披露影响绿色发展效率的因果关系进行识别。另一方面，通过构建各城市的通风系数作为环境信息披露的工具变量，进一步地识别社会公众型环境规制的因果关系。

第一节　社会公众型环境规制的特点

社会公众型环境规制通过对地方政府超标违规记录、公众对环境问题或者对企业污染环境的信访、投诉案件进行公开，达到治理环境污染的目的，是一种通过社会舆论手段治理环境污染的规制方式。通过社会公众型环境规制可以对环境污染企业形成社会公共压力，从而倒逼企业采用节能环保技术从事清洁生产，从而降低环境污染水平，社会公众型环境规制已经成为继政府型环境规制和市场型环境规制之后的第三种环境规制模式，社会公众型环境规制具有以下五个方面的特点：

第一，社会公众型环境规制具有软约束的特点。与政府型环境规制的强制性特征相比，社会公众型环境规制并不具有较强的约束性，社会

---

[*] 本章是在刘传明发表于《山东财经大学学报》2021年第5期上的《环境信息公开对绿色发展效率的影响效应研究》基础上修改完成的。

公众型环境规制依赖社会公众的环保意识、环保态度与环保认知,通过投诉、举报等方式对企业的环境污染问题表达不满,然而社会公众并不能对环境污染的企业采取任何措施。第二,社会公众型环境规制发挥作用依赖于经济的发展。环境库兹涅茨假说认为,当经济发展水平较低时社会公众很少对生态环境保护提出需求,随着经济发展水平的提高,社会公众开始聚焦于生态环境,产生了对高质量生态环境的需求,并且可以接受较为严格的环境规制水平,形成绿色消费理念,购买绿色产品。第三,社会公众型环境规制具有广泛性的特点。社会公众参与能够广泛地调动社会公众参与环境保护的积极性。2020年3月3日,中共中央办公厅、国务院办公厅印发了《关于构建现代环境治理体系的指导意见》,指出环境治理体系要牢固树立绿色发展理念,以强化政府主导作用为关键,以深化企业主体作用为根本,以更好动员社会组织和公众共同参与为支撑,实现政府治理和社会调节、企业自治良性互动,完善体制机制,强化源头治理,形成工作合力,为推动生态环境根本好转、建设生态文明和美丽中国提供有力制度保障。第四,社会公众型环境规制对政府和企业形成压力。伴随着社会公众环保意识的增强,社会公众通过投诉、举报等社会舆论的手段披露环境污染信息,对政府和企业施加压力,迫使政府和企业主动承担社会责任。第五,社会公众型环境规制具有较强的灵活性。社会公众对环境进行监督可以采用较多的方式,例如采用投诉、举报、新闻媒体等形式对环境污染信息进行披露。此外,社会公众型环境规制的实施成本较低,灵活程度较大,对经济的挤出效应较小。2007年4月国务院颁布了《中华人民共和国政府信息公开条例》,随后国家环境保护总局颁布《环境信息公开办法(试行)》(以下简称《办法》),拉开了中国环境信息公开制度化的序幕,2008年5月1日《办法》开始施行。为明确环境信息公开元年我国污染源环境监管信息公开的基准线,记录和见证中国环境信息公开的每一步,也为识别和推广地方良好实践,促进环境信息公开,公众环境研究中心(IPE)与自然资源保护协会(NRDC)共同研发了污染源监管信息公开指数(PITI),评价项目包括"监管信息""自行监测""互动回应""排放数据""环评信息"5个一级指标,8个二级指标;每项指标设置各自的权重;每项指标均通过系统性、及时性、完整性、友好性四个维度进行量化评估。

第二节　模型构建、指标选取与数据说明

一、双重差分模型构建

本章旨在识别社会公众型环境规制对城市绿色发展效率的因果效应，本章将 2008 年开始实施的环境信息披露制度视为一项准自然实验，采用双重差分法（DID）进行因果识别，从 2008 年开始公众环境研究中心（IPE）和美国自然资源保护委员会（NRDC）对中国 113 个城市的环境信息进行公示，并同时披露了 113 个城市的"污染源监管信息公开指数"。因此，准自然实验的实验组为环境信息披露的城市，未被披露的城市为准自然实验的对照组，采用双重差分法将实验组与对照组内披露城市的差分来研究环境信息披露的净效应。因此，本章构建了以下模型：

$$\text{Effect}_{it} = \alpha_0 + \alpha_1 \text{period} + \alpha_2 \text{treat} + \alpha_3 \text{period} \times \text{treat} + \alpha_4 \sum_{N=1}^{N} \text{control} + \mu + \gamma + v$$

(6-1)

上式中，Effect 是采用基于非期望产出的超效率 SBM 模型测度的绿色发展效率，分别以规模不变条件下的 CRS 和规模报酬可变采用的 VRS 表示，period 表示的是时间虚拟变量，2008 年环境信息披露政策实施之前 period = 0，环境信息披露政策实施之后 period = 1。treat 表示的是组间虚拟变量，环境信息披露的 113 个城市为准自然实验的实验组，treat = 1，未被披露的其他城市 treat = 0。period × treat 是双重差分项，表示环境信息披露对城市绿色发展效率的影响效应。Control 表示一组控制变量，其中包括经济发展水平、金融相关率、教育支出、科学支出、人口数量、产业结构等。地区固定效应 μ 是对城市不随时间变化的诸多因素，其中包括地形、气候、降水等因素，时间固定效应 γ 是对共同影响所有城市的时间趋势的控制，其中包括经济周期变化、宏观经济环境等，v 为随机扰动项，表示对城市绿色发展效率影响的其他因素。本章核心的解释变量为 period × treat，预期其系数 α_3 为正值，表示社会公

众型环境规制能够提升城市绿色发展效率。

二、平行趋势检验与动态性检验

前文构建的基准回归模型表示社会公众型环境规制对城市绿色发展效率的影响只是平均水平意义的结果，实际上社会公众型环境规制的实施由于受到政策实施强度、配套措施、生产要素调整等因素的影响，可能并不会取得立竿见影的效果。一方面，由于社会公众型环境规制缓冲期、消化期的存在，导致政策实施效果具有一定的滞后性，对城市绿色发展效率具有长期的动态影响。另一方面，在对社会公众型环境规制与城市绿色发展效率的因果关系进行研究时，需要满足共同趋势假定，即如果在没有实施社会公众型环境规制时，随着时间的推移实验组与对照组的城市绿色发展效率没有显著的差异。基于以上两个方面的原因，本章构建了动态效应模型：

$$\text{Effect}_{it} = \theta_0 + \sum_{\tau=-1}^{\tau=-3} \theta_\tau \text{pre} + \theta_1 \text{dummy}_0 + \sum_{\eta=1}^{\eta=8} \theta_\eta \text{post} + \theta_N \sum_{N=1}^{N} \text{control} + \mu + \gamma + v$$

(6-2)

上式中，Effect_{it} 表示的是城市绿色发展效率，pre 表示的是一组反事实虚拟变量，假设环境信息披露政策从 2008 年之前的 τ 年实施（τ = 2007、2006、2005）则 pre = 1，其他年份 pre = 0；假设环境信息披露政策从 2008 年之后的 η 年实施（τ = 2009，2010，2011，…，2017）则 post = 1，其他年份 post = 0，环境信息披露政策实施的 2008 年 dummy = 1，其他年份 dummy = 0。如果回归系数 θ_τ 没有通过显著性检验，这说明政策实施前实验组与对照组城市的绿色发展效率并没有显著的差异，如果 θ_η 通过了显著性水平检验，这说明在环境信息披露制度实施之后，实验组和对照组城市的绿色发展效率存在显著性差异，说明满足了共同趋势假设。本章接下来将采用图示方式对共同趋势假设进行描述，采用绘制图表的方式对动态性进行展示。

三、指标选取与数据说明

被解释变量：绿色发展效率（Effect）。本章在 DEA 框架下，采用基于非期望产出的全局参比的超效率 SBM 模型对绿色发展效率进行测度，基于规模报酬不变假设测度的绿色发展效率为 CRS，基于规模报酬可变假设测度的绿色发展效率为 VRS。表 6-1 显示绿色发展效率的投入指标采用：资本、劳动、用水、电力，期望产出指标采用实际 GDP、绿色覆盖率、政府支出，非期望产出采用工业废水、工业 SO_2、工业烟尘、$PM_{2.5}$ 来衡量。

表 6-1　　　　　　　　　　　投入产出指标说明

投入指标	期望产出	非期望产出	模型
资本 劳动 用水 电力	实际 GDP 绿化覆盖率 政府支出	工业废水 工业 SO_2 工业烟尘 $PM_{2.5}$	SBM + Global + 超效率 + CRS
			SBM + Global + 超效率 + VRS

核心解释变量：环境信息披露政策（PITI），自从 2008 年开始公众环境研究中心（IPE）和美国自然资源保护委员会（NRDC）开始对中国 113 个城市进行环境信息披露，本章将此视为一项准自然实验，环境信息披露的城市 treat = 1，不属于环境信息披露的城市 treat = 0，2008 年之后 period = 1，2008 年之前 period = 0，treat × period 表示环境信息披露政策，为本章的核心解释变量。在已有研究的基础上，本章采用双重差分法估计环境信息披露对城市绿色发展效率的影响系数时，将控制住影响城市绿色发展效率的控制变量，以减少遗漏变量导致的内生性问题，接下来，本章将对控制变量进行说明，表 6-2 为主要变量的数据说明，表 6-3 为变量的描述性统计。

表 6-2　　　　　　　　　　　主要变量及数据说明

变量	变量含义	计算方法
CRS	绿色发展效率	规模报酬不变假设条件下采用 SBM + Global + 超效率测算
VRS	绿色发展效率	规模报酬可变假设条件下采用 SBM + Global + 超效率测算
lngdp	经济发展水平	人均地区生产总值取对数
finan	金融相关率	（城市存款余额 + 城市贷款余额）/地区生产总值
indu	产业结构	第二产业产值占地区生产总值的比重
lnedu	教育支出	教育支出总额取对数处理

续表

变量	变量含义	计算方法
lnpeople	人口总量	城市市辖区人口总量取对数处理
lnsci	科学支出	科学支出总额取对数处理

表6-3　　　　　　　　　变量的描述性统计

变量	观测值	均值	标准差	最小值	最大值
crs	3614	0.345	0.196	0.014	1.317
vrs	3614	0.374	0.229	0.014	3.679
finan	3614	5.588	4.161	0.56	102.282
lnedu	3614	12.503	0.992	6.902	16.082
lnpeop	3614	4.602	0.777	2.682	7.804
lnsci	3614	9.457	1.712	3.526	15.211
lngdp	3614	10.277	0.775	4.595	15.775

（1）城市经济发展水平（lngdp）采用人均国内生产总值来衡量，城市人均国内生产总值反映了城市经济发展的"量"，而城市绿色发展效率反映了城市经济发展的"质"，当经济发展处于较低水平时，经济欠发达地区往往选择扩大经济规模的形式，促进经济发展"量"的提高，往往伴随着化石能源的燃烧和使用，从而降低了城市绿色发展效率。

（2）城市金融发展水平（finan）采用金融相关率来衡量，金融是现代经济发展的血液，能够为企业提供融资支持，缓解企业融资约束，促进企业技术进步，对于促进城市绿色发展效率的发展具有重要作用，本章采用的金融相关率采用城市存款与贷款之和与城市经济发展水平的比值来衡量。

（3）产业结构（indu）采用第二产业增加值占城市生产总值的比例来衡量，第二产业主要以资源密集型的制造业为主，化石能源的使用是第二产业的重要特征，由于化石燃料燃烧产生的二氧化碳、二氧化硫等环境污染物是环境污染治理的重要对象，因此，产业结构会对城市绿色发展效率产生影响。

（4）技术进步（lnsci）采用城市科学支出的对数来衡量，科学支出反映城市研发支出情况，城市研发支出直接反映了城市技术进步水平，内生经济增长理论认为技术进步是保证经济持续增长的决定因素，预期科学支出能够促进城市绿色发展效率的增长。

（5）教育水平（lnedu）采用城市教育支出的对数来衡量，教育水平作为提升人力资本的重要手段，很早就受到学者的重视。教育水平能够促进国家经济绿色发展，相对于传统GDP而言，教育对绿色GDP增长的影响更为显著。

（6）人口总量（lnpeople）采用人口总量的对数来衡量城市人口密度，人口集聚对经济发展的影响历来受到学者的重视，人口集聚从两方面对城市绿色发展效率产生影响，一方面，人口集聚不仅意味着城市劳动力资源丰富，而且反映了城市具有更多的人才优势；另一方面，人口活动和集聚会加剧空气污染程度，进而降低绿色发展效率。

第三节 社会公众型环境规制对绿色发展效率的实证结果分析

一、平行趋势检验

本章采用双重差分法对社会公众型环境规制的政策效果进行评估，需要满足实验组与对照组的共同趋势假定，换言之，在没有社会公众型环境规制干预的情况下，城市绿色发展效率在实验组和对照组之间没有显著性差异。本章借鉴贝克和利文（Beck & Levine，2007）的处理方法对共同趋势进行检验，并构建了上文的动态检验模型。

本章采用图示法报告了平行趋势检验的结果，图6-1和图6-2是在95%的置信区间下社会公众型环境规制回归系数，图6-1是以规模报酬可变下的城市绿色发展效率为被解释变量的平行趋势检验图。图6-2是以规模报酬不变假设条件下的城市绿色发展效率为被解释变量的平行趋势检验图，二者结果基本趋于一致，社会公众型环境规制的系数在2004~2008年并没有通过显著性水平检验，不拒绝回归系数为0的原假设，这说明实施社会公众型环境规制的城市与没有实施社会公众型环境规制的城市在政策实施之前没有显著性差异,满足平行趋势假设的条件。当社会公众型环境规制实施之后,社会公众型环境规制的回归系数在第4年(2013年)逐渐变大,这说明社会公众型环境规制对城市绿色发展效率的影响具有滞后效应。究其原因可能是,党的十八大以来,党和政府日益重视资源环境对经济的影响,注重经济发展提质增效,在这一背景下城市绿色发展效率的提高还得益于这一时期科学技术的发展,特别是环境治污技术的进步。图6-1、图6-2中反映的另一信息是2013~2017年社会公众型环境规制的回归系数逐年递增,这说明随着环保政策的实施社会公众型环境规制对城市绿色发展效率的促进作用逐渐增强,社会公众型环境规制带来的技术研发水平、环境保护等因素逐步累积,形成促进城市绿色发展效率的合力。

二、动态性检验

为了观察社会公众型环境规制对绿色发展效率的动态性影响,本章构建动态检验模型,估计结果如表6-4所示。根据表6-4可以发现,在成为环境信息披露城市之前,实验组和对照组城市绿色发展效率并没有系统性差异,满足平行趋势假定条件,这一点通过图6-1和图6-2得到了反映。

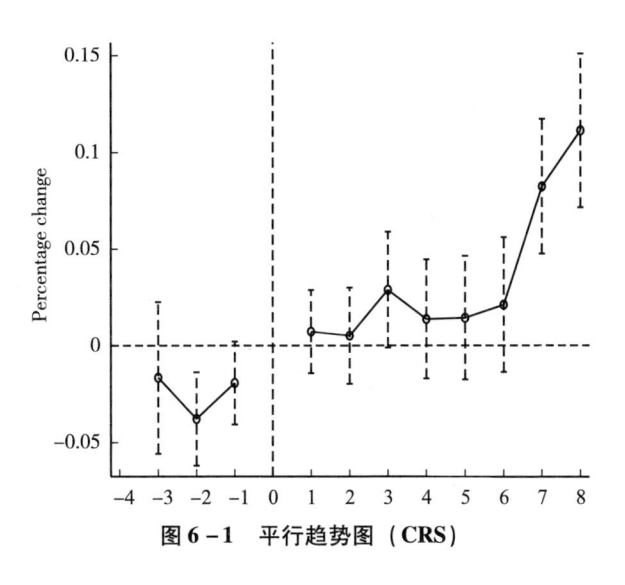

图6-1 平行趋势图(CRS)

图 6-2　平行趋势图（VRS）

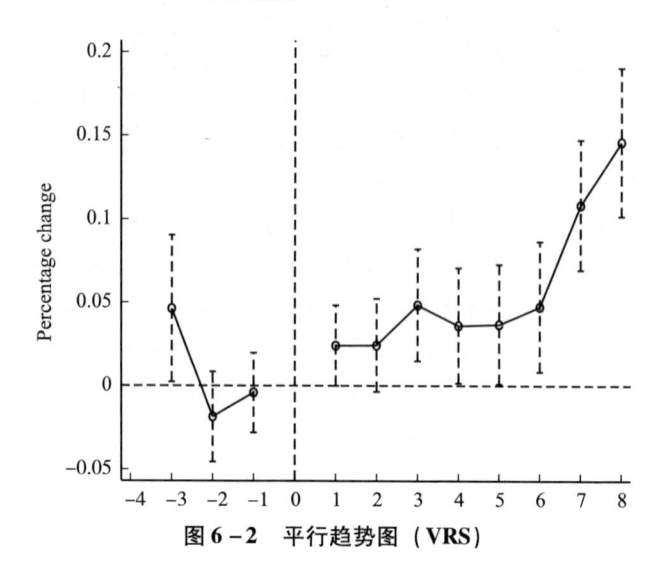

表 6-4　社会公众型环境规制对城市绿色发展效率的动态性检验

变量	规模报酬不变下的绿色发展效率		规模报酬可变的绿色发展效率	
	(1)	(2)	(3)	(4)
政策实施前三年	-0.0082 (0.0165)	-0.0103 (0.0165)	-0.0099 (0.0185)	-0.0081 (0.0185)
政策实施前二年	0.0043 (0.0165)	0.0064 (0.0177)	-0.0060 (0.0185)	0.0005 (0.0198)
政策实施前一年	0.0216 (0.0165)	0.0215 (0.0177)	0.0110 (0.0185)	0.0198 (0.0198)
政策实施当年	0.0223 (0.0165)	0.0187 (0.0177)	0.0108 (0.0185)	0.0204 (0.0199)
政策实施后一年	0.0354** (0.0165)	0.0295* (0.0178)	0.0277 (0.0185)	0.0394** (0.0199)
政策实施后二年	0.0388** (0.0165)	0.0290 (0.0180)	0.0297 (0.0185)	0.0421** (0.0201)
政策实施后三年	0.0568*** (0.0165)	0.0421** (0.0183)	0.0462** (0.0185)	0.0581*** (0.0205)

续表

变量	规模报酬不变下的绿色发展效率		规模报酬可变的绿色发展效率	
	(1)	(2)	(3)	(4)
政策实施后四年	0.0429*** (0.0165)	0.0309* (0.0182)	0.0394** (0.0185)	0.0566*** (0.0204)
政策实施后五年	0.0521*** (0.0165)	0.0387** (0.0183)	0.0509*** (0.0185)	0.0669*** (0.0205)
政策实施后六年	0.0624*** (0.0165)	0.0454** (0.0184)	0.0588*** (0.0185)	0.0739*** (0.0207)
政策实施后七年	0.1332*** (0.0165)	0.1158*** (0.0185)	0.1282*** (0.0185)	0.1444*** (0.0208)
政策实施后八年	0.1636*** (0.0165)	0.1487*** (0.0185)	0.1653*** (0.0185)	0.1880*** (0.0208)
控制变量	未控制	未控制	控制	控制
地区固定	控制	控制	控制	控制
_cons	0.3957***	0.2274**	0.4643***	0.6185***
Obs	3614	3614	3614	3614

注：***、**、*分别表示1%、5%、10%的显著性水平检验，括号内为回归系数的标准差。

通过表6-4的动态检验结果，我们发现无论是采用规模报酬不变的绿色发展效率还是采用规模报酬可变的绿色发展效率作为被解释变量，环境信息披露政策实施之前，社会公众型环境规制对绿色发展效率的影响没有通过显著性检验，这说明在没有实施环境信息披露时，虚拟变量的系数没有通过显著性水平检验。当政策实施之后，社会公众型环境规制对绿色发展效率的影响为正值且通过了显著性水平检验，这意味着社会公众型环境规制的实施对绿色发展效率具有促进作用。从回归系数的大小看，政策变量系数随着时间的推移逐渐变大，这说明社会公众型环境规制对城市绿色发展效率的推动作用逐步增强，意味着社会公众型环境规制实施的时间越长，对绿色发展效率的长期影响越积极。特别是政策实施7年之后，政策变量的系数增长到0.1158~0.1880范围内。综上所述，社会公众型环境规制对绿色发展效率的影响存在累积效应，换言之，社会公众型环境规制对绿色发展效率的影响随着时间推移呈逐渐上升趋势，这说明随着时间的推移，社会组织和社会公众广泛参与的效果逐渐显现。因此,"十四五"规划指出要加大环保信息公开力度,完善公众监督和举报反馈机制,引导社会组织和公众共同参与环境治理。

三、社会公众型环境规制对城市绿色发展效率的影响

社会公众型环境规制是环境规制的重要举措,地方政府通过向社会主动公开环境污染治理经费的使用情况、环境处罚的标准、规则等信息,将环境质量状况置于社会的监督之下,从而达到通过社会舆论的方式降低环境污染、倒逼企业生产技术革新,提高绿色发展效率的目的。本章基于环境信息披露政策构建了一项准自然实验,采用双重差分法对社会公众型环境规制影响绿色发展效率的政策效果进行评估。

表 6-5 报告了社会公众型环境规制对绿色发展效率影响的回归结果,模型(1)、模型(2)是以规模报酬不变条件下测算的绿色发展效率为被解释变量的回归结果,模型(1)和模型(2)为控制住时间固定和个体固定效应之后的结果。模型(3)、模型(4)是以规模报酬可变假设条件下测算的绿色发展效率为被解释变量,控制住时间固定和个体固定效应之后的结果。所有估计结果表明无论是控制住控制变量,还是控制住时间固定效应、城市固定效应,社会公众型环境规制对绿色发展效率的影响均为正值,且通过了显著性水平检验,这说明社会公众型环境规制能够显著促进绿色发展效率。通过回归系数的比较,我们发现以规模报酬不变测算的绿色发展效率为被解释变量的回归结果显示,社会公众型环境规制的影响系数保持在 4.8% ~5.2% 的范围内,而以规模报酬可变测算的绿色发展效率为被解释变量的回归结果显示,社会公众型环境规制的影响系数保持在 7.37% ~8.36% 的范围内,这说明社会公众型环境规制对规模报酬可变假设下的绿色发展效率的影响要大于对规模报酬不变假设下的绿色发展效率。

表 6-5　　　　　　　　　基准回归结果

变量	基于规模报酬不变的 CRS		基于规模报酬可变的 VRS	
	模型(1)	模型(2)	模型(3)	模型(4)
period	0.0600 *** (0.0113)	0.1003 *** (0.0350)	0.0087 (0.0126)	0.0575 (0.0392)

续表

变量	基于规模报酬不变的 CRS		基于规模报酬可变的 VRS	
	模型（1）	模型（2）	模型（3）	模型（4）
treat	-0.1571*** (0.0492)	-0.0815 (0.0867)	-0.2134*** (0.0551)	-0.1307 (0.0969)
period × treat	0.0522*** (0.0100)	0.0480*** (0.0101)	0.0836*** (0.0112)	0.0737*** (0.0113)
控制变量	未控制	控制	未控制	控制
时间固定效应	控制	控制	控制	控制
城市固定效应	控制	控制	控制	控制
_cons	0.5677***	0.8568***	0.7067***	1.2000***
N	3614	3614	3614	3614

注：***表示1%的显著性水平检验，括号内为回归系数的标准差。

四、稳健性估计结果

为了降低环境信息披露城市与非环境信息披露城市存在的系统性差异问题对双重差分估计偏误的影响，本章将采用 PSM－DID 研究环境信息披露政策对绿色发展效率的影响。匹配法是一种用于处理研究数据中的数据偏差和混杂变量问题的统计学方法，匹配估计量的基本思路是在控制组中找到 j，使得个体 j 与个体 i 协变量的取值尽可能相似。本章的协变量共有 6 个，包括经济发展水平、金融发展、产业结构、教育水平、人口规模、科技支出等。倾向得分匹配法的基本含义是使用倾向得分作为距离函数进行匹配，匹配方式有三种具体的方式：近邻匹配（neigbhor matching）、半径匹配（radius matching）、核匹配（kernel maching）。为了使评估结果更加稳健，本书分别采用以上三种匹配方式进行匹配，最终得出稳健的估计结果。匹配步骤如下：首先，通过组间虚拟变量对经济发展水平、金融发展水平、产业结构、教育水平、人口规模、科技支出等协变量进行 Logit 回归得到倾向得分值，分值最相似的城市即为环境信息披露城市的匹配控制组，通过倾向得分匹配的方法可以降低城市绿色发展效率的组间差异。其次，对匹配的控制组进行平衡性检验，换言之，考察实验组和控制组的协变量在匹配前后是否存在显著的差异，如果没有通过显著性检验说明匹配前后协变量没有显著差异，这意味着满足平衡性检验。最后，采用 DID 的方法对模型进行估计。

表 6-6 报告了 PSM-DID 的估计结果，无论是采用核匹配、半径匹配还是近邻匹配，社会公众型环境规制对绿色发展效率的影响均为正且均通过了显著性检验，这意味着社会公众型环境规制的实施能够显著促进城市绿色发展效率的提高。表 6-6（1）、（3）和（5）分别是以规模报酬不变假设条件下的城市绿色发展效率为被解释变量的回归结果，表 6-6（2）、（4）和（6）是以规模报酬可变假设条件下的城市绿色发展效率为被解释变量的回归结果。通过回归结果的对比我们发现以规模报酬可变假设条件下的城市绿色发展效率为被解释变量的回归系数要大于以规模报酬不变假设条件下的城市绿色发展效率为被解释变量的回归系数，这与基准回归结果一致。

表 6-6　　　　稳健性检验：PSM-DID 的估计结果分析

变量	核匹配 CRS (1)	核匹配 VRS (2)	半径匹配 CRS (3)	半径匹配 VRS (4)	近邻匹配 CRS (5)	近邻匹配 VRS (6)
period × treat	0.0457** (0.0178)	0.0698*** (0.0193)	0.0323* (0.0172)	0.0405** (0.0187)	0.0480*** (0.0178)	0.0737*** (0.0194)
控制变量	控制	控制	控制	控制	控制	控制
时间固定效应	控制	控制	控制	控制	控制	控制
城市固定效应	未控制	未控制	未控制	未控制	未控制	未控制
_cons	0.8016** (0.3529)	1.2134*** (0.3513)	0.9454** (0.4062)	1.1972*** (0.3894)	0.6520** (0.3308)	0.9269*** (0.3434)
N	3611	3611	3178	3178	3614	3614
F	6.9477	6.9759	6.1749	6.1184	7.0399	7.0487
R^2	0.6028	0.6387	0.6298	0.6709	0.6021	0.6361

注：***、**、*分别表示 1%、5%、10% 的显著性水平检验，括号内为回归系数的标准差。

五、排除其他政策干扰

本章前面采用 DID 和 PSM-DID 识别了社会公众型环境规制对城市

第六章 社会公众型环境规制对绿色发展效率的影响

绿色发展效率的影响,由于2008年环境信息披露政策实施之后,同时实施了排污权交易政策和碳排放交易权政策,因此,环境信息披露政策的实施不可避免地会受到排污权交易政策和碳排放权交易政策的影响。为了保障环境信息披露对绿色发展效率影响系数的可靠性,本章将考虑排除其他环境政策对回归系数的干扰。一方面,以市场手段解决环境污染问题的排污权交易政策实施,2007年财政部、环保部和发改委联合批复了湖北、浙江、湖南、天津、河南、江苏、重庆、山西、陕西、河北、内蒙古等11个省份作为排污权交易试点。考虑到排污权交易政策对绿色发展效率的影响(任胜钢等,2019),本章将11个省份的下辖地级市予以剔除;另一方面,碳排放权交易试点的实施,2011年国家发改委办公厅发布了《关于开展碳排放权交易试点工作的通知》批准上海、北京、广东、深圳、天津、湖北、重庆等七省市开展碳排放交易权试点,并于2013年正式启动碳交易试点,考虑到碳排放权交易对绿色发展效率的影响,本章将其试点地区下辖的城市予以剔除。表6-7报告了排除其他环境政策干扰之后的回归结果。

表6-7中(1)、(2)为剔除了排污权交易政策干扰之后的回归结果,社会公众型环境规制对规模报酬不变下绿色发展效率的影响系数为0.0618,通过1%的显著性水平检验,对规模报酬可变下绿色发展效率的影响系数为0.0910,通过了1%的显著性水平检验。表6-7中(3)、(4)为剔除了碳交易政策干扰之后的回归结果,社会公众型环境规制对规模报酬不变的绿色发展效率的影响系数为0.0283,通过1%的显著性水平检验,对规模报酬可变的绿色发展效率的影响系数为0.0471,通过了1%的显著性水平检验。

表6-7　　　　　　　　　剔除其他政策的干扰

变量	剔除排污权交易政策干扰		剔除碳排放权交易政策干扰	
	CRS (1)	VRS (2)	CRS (3)	VRS (4)
period	0.1119** (0.0467)	0.1040* (0.0532)	0.0400 (0.0377)	-0.0118 (0.0426)
treat	-0.2355** (0.1138)	-0.1493 (0.1297)	0.2703*** (0.0570)	0.2717*** (0.0645)

续表

变量	剔除排污权交易政策干扰		剔除碳排放权交易政策干扰	
	CRS(1)	VRS(2)	CRS(3)	VRS(4)
period × treat	0.0618*** (0.0145)	0.0910*** (0.0165)	0.0283*** (0.0105)	0.0471*** (0.0119)
控制变量	控制	控制	控制	控制
时间固定效应	控制	控制	控制	控制
个体固定效应	控制	控制	控制	控制
_cons	0.9274***	1.4906***	0.6813***	1.0130***
N	2236	2236	3133	3133

注：***、**、*分别表示1%、5%、10%的显著性水平检验，括号内为回归系数的标准差。

第四节 社会公众型环境规制对绿色发展效率的影响：工具变量分析

一、模型设定

前文采用双重差分法研究了社会公众型环境规制对绿色发展效率的影响，虽然被披露城市的选择无论是从地理空间分布上还是城市资源禀赋上都似乎是外生随机的。但是，本章在解决内生性问题时，仍然担心环境信息披露城市的选择受到该地区的污染水平、产业结构等因素的影响，或者受到不可观测因素的影响。因此，本章为了更进一步地解决可能存在的内生性问题，继续采用工具变量（IV）方法研究社会公众型环境规制对绿色发展效率的影响。本章采用任胜钢等（2019）的做法，同时为了满足严格外生条件，本章选择研究样本时间跨度之外的2000年的城市空气流通系数作为社会公众型环境规制的工具变量。本章根据欧洲天气预报中心（ERA-Interim）披露的北半球气象数据，匹配了中

国 278 个城市的空气流通系数,空气流通系数的构建方法如下所示:

$$Vent_{it} = speed_{it} \times bound_{it} \quad (6-3)$$

其中,Vent 表示的是空气流通系数,speed 为风速,bound 表示的是大气边层的高度,空气流通系数是在 ArcGIS 平台的支持下,将 2000 年栅格数据计算为中国 278 个城市的空气流通系数。其中,风速和大气边界层高度的数据均来自于欧洲天气预报中心。

二、实证结果分析

表 6-8 报告了分别采用两阶段最小二乘法(2SLS)和广义矩估计法(GMM)进行工具变量回归的估计结果。首先,无论是采用 2SLS 估计还是 GMM 估计,F 统计量分别为 308.82 和 516.76,基本排除"弱工具变量"的可能。其次,本章所选择的工具变量(空气流通系数)与内生变量(社会公众型环境规制)之间存在着高度的相关性,工具变量(空气流通系数)对内生变量的回归系数均为 -0.1201,且通过了 1% 的显著性水平检验,这说明空气流通系数降低了一个城市被纳入环境信息披露政策的可能,如果一个城市空气流通系数较大,说明城市大气污染的扩散能力较强,可被监测到的污染物浓度就越低,那么,该城市被列入环境信息披露城市的可能性就低。最后,以绿色发展效率为被解释变量的第二阶段的回归中,社会公众型环境规制对城市绿色发展效率的回归系数显著为正值,且均通过了显著性水平检验,这一回归结果与前文双重差分估计的结果一致,该结果表明社会公众型环境规制能够显著提升绿色发展效率。

表 6-8　　　　　　　　　　工具变量估计

变量	2SLS	GMM
第一阶段回归	社会公众型环境规制	
空气流通系数	-0.1201*** (0.0133)	-0.1201*** (0.0129)
控制变量	控制	控制
常数项	-1.529101	-1.529101
F 统计量	308.82	516.76

续表

变量	2SLS		GMM	
第二阶段回归	绿色发展效率			
	CRS	VRS	CRS	VRS
period × treat	0.2613*** (0.0729)	0.1479** (0.0596)	0.2613*** (0.0803)	0.1479** (0.0649)
控制变量	控制	控制	控制	控制
_cons	0.9189***	0.3887**	0.9189***	0.3887**

注：***、**分别表示1%、5%的显著性水平检验，括号内为回归系数的标准差。

第五节 社会公众型环境规制对城市绿色发展效率影响的异质性分析

一、区域异质性分析

现有研究证明环境规制与地区经济发展的影响具有区域异质性，环境规制实施强度受到区域经济发展、技术创新等因素的影响。社会公众型环境规制作为一种新型的环境规制手段，也会受到上述因素的影响。一般而言，在经济发达、技术水平成熟的地区社会公众型环境规制能够促进城市绿色发展效率的提高，而经济发展水平较差的地区，社会公众型环境规制对城市绿色发展效率的影响较弱。中国各地区经济发展、产业结构、能源结构等因素存在空间非均衡特征，那么，各地区社会公众型环境规制对绿色发展效率的影响是否存在明显的差异呢？

本章将对社会公众型环境规制影响城市绿色发展效率的区域异质性进行分析。本章将278个城市按照区位不同划分到东部、中部和西部地区，考察三大经济区社会公众型环境规制对城市绿色发展效率的影响。根据表6-9报告的区域异质性回归结果可知，东部经济发达地区的社会公众型环境规制对城市绿色发展效率的回归系数为0.0779，通过了1%的显著性水平检验，这意味着社会公众型环境规制能够显著促进东部地区绿色发展效率的提升。西部欠发达地区社会公众型环境规制对绿色发展效率的回归系数为 0.0694，通过了 1% 的显著性水平检验。从系数的大小来看，东部地区的回归系数大于西部地区的回归系数，对此解释为：一方面，在西部地区经济发展中，第二产业仍然是经济发展的驱动力，服务业和知识密集型产业的占比相对较低，技术水平较为落后，对于企业而言，社会公众型环境规制难以形成公共压力，促进企业研发创新。另一方面，西部地区经济发展过程中面临着经济赶超任务，地方政府更希望在短时间内促进经济增长，环境保护相应的被忽视，因此，社会公众型环境规制对城市绿色发展效率的影响相对较弱。中部地区社会公众型环境规制对城市绿色发展效率的影响没有通过显著性水平检验。

表 6-9　　　　　　　　　　区域异质性分析

变量	绿色发展效率（规模报酬不变）			绿色发展效率（规模报酬可变）		
	东部	中部	西部	东部	中部	西部
period	0.1250*** (0.0406)	0.0254 (0.0427)	0.0294 (0.0435)	0.0716 (0.0461)	-0.0551 (0.0492)	-0.0501 (0.0498)
treat	-0.0792 (0.0968)	0.5098*** (0.0598)	0.1162* (0.0627)	-0.1370 (0.1099)	0.5454*** (0.0689)	0.1355* (0.0717)
period × treat	0.0779*** (0.0137)	-0.0207 (0.0163)	0.0694*** (0.0165)	0.1118*** (0.0155)	-0.0027 (0.0188)	0.0879*** (0.0189)
控制变量	控制	控制	控制	控制	控制	控制
时间固定	控制	控制	控制	控制	控制	控制
个体固定	控制	控制	控制	控制	控制	控制
常数项	0.9486	0.1657	0.2143	1.2807	0.3046	0.3618
样本量	2821	2548	2535	2821	2548	2535

注：***、*分别表示 1%、10% 的显著性水平检验，括号内为回归系数的标准差。

二、环境规制强度异质性

前文的研究结果表明，社会公众型环境规制显著提升了绿色发展效率，那么，社会公众型环境规制对绿色发展效率的影响是否会因传统环境规制强度的不同而存在差异呢？这个问题的回答能够深入地了解社会公众型环境规制对绿色发展效率的影响在不同规制强度下存在的异质性问题。本章采用未受到政策影响的2005年全市环境污染治理投资总额与全市生产总值之比作为环境规制强度的代理指标，如果城市环境规制水平高于均值则认为高环境规制强度，如果城市环境规制水平低于均值则认为低环境规制强度。本章进一步分析社会公众型环境规制对城市绿色发展效率的异质性。表6-10中（1）至（4）所示，绿色发展效率无论是采用规模报酬不变还是规模报酬可变，在传统环境规制强度的城市，社会公众型环境规制对绿色发展效率的影响较弱，而环境规制强度较低的城市，社会公众型环境规制对绿色发展效率的影响较强。这意味着在环境规制较高的城市，强制性环境规制对绿色发展效率的影响要高于社会公众型，而在环境规制较低的城市，社会公众型环境规制的软约束对绿色发展效率的影响反而增强。

表6-10　　　　　　　　环境规制强度异质性分析

变量	规模报酬不变		规模报酬可变	
	低环境规制强度（1）	高环境规制强度（2）	低环境规制强度（3）	高环境规制强度（4）
period	0.0623 (0.0505)	0.1101** (0.0525)	-0.0125 (0.0585)	0.1107** (0.0550)
treat	-0.0666 (0.0887)	0.2100* (0.1236)	-0.1253 (0.1027)	0.2982** (0.1296)
period × treat	0.0660*** (0.0137)	0.0329** (0.0166)	0.0851*** (0.0158)	0.0404** (0.0174)
控制变量	控制	控制	控制	控制
时间固定效应	控制	控制	控制	控制
个体固定效应	控制	控制	控制	控制
_cons	0.5770**	0.9004***	1.1403***	0.8748***
N	2223	1391	2223	1391

注：***、**、*分别表示1%、5%、10%的显著性水平检验，括号内为回归系数的标准差。

三、城市产业创新水平异质性

根据前文的理论机制分析可知，社会公众型环境规制通过提高城市创新能力促进了绿色发展效率的提升，那么，技术创新水平的高低是否也会对社会公众型环境规制的实施效果具有影响呢？因此，本章将考察社会公众型环境规制影响绿色发展效率的创新水平异质性。本章采用复旦大学产业发展研究中心等发布的 2015 年"中国城市和产业创新力指数"作为创新能力的衡量指标，将样本按照中位数分为两组，分别对低创新水平城市和高创新水平城市分别进行 DID 回归。表 6-11 报告了社会公众型环境规制对不同技术创新水平城市绿色发展效率的影响。具体而言，社会公众型环境规制对低技术创新水平城市的绿色发展效率的影响最大，对高技术创新水平的城市影响较小。这表明，在创新水平较低的城市，社会公众型环境规制对绿色发展效率的影响较大，在创新水平较高的城市，城市具有自身内在的创新能力，对外界政策刺激不敏感，因此，社会公众型环境规制对绿色发展效率的影响较小。

表 6-11　城市产业创新水平异质性分析

变量	规模报酬不变		规模报酬可变	
	低创新水平	高创新水平	低创新水平	高创新水平
period	0.0034 (0.0571)	0.1804*** (0.0447)	-0.1018 (0.0653)	0.2250*** (0.0468)
treat	-0.2637*** (0.0716)	-0.4120*** (0.0869)	0.2199*** (0.0816)	-0.3138*** (0.0909)
period × treat	0.0443* (0.0233)	0.0432*** (0.0127)	0.0677** (0.0267)	0.0491*** (0.0133)
控制变量	控制	控制	控制	控制
时间固定效应	控制	控制	控制	控制
个体固定效应	控制	控制	控制	控制
_cons	0.4027	1.8619	0.7822	2.0903
N	1807	1807	1807	1807

注：***、**、* 分别表示 1%、5%、10% 的显著性水平检验，括号内为回归系数的标准差。

四、城市经济发展水平异质性

城市经济发展水平是环境规制水平的重要影响因素，当地区经济发展水平较差时倾向于制定较低的环境规制水平，吸引企业进入辖区内，促进本地区经济的发展，当地区经济发展水平较高时，人们产生了对高环境质量的需求，不仅强化环境保护的压力，而且愿意接受严格的环境规制。本章将人均 GDP 作为经济发展水平的代理指标，高于中位数的为高经济发展水平，低于中位数的为低经济发展水平。表 6-12 中（1）、（2）为经济发展水平异质性的回归结果，当处于低经济发展水平时，社会公众型环境规制对绿色发展效率的影响系数为正，且通过了 10% 的显著性水平检验，当处于高经济发展水平时，社会公众型环境规制对绿色发展效率的影响系数为 0.0507，且通过了 1% 的显著性水平检验，这说明，当城市经济发展水平较高时，社会公众型环境规制能够显著地促进绿色发展效率的提高。从系数大小来看，当城市经济发展处于较高水平时的系数高于处于较低水平的系数，从系数显著性上来看，经济发展处于较高水平时的系数显著性要高于处于较低水平时的系数的显著水平。

表 6-12　　　　　　　经济发展水平异质性分析

变量	绿色发展效率	
	低经济发展水平（1）	高经济发展水平（2）
period	-0.1600 ** (0.0622)	0.3085 *** (0.0476)
treat	-0.4962 *** (0.0821)	2.5864 *** (0.3126)
period × treat	0.0484 * (0.0283)	0.0507 *** (0.0133)
控制变量	控制	控制
时间固定效应	控制	控制
个体固定效应	控制	控制
_cons	0.2743	0.0000
N	1807	1807

注：***、**、* 分别表示 1%、5%、10% 的显著性水平检验，括号内为回归系数的标准差。

五、分位数回归

本章采用分位数回归方法估计社会公众型环境规制对各分位点城市绿色发展效率的影响效应，估计结果如表6-13所示，表6-13中（1）至（6）分别表示社会公众型环境规制对绿色发展效率在5%、25%、50%、75%、90%、95%分位点的参数估计结果。根据估计结果可以发现，在控制了时间固定效应、个体固定效应、控制变量之后，社会公众型环境规制对各分位点绿色发展效率的影响系数均为正值，且通过了显著性水平检验，说明社会公众型环境规制能够显著提高了绿色发展效率，社会公众型环境规制通过提升技术创新水平，促进绿色发展效率的提高。通过对各分位点社会公众型环境规制回归系数的大小进行分析，我们发现回归系数呈先上升后下降趋势，这一结果表明当绿色发展效率处于较低阶段时，社会公众型环境规制能够通过抑制环境污染，促进绿色发展，推动绿色发展效率的提升，当城市绿色发展效率处于较高阶段时候，社会公众型环境规制对绿色发展效率的影响逐渐下降，绿色发展效率的提升主要依赖于企业内在创新能力、企业管理水平、人才储备等因素。

表6-13　　　　　　　　　分位数回归

变量	5% (1)	25% (2)	50% (3)	75% (4)	90% (5)	95% (6)
period	0.1117*** (0.0000)	0.1048*** (0.0151)	0.1176*** (0.0366)	0.1478*** (0.0324)	0.1381*** (0.0030)	0.1324*** (0.0000)
treat	0.3062*** (0.0000)	0.1442** (0.0374)	0.1819** (0.0907)	0.0952 (0.0802)	-0.2344*** (0.0073)	-0.0848*** (0.0000)
period×treat	0.0158*** (0.0000)	0.0217*** (0.0044)	0.0235** (0.0106)	0.0246*** (0.0093)	0.0149*** (0.0009)	0.0152*** (0.0000)
控制变量	控制	控制	控制	控制	控制	控制
时间固定	控制	控制	控制	控制	控制	控制
个体固定	控制	控制	控制	控制	控制	控制
常数项	0.5218	0.6130	0.8138	1.1047	1.4882	1.4975
obs	3614	3614	3614	3614	3614	3614

注：***、**分别表示1%、5%的显著性水平检验，括号内为回归系数的标准差。

第六节　社会公众型环境规制对绿色发展效率的影响机制检验

本章通过 DID 和 PSM–DID 对社会公众型环境规制影响绿色发展效率的因果关系进行识别，研究结果表明社会公众型环境规制提高了城市绿色发展效率，那么，社会公众型环境规制通过何种机制对城市绿色发展效率产生影响？本章对社会公众型环境规制的"创新驱动效应"和"环境污染治理效应"进行检验。

一、中介效应模型设定

本章将技术创新和环境污染作为中介变量（mediator），如果社会公众型环境规制通过提高创新能力、环境污染治理能力对绿色发展效率产生影响，那么我们称技术创新和环境污染治理在社会公众型环境规制与绿色发展效率之间起到中介作用。研究中介效应的目的是在已知社会公众型环境规制和城市绿色发展效率关系的基础上，探索二者关系的内部作用机制。本章采用复旦大学产业发展研究中心公布的城市创新指数作为城市创新水平的衡量指标，由于报告披露了 2005~2016 年的城市数据，本章为了采用五年几何增长率，在 2016 年城市创新指数的基础上测算 2017 年城市创新指数。

本章根据谭静和张建华（2018）对中介效应的介绍，第一，将绿色发展效率作为被解释变量，将社会公众型环境规制作为核心解释变量，考察社会公众型环境规制对绿色发展效率的影响，如果回归系数为正值，则表示社会公众型环境规制能够促进绿色发展效率。第二，将绿色发展效率作为被解释变量，将中介变量作为核心解释变量，研究中介变量对绿色发展效率的影响。如果显著为正说明中介变量能够促进绿色发展效率。第三，将社会公众型环境规制与中介变量同时纳入模型，研究社会公众型环境规制与中介变量对绿色发展效率的影响，构建中介效应模型：

$$\text{Effect}_{it} = \beta_0 + \beta_1 \text{period} + \beta_2 \text{treat} + \beta_3 \text{period} \times \text{treat} + \sum_{N=1}^{N} \gamma_N X_{it} + \varepsilon_{it}$$

$$(6-4)$$

第六章　社会公众型环境规制对绿色发展效率的影响

$$\text{Effect}_{it} = \delta_0 + \delta_1 \text{mid} + \sum_{N=1}^{N} \delta_N X_{it} + \mu_{it} \quad (6-5)$$

$$\text{Effect}_{it} = \gamma_0 + \gamma_1 \text{period} + \gamma_2 \text{treat} + \gamma_3 \text{period} \times \text{treat} + \gamma_4 \text{mid} + \sum_{N=1}^{N} \theta_N X_{it} + \tau_{it}$$

$$(6-6)$$

其中，Effect 表示规模报酬可变假设下测算的城市绿色发展效率；period 表示环境信息披露的时间虚拟变量，环境信息披露之前为 0，环境信息披露之后为 1；treat 表示环境信息披露的组间虚拟变量，属于环境信息披露城市的为 1，非环境信息披露城市的为 0；period × treat 表示环境信息披露的政策变量，X 为一组控制变量。

二、创新驱动效应

表 6-14 报告了中介效应的估计结果，模型（1）的结果显示社会公众型环境规制对城市绿色发展效率的回归系数为 0.0579，通过了 1% 的显著性检验，这与前文的结果一致，这意味着社会公众型环境规制能够显著提高绿色发展效率。模型（2）的回归结果显示城市创新能力对城市绿色发展效率的回归系数为正，且通过了 1% 的显著性检验，这说明提升创新水平能够提高城市绿色发展效率。模型（3）的结果表明，社会公众型环境规制对创新水平的回归系数显著为正，表明社会公众型环境规制能够显著提高城市创新能力。模型（3）将社会公众型环境规制与城市创新能力同时纳入到回归模型中，我们发现模型（3）中社会公众型环境规制的回归结果为 0.0424，通过了 1% 的显著性水平检验，城市创新能力对城市绿色发展效率的回归系数显著为正。这说明社会公众型环境规制通过提高城市创新能力促进城市绿色发展效率的提高，假说 2.8 得到了验证。

表 6-14　　　　　　　　创新的中介效应检验

变量	模型（1）绿色发展效率	模型（2）绿色发展效率	模型（3）绿色发展效率
period	-0.0223** (0.0096)	—	-0.0096 (0.0095)

续表

变量	模型（1） 绿色发展效率	模型（2） 绿色发展效率	模型（3） 绿色发展效率
treat	-0.0684*** (0.0215)	—	-0.0567*** (0.0211)
period × treat	0.0579*** (0.0102)	—	0.0424*** (0.0102)
innov	—	0.000714*** (0.0001)	0.000683*** (0.0001)
控制变量	控制	控制	控制
_cons	-0.0108	0.1216*	0.1248*
obs	3614	3614	3614
R^2	0.0339	0.0608	0.0657

注：***、**、*分别表示1%、5%、10%的显著性水平检验，括号内为回归系数的标准差。

三、环境污染治理效应

本部分采用哥伦比亚大学公布的2005~2016年雾霾污染数据，作为环境污染的衡量指标，本书构建中介效应模型来考察社会公众型环境规制的环境污染治理效应。换言之社会公众型环境规制通过环境污染的治理提升绿色发展效率。表6-15报告了社会公众型环境规制通过降低环境污染提高绿色发展效率的回归结果，模型（1）的结果显示社会公众型环境规制对城市绿色发展效率的回归系数为0.0756，通过了1%的显著性水平检验，这与前文的结果一致，这意味着社会公众型环境规制能够显著提高绿色发展效率。模型（2）的回归结果显示城市雾霾污染水平对城市绿色发展效率的回归系数为负，且通过了1%的显著性水平，这说明环境污染降低了绿色发展效率。模型（3）将社会公众型环境规制与环境污染水平同时纳入到回归模型中，我们发现模型（3）中社会公众型环境规制的回归结果为0.0744，通过了1%的显著性水平检验，雾霾污染水平对城市绿色发展效率的系数仍然显著为负值。这说明社会公众型环境规制通过降低雾霾污染水平提高城市绿色发展效率的提高，假说2.9得到了验证。

表6-15　　　　　　　　环境污染中介效应检验

变量	模型（1）绿色发展效率	模型（2）绿色发展效率	模型（3）绿色发展效率
period	-0.0367*** (0.0107)	—	-0.0393*** (0.0106)
treat	-0.0897*** (0.0257)	—	-0.0803*** (0.0237)
period×treat	0.0756*** (0.0112)	—	0.0744*** (0.0111)
$PM_{2.5}$	—	-0.1609*** (0.0150)	-0.1594*** (0.0150)
finan	0.000012 (0.0011)	-0.0000359 (0.0011)	0.0001539 (0.0011)
indus	-0.0021 (0.0024)	-0.0027 (0.0024)	-0.0024 (0.0024)
lnedu	0.0326*** (0.0110)	0.0243** (0.0103)	0.0244** (0.0106)
lnpeop	-0.0300** (0.0130)	-0.0098 (0.0115)	-0.0085 (0.0126)
lnsci	-0.0036 (0.0048)	0.0019 (0.0045)	0.0006 (0.0047)
lngdp	-0.0218* (0.0116)	-0.0423*** (0.0110)	-0.0315*** (0.0112)
_cons	0.3988***	1.0907***	1.0182***
观测值	3324	3324	3324

注：***、**、*分别表示1%、5%、10%的显著性水平检验，括号内为回归系数的标准差。

第七节　本章小结

本章将2008年开始实施的《环境信息公开办法（试行）》作为一

项准自然实验,利用 2005～2017 年城市面板数据,采用双重差分法对社会公众型环境规制影响绿色发展效率的政策效应进行评估,并采用 PSM-DID 等方法进行稳健性检验,研究发现:

第一,基准回归的研究结果显示,无论考虑控制变量,还是考虑时间固定效应、城市固定效应,社会公众型环境规制对绿色发展效率的影响均为正值,且通过了显著性水平检验,这说明社会公众型环境规制能够显著促进绿色发展效率。以规模报酬不变测算的绿色发展效率为被解释变量的回归结果显示,社会公众型环境规制的影响系数保持在 4.8%～5.2% 的范围内,而以规模报酬可变测算的城市绿色发展效率为被解释变量的回归结果显示,社会公众型环境规制的影响系数保持在 7.37%～8.36% 的范围内,这说明社会公众型环境规制对规模报酬可变假设下绿色发展效率的影响大于对规模报酬不变假设下的绿色发展效率。

第二,为了进行稳健性检验,本章采用 PSM-DID 研究社会公众型环境规制对绿色发展效率的影响,研究结果显示无论是采用核匹配、半径匹配还是近邻匹配,社会公众型环境规制对城市绿色发展效率的影响均为正且均通过了显著性检验,这意味着社会公众型环境规制的实施能够显著提升绿色发展效率。

第三,本章以空气流通系数为工具变量,对可能存在的内生性问题进行剔除,实证结果表明社会公众型环境规制与空气流通系数存在着高度的相关性,这说明空气流通系数降低了一个城市被纳入环境信息公开试点的可能,如果一个城市空气流通系数较大,说明城市大气污染的扩散能力较强,可被监测到的污染物浓度就越低,那么,该城市被列入环境信息公开试点的可能性就低。以绿色发展效率为被解释变量的第二阶段回归中,社会公众型环境规制对城市绿色发展效率的回归系数显著为正值,且均通过了显著性水平检验,这一回归结果与前文双重差分估计的结果一致。

第四,社会公众型环境规制对绿色发展效率影响的异质性分析表明,在东部地区,社会公众型环境规制对绿色发展效率的影响要大于中西部地区。环境规制强度高的城市,社会公众型环境规制对绿色发展效率的影响较弱,而环境规制强度较低的城市,社会公众型环境规制对绿色发展效率的影响较强。环境规制较高的地区环境信息披露对绿色发展效率的影响较低。社会公众型环境规制对低等创新水平城市绿色发展效率的影响最大,对高创新水平城市绿色发展效率的影响较小。说明创新水平较低的城市对外界政策的刺激较为敏感。当城市处于低经济发展水平时,社会公众型环境规制对绿色发展效率的影响系数为正,但是没有通过显著性水平检验,当城市处于高经济发展水平时,社会公众型环境规制对绿色发展效率系数显著为正,说明当经济发展水平较高时,社会公众型环境规制能够显著的促进绿色发展效率的提高。

第五,社会公众型环境规制通过"创新驱动效应"和"环境污染治理效应"提升绿色发展效率。具体而言:社会公众型环境规制对城市绿色发展效率的回归系数显著为正,社会公众型环境规制对创新水平的回归系数显著为正,表明社会公众型环境规制能够显著提高城市创新能力。将社会公众型环境规制与城市创新能力同时纳入到回归模型中,社会公众型环境规制和城市创新能力对城市绿色发展效率的回归系数显著为正。这说明社会公众型环境规制通过提高城市创新能力促进城市绿色发展效率的提高。

第七章 多主体参与视角下环境规制对绿色发展效率的贡献度

在前面章节中，本书从理论和实证两个层面考察了政府型、市场型和社会公众型环境规制对绿色发展效率的影响。需要特别注意的是，在环境规制实施过程中，无论是政府型、市场型还是社会公众型环境规制在促进绿色发展效率提升的过程中均不单独起作用，而是三者共同作用于绿色发展效率，本章将政府型、市场型和社会公众型环境规制同时纳入到同一框架，考察三种类型的环境规制对绿色发展效率的贡献。

第一节 多主体参与视角下环境规制对绿色发展效率的影响

通过前文的理论分析，我们发现环境规制的形成是政府、企业和社会公众等环境治理主体相互博弈的结果，因此，多主体参与视角下环境规制政策合力的形成为绿色发展效率的提升创造了条件。多主体参与视角下环境规制的形成源于环境规制政策工具和提升绿色发展效率目标之间的冲突。在由政府型环境规制、市场型环境规制以及社会公众型环境规制所构成的环境规制组合中，若多种环境规制政策同时作用于绿色发展效率，可以发挥政策合力对提升绿色发展效率的影响，能够充分地释放不同主体政策参与的积极性。多主体参与视角下环境规制的实施主要通过优势互补效应、治污合力效应、创新驱动效应、资源配置效应等渠道影响绿色发展效率（见图7-1）。

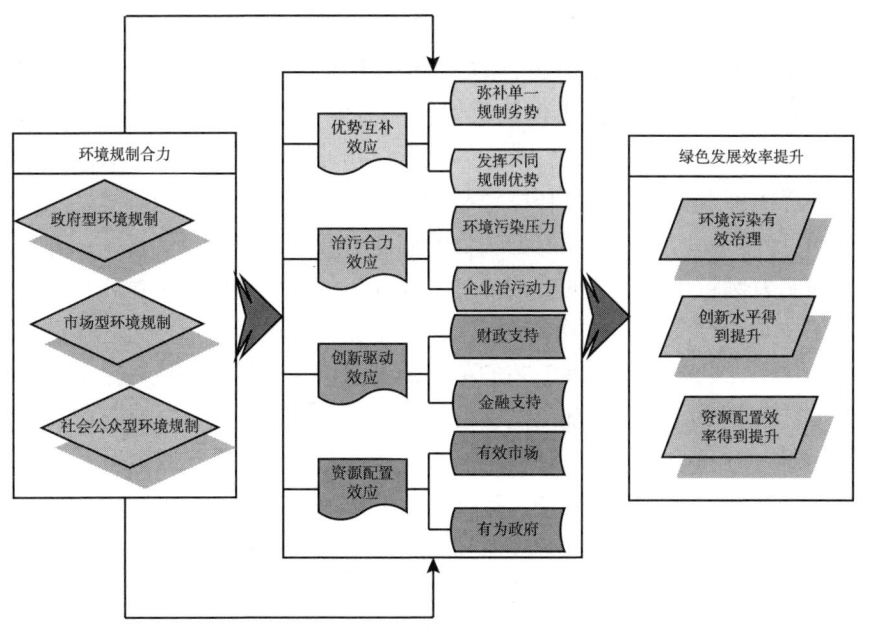

图 7-1 多主体参与环境规制对绿色发展效率的影响效应分析

第一，多主体参与视角下的环境规制能够促进政府型、市场型和社会公众型环境规制的优势互补。通过前文的理论分析我们发现，三种环境规制虽然能够带来绿色发展效率的提升，但三种类型的环境规制具有较强的异质性。三种类型环境规制的异质性不仅体现在特点和侧重点的不同，而且也体现在各自的优势和局限性。政府型环境规制虽然能够采用国家法律的形式提高环境污染的治理效果，但是政府型环境规制的激励效应较差，难以促进绿色发展效率的长期提升。社会公众型环境规制的特点是依赖于社会公众、新闻媒体等形式对环境污染行为实施监督，但社会公众型环境规制是一种软约束，仅仅依靠社会公众的舆论形成社会压力，难以形成对绿色发展效率的持续提升力量。市场型环境规制采用排污权交易的形式降低环境污染，但是排污权交易的实施效果具有一定滞后性，难以取得立竿见影的效果。从政策实施的角度看，绿色发展效率的提升是多种环境规制共同作用的结果，多主体参与视角下的环境规制不仅能够弥补政府型环境规制的激励不足的局限性，而且又能弥补社会公众型环境规制的软约束，促使各种环境规制相互补充、相互协调共同促进绿色发展效率的协同提升。

第二，多主体参与视角下的环境规制能够促进政府型、市场型和社会公众型环境规制形成治污合力。2020年3月，中共中央办公厅、国务院办公厅发布的《关于构建现代环境治理体系的指导意见》指出要明晰政府、企业、公众等各类主体权责，畅通政府、企业和社会公众参与环境污染治理的渠道，环境规制能够形成多主体共同参与环境污染治理的良好格局。首先，政府型环境规制能够通过法律法规的形式依靠国家强制力保障环境污染的有效治理，在环境污染治理中起关键作用。其次，企业是经济发展的微观经济个体，企业在环境污染治理过程中起到根本作用，企业绿色发展工艺的革新能够从根本上提升环境污染的治理效率。最后，社会公众部门能够借助社会公众、新闻媒体、环保组织的作用对政府和企业形成监督作用。多主体参与视角下环境规制的能够实现政府治理、企业绿色生产、社会公众监督的良性互动。通过多主体环境规制可以完善环境污染治理的体制和机制，从环境污染物的排放源头、污染物处理、制度保障等方面形成治污合力，对于促进生态环境保护和经济高质量发展提供有力制度保障。

第三，多主体参与视角下的环境规制能够促进政府型、市场型和社会公众型环境规制形成创新合力，发挥创新驱动效应。创新是提升绿色发展效率的决定性因素，多主体参与视角下的环境规制对于促进科技创新具有巨大的推动作用，从政府角度看，政府能够综合利用财政政策和货币政策形成技术创新支持机制，一方面，从中央和地方两级政府入手，形成具有常态化和稳定性的科技创新财政资金投入机制，另一方面，通过制定货币政策，加大环境污染企业的技术研发金融扶持，发挥资本市场促进企业创新的作用。从企业角度看，企业是技术创新的主体，从需求侧角度，企业积极推进生产方式的绿色转型，形成对技术创新的内在需求，逐渐推行清洁的生产活动，从供给侧角度，企业应当培养和储备高技术人才，增加技术创新资金的投入。从社会公众角度看，社会公众是对政府和企业进行监督的重要力量，形成政府和企业的治污压力，倒逼企业技术创新。多主体参与视角下环境规制能够通过促进技术创新提升绿色发展效率。

第四，多主体参与视角下的环境规制能够发挥政府型、市场型和社会公众型环境规制的资源配置效应。多主体参与视角下环境规制能够有效发挥各种资源配置形式的优势，提高环保资源的资源配置效率。因此，多主体参与视角下的环境污染治理是全面深化环境治理体系改革以及促进绿色发展效率提升的有效尝试。党的十九届五中全会提出要构建高水平社会主义市场经济体制，因此，既要充分发挥市场在环境污染治理和提升绿色发展效率中的决定性作用，更好发挥政府在环境治理中的重要作用，逐渐推动"有效市场"和"有为政府"更好结合。多主体参与视角下环境规制能够激发各类经济主体活力，改变资源配置方式，尝试采用多种配置方式的创新性尝试，逐渐提升资源配置的效率。

第二节 环境规制对绿色发展效率的贡献度分析

一、计量模型设定与指标选取

本书基于前文的理论和实证分析，对政府型、市场型和社会公众型环境规制影响绿色发展效率的理论机制与影响渠道进行了分析，在综合借鉴已有文献的基础上，本部分在考虑绿色发展效率空间溢出效应的前提下，构造了政府型环境规制、市场型环境规制、社会公众型环境规制影响绿色发展效率的空间计量模型，采用空间面板数据回归模型，构建城市间的地理距离权重矩阵，厘清政府型、市场型和社会公众型环境规制对绿色发展效率的贡献，对于充分发挥多主体参与视角下环境规制的优势具有指导意义。

本章根据空间计量的经典文献的研究，采用空间滞后模型和空间误差模型研究政府型、市场型和社会公众型环境规制对绿色发展效率的影响。一方面，采用空间滞后模型可以考虑到绿色发展效率的空间依赖性，换言之，空间滞后模型可以控制其他地区绿色发展效率对本地区绿色发展效率的影响；另一方面，采用空间误差模型能够充分考虑到随机扰动项在空间上的相关性。通过前文对绿色发展效率的典型化事实描述，以及国内外的经典文献，绿色发展效率具有明显的空间依赖特征，这说明与本地区地理距离邻近城市的绿色发展效率将会对本城市的绿色发展效率产生一定溢出效应。首先，本章构建的面板数据回归模型如式

(7-1) 所示：

$$\text{Effect}_{it} = \alpha_1 \text{gover}_{it} + \alpha_2 \text{market} + \alpha_3 \text{social} + \sum_{n=1}^{n} \beta_n X_{it} + \gamma_i + \mu_t + \lambda \quad (7-1)$$

其中，i 表示城市，t 表示年份，Effect_{it} 为绿色发展效率，作为模型的被解释变量，gover 为政府型环境规制，market 为市场型环境规制，social 表示社会公众型环境规制，模型中的 γ_i 表示城市的个体固定效应，μ_t 为年份的时间固定效应，X 表示一组控制变量，其中 β 表示控制变量对绿色发展效率的影响系数。在此基础上，本书还构建了空间滞后模型如式（7-2）所示：

$$\text{Effect}_{it} = \rho \text{Weffect}_{it} + \alpha_1 \text{gover}_{it} + \alpha_2 \text{market} + \alpha_3 \text{social} + \sum_{n=1}^{n} \beta_n X_{it} + \gamma_i + \mu_t \quad (7-2)$$

式（7-2）中 W 表示空间权重矩阵。Weffect_{it} 反映了当期地理距离邻近城市的绿色发展效率对本城市绿色发展效率的影响，ρ 表示空间滞后系数，γ 和 μ 为随机误差项。

二、空间权重构建

在研究政府型、市场型和社会公众型环境规制对绿色发展效率影响的过程中，采用何种空间溢出模式来表征绿色发展效率的空间依赖性对于空间计量模型的设定具有重要的意义。如果空间权重的设置能够更加贴合现实经济变量的空间结构，那么空间计量模型对经济理论的贴合程度就越高，对现实经济的解释能力就越强。本书采用地理距离权重表征绿色发展效率的空间依赖特征。地理距离权重的设置是根据两两城市的地理距离的远近进行设定的，如果 i 城市和 j 城市的地理距离为 d，则 W_{ij} 的取值为 $1/d^2$。其中两两城市地理距离的测算采用 ArcGIS 软件测算两两城市球面劣弧的距离，地理距离权重的具体形式如下所示：

$$W_{ij} = \begin{cases} \dfrac{1}{d^2} & \text{if } i \neq j \\ 0 & \text{if } i = j \end{cases} \quad (7-3)$$

三、数据来源及处理

本部分选取 2005~2017 年中国 278 个城市作为研究样本，采用基于非期望产出的全局可参比的超效率 SBM 模型测算的绿色发展效率作为本书的被解释变量，核心解释变量主要有政府型环境规制、市场型环境规制与社会公众型环境规制，对于政府型环境规制采用各地区颁布环保法规和各地区环境执法人员数量来衡量，市场型环境规制采用排污权交易政策来衡量，2007 年在湖北、浙江、湖南、天津、河南、江苏、重庆、山西、陕西、河北、内蒙古等 11 个省份开始实施的排污权交易政策（见表 7-1）。社会公众型环境规制采用环境信息披露政策来衡量，2008 年披露中国 113 个城市的环境信息状况，受到社会公众和新闻媒体的监督。

表 7-1　　　　　　　变量说明与数据来源

变量类型	变量名称	符号	变量解释	数据来源
被解释变量	绿色发展效率	Effect	全局可参比的超效率 SBM 模型测算	采用 DEA 软件测算
核心解释变量	政府型环境规制	gover	各地区颁布环保法规的数量 各地区环境执法人员数量	中国统计年鉴
	市场型环境规制	market	排污权政策变量	根据政策设置
	社会公众型环境规制	social	环境信息公开政策变量	根据政策设置
控制变量	金融相关率	finan	城市存款余额与城市贷款余额之和除以地区生产总值	中国城市统计年鉴
	人均地区生产总值	rgdp	地区生产总值除以城市人口规模	中国城市统计年鉴
	教育发展水平	edu	城市教育支出总额的对数	中国城市统计年鉴
	科学发展水平	sci	城市科学支出总额的对数	中国城市统计年鉴
	产业结构水平	indu	第二产业产值与地区生产总值的比重	中国城市统计年鉴
	人口规模	peo	城市人口数量	中国城市统计年鉴

四、多主体参与视角下环境规制对绿色发展效率的贡献度分析

为了研究多主体参与视角下环境规制对绿色发展效率的贡献，本书构建了普通面板回归模型，模型以绿色发展效率作为被解释变量，将政府型环境规制、市场型环境规制、社会公众型环境规制同时纳入到计量模型中，分析三者对绿色发展效率的贡献；三种类型环境规制对绿色发展效率影响的贡献性分析结果如表7-2所示。

表7-2　多主体参与视角下的环境规制的贡献度分析：基准回归

变量	绿色发展效率			
	规模报酬可变		规模报酬不变	
政府型环境规制 A	0.3798* (0.1979)	—	0.2486 (0.1773)	—
政府型环境规制 B	—	0.3146 (0.2317)	—	0.2058 (0.2075)
社会公众型环境规制	0.0705*** (0.0113)	0.0710*** (0.0113)	0.0465*** (0.0102)	0.0468*** (0.0102)
市场型环境规制	0.0277** (0.0133)	0.0286** (0.0132)	0.0106 (0.0119)	0.0112 (0.0119)
finan	-0.0022* (0.0012)	-0.0023* (0.0012)	0.0004 (0.0011)	0.0004 (0.0011)
indu	-0.0149 (0.0245)	-0.0152 (0.0245)	-0.00617 (0.0219)	-0.00638 (0.0219)
lnedu	0.0125 (0.0182)	0.0123 (0.0182)	0.0154 (0.0163)	0.0153 (0.0163)
lnpeop	-0.0282* (0.0162)	-0.0271* (0.0162)	-0.0207 (0.0145)	-0.0200 (0.0146)
lnsci	0.0111* (0.0058)	0.0116** (0.0058)	0.0001 (0.0052)	0.0004 (0.0052)

续表

变量	绿色发展效率			
	规模报酬可变		规模报酬不变	
lngdp	-0.0665*** (0.0127)	-0.0668*** (0.0127)	-0.0432*** (0.0113)	-0.0434*** (0.0113)
_cons	1.1020*** (0.2639)	1.0955*** (0.2640)	0.7890*** (0.2364)	0.7847*** (0.2365)
时间固定效应	控制	控制	控制	控制
个体固定效应	控制	控制	控制	控制
观测值	3614	3614	3614	3614

注：***、**、*分别表示1%、5%和10%的显著性水平，括号内为标准差。

表7-2报告了普通面板数据模型的估计结果，政府型环境规制采用颁布的环境保护法律个数来衡量，本书采用了政府环保规章总数作为政府型环境规制的代理变量进行稳健性检验。从表7-2的回归结果可以发现，政府型环境规制对绿色发展效率的影响始终为正值，这意味着政府型环境规制的实施促进了绿色发展效率的提升，但是政府型环境规制对绿色发展效率影响系数并不显著，其原因主要表现为以下两个方面，一方面，由于政府型环境规制具有强制性的特点，虽然能够在短时间内降低环境污染的排放，但是对企业的激励效果较小，企业没有较多的时间进行技术研发和提高创新水平。另一方面，政府型环境规制对企业带来一定的成本效应，政府对环境污染企业进行关停并转，企业关停期间带来生产能力的下降以及销售利润的下降，提高了企业的机会成本和沉没成本。社会公众型环境规制对绿色发展效率的贡献为0.0705且通过了1%的显著性水平检验，这说明社会公众型环境规制能够有效促进绿色发展效率的提升，社会公众型环境规制对绿色发展效率的影响主要通过环境污染治理效应来实现，社会公众的监督能够对政府和企业形成舆论压力，迫使企业及时调整生产工艺和技术，促进绿色发展效率的提升。市场型环境规制对绿色发展效率的贡献系数为0.0277且通过了5%的显著性水平检验，这说明市场型环境规制能够促进绿色发展效率的提升，市场型环境规制主要是以排污权交易政策为主要的工具，可以发挥排污权交易政策的"市场获益诱导效应""创新驱动效应"提升绿

色发展效率。综上所述，政府型、市场型和社会公众型环境规制对绿色发展效率的影响均为正值。

表7-3报告了采用空间计量模型的估计结果。考虑到绿色发展效率的空间依赖特征，本书构建了空间滞后模型研究政府型、市场型和社会公众型环境规制对绿色发展效率的影响，回归结果如表7-3所示。绿色发展效率的空间滞后项系数为0.3035，且通过了1%的显著性水平检验，说明在地理距离空间权重矩阵下，中国绿色发展效率存在明显的空间溢出效应。表7-3的回归结果显示无论是否控制住时间固定效应和个体固定效应，回归结果具有较强的稳健性，政府型环境规制对绿色发展效率的影响系数为正值，且通过了10%的显著性检验，这说明政府型环境规制能够有效提升绿色发展效率，社会公众型环境规制对绿色发展效率的影响系数为0.0540且通过了1%的显著性检验，这说明社会公众型环境规制能提高绿色发展效率，市场型环境规制对绿色发展效率的影响系数为0.0237且通过了10%的显著性检验，这说明排污权交易政策能够促进绿色发展效率的提升，与前文的研究结论较为一致。需要特别注意的是与政府型环境规制、市场型环境规制相比社会公众型环境规制对绿色发展效率影响较显著，这与前文的研究结论一致。

表7-3 多主体参与视角下环境规制的贡献度分析：空间计量分析

变量	绿色发展效率				
	规模报酬可变		规模报酬不变	
政府型环境规制A	0.3761** (0.1875)	0.3761** (0.1875)	—	—
政府型环境规制B	—	—	0.3088 (0.2226)	0.3088 (0.2226)
社会公众型环境规制	0.0540*** (0.0099)	0.0540*** (0.0099)	0.0543*** (0.0099)	0.0543*** (0.0099)
市场型环境规制	0.0237* (0.0133)	0.0237* (0.0133)	0.0244* (0.0133)	0.0244* (0.0133)
treat	-0.0870*** (0.0246)	-0.0870*** (0.0246)	-0.0872*** (0.0246)	-0.0872*** (0.0246)

续表

变量	绿色发展效率			
	规模报酬可变		规模报酬不变	
period	-0.0603*** (0.0129)	-0.0603*** (0.0129)	-0.0620*** (0.0128)	-0.0620*** (0.0128)
finan	-0.0008 (0.0011)	-0.0008 (0.0011)	-0.0009 (0.0011)	-0.0009 (0.0011)
indu	-0.0000 (0.0000)	-0.0000 (0.0000)	-0.0000 (0.0000)	-0.0000 (0.0000)
lnedu	0.0260** (0.0102)	0.0260** (0.0102)	0.0278*** (0.0102)	0.0278*** (0.0102)
lnpeop	-0.0502*** (0.0117)	-0.0502*** (0.0117)	-0.0503*** (0.0117)	-0.0503*** (0.0117)
lnsci	0.0043 (0.0056)	0.0043 (0.0056)	0.0048 (0.0056)	0.0048 (0.0056)
lngdp	-0.0226** (0.0096)	-0.0226** (0.0096)	-0.0220** (0.0096)	-0.0220** (0.0096)
_cons	0.4198***	0.4198***	0.3907***	0.3907***
ρ	0.3035*** (0.0337)	0.3035*** (0.0337)	0.3060*** (0.0336)	0.3060*** (0.0336)
时间固定效应	未控制	控制	未控制	控制
个体固定效应	未控制	控制	未控制	控制
观测值	3614	3614	3614	3614

注：***、**、*分别表示1%、5%和10%的显著性水平，括号内为标准差。

第三节　本章小结

本章在前文研究的基础上，构建了空间计量模型研究政府型、市场型和社会公众型环境规制对绿色发展效率影响的贡献度进行分析，研究结论如下：

第一，政府型环境规制对绿色发展效率的贡献度分析结果显示。政府型环境规制的衡量指标无论是采用环境保护法规个数还是采用政府环保规章数量，政府型环境规制对绿色发展效率的影响始终为正值，这意味着政府型环境规制能够提升绿色发展效率。

第二，社会公众型环境规制对绿色发展效率的贡献为正且通过了的显著性水平检验，这说明社会公众型环境规制能够有效促进绿色发展效率的提升，社会公众型环境规制对绿色发展效率的影响主要通过环境污染治理效应来实现，社会公众的监督能够对政府和企业形成舆论压力，迫使企业及时调整生产工艺和技术，促进绿色发展效率的提升。

第三，市场型环境规制对绿色发展效率的贡献系数为正且通过了显著性水平检验，这说明市场型环境规制能够促进绿色发展效率的提升，市场型环境规制主要是以排污权交易政策为主要的工具，通过排污权交易政策的"市场获益诱导效应""创新驱动效应"等对绿色发展效率产生正向影响。

第四，通过对比政府型、市场型与社会公众型环境规制对绿色发展效应的贡献度，我们发现，社会公众型环境规制对绿色发展效率的影响要高于政府型环境规制与市场型。这说明随着中国经济发展转向高质量发展阶段，社会公众的环保意识逐渐增强，通过"环境治理效应""创新驱动效应"提升绿色发展效率。

第八章　研究结论与政策建议

第一节　研究结论

资源环境问题和经济绿色发展是新时代中国经济高质量发展面临的双重难题，通过建立健全现代环境治理体系，破除资源环境约束下中国经济高质量发展的体制障碍、转变经济发展方式，实现经济绿色转型，成为推动经济社会发展全面绿色转型和建设美丽中国的关键。然而，在研究环境治理体系的相关命题中尚缺乏从政府、企业和社会公众多主体参与视角出发系统研究环境规制对绿色发展效率影响的文献。基于此，本书在资源环境的条件下，构建了包含政府、家庭和厂商的三部门内生增长模型，从理论上考察了多主体参与视角下的环境规制对绿色发展效率的影响，并在分析理论机制的基础上分别研究了政府型、市场型和社会公众型环境规制对绿色发展效率影响渠道，并提出了理论命题和研究假说。本书进一步地采用基于全局可参比的数据包络分析方法，有效解决测度存在不可行解及跨期不可比等问题，采用 SBM 超效率模型可以对有效决策单元进行比较，避免多个决策单元同时有效时无法进一步比较的局限，并以中国省域和城市的投入产出面板数据为样本，测度了绿色发展效率；进而，本书在考虑环境规制与绿色发展效率具有内生性问题的基础上，综合采用了空间联立方程模型、双重差分模型、倾向得分匹配双重差分法、工具变量等方法考虑研究了政府型环境规制、市场型环境规制、社会公众型环境规制对绿色发展效率的因果关系。并基于中介效应模型、调节效应模型、门槛效应模型对环境规制影响绿色发展效率的传导机制予以检验，以验证理论分析得到理论命题和研究假说。本书得到以下研究结论。

政府型环境规制对绿色发展效率的影响在短期和长期表现为不同的特点。政府型环境规制空间滞后项的估计系数均为负值，这说明中国省际的环境规制呈现出明显的反向空间溢出效应，一个地区如果设置较高的环境规制，其他地区就倾向于设置较低的环境规制水平。绿色发展效率空间滞后项的估计系数均为正值，这说明绿色发展效率存在着显著的空间溢出特征，呈现出"一荣俱荣，一损俱损"的结果。在短期内，环境规制对绿色发展效率的回归结果为负值，三种空间权重下的回归系数均通过显著性水平检验，这说明环境规制显著地降低了绿色发展效率，政府型环境规制降低绿色发展效率主要通过"遵循成本效应""污染天堂效应""逐底竞争效应"降低绿色发展效率。三种空间权重情景下，绿色发展效率对环境规制的回归系数为正且均通过显著性水平检验，这说明绿色发展效率促进了环境规制水平的提高，绿色发展效率对政府型环境规制的影响主要通过"收入效应""资源配置效应""棘轮效应"对政府型环境规制产生影响。在长期内，政府型环境规制对绿色发展效率的影响受到创新水平的调节，当创新水平小于0.9081时，政府型环境规制对绿色发展效率的影响系数为0.5319；当创新水平大于0.9081时，政府型环境规制对绿色发展效率的影响系数为3.1920。这说明当创新水平较高时，政府型环境规制对绿色发展效率的影响较大。

市场型环境规制促进了绿色发展效率的提升，采用双重差分法和PSM-DID方法的实证结果显示，无论是否对时间固定效应和个体固定效应进行控制，采用绿色发展效率作为被解释变量，政策变量的估计系数均为正值，这表明排污权交易试点能够显著的促进绿色发展效率。技术进步和外商直接投资是排污权交易试点影响绿色发展效率的重要渠道。本书将技术进步和外商直接投资作为中介变量，对排污权交易政策影响绿色发展效率的传导机制进行实证检验。研究结果显示技术进步和外商直接投资在排污权交易与绿色发展效率之间起到"中介效应"，本书支持了"波特假说"和"污染光环假说"。

合成控制法的评估结果表明江苏、天津、重庆、浙江、内蒙古等省份的绿色发展效率效应较为明显。在排污权交易政策实施之前这些省份的合成省份的演变趋势与实际省份的演变趋势相同，且合成省份与实际省份绿色发展效率的演变趋势几乎完全重合，这说明采用人均生产总值、绿色发展效率、能源效率、人口密度、技术成交额等因素作为预测变量可以使合成省份与实际省份没有系统性差异，进而解决了准自然实验难以寻找合适对照组的难题。

社会公众型环境规制对绿色发展效率具有正向影响。本书将环境信息披露作为一项的准自然实验，通过构建双重差分模型识别社会公众型环境规制对绿色发展效率的影响。无论是考虑了控制变量还是考虑时间固定效应、城市固定效应，社会公众型环境规制对城市绿色发展效率的影响均为正值，且通过了显著性水平检验，这说明社会公众型环境规制能够显著促进城市绿色发展效率。采用 PSM－DID 研究社会公众型环境规制对城市绿色发展效率的影响，研究结果显示无论是采用核匹配、半径匹配还是近邻匹配，社会公众型环境规制对城市绿色发展效率的影响均为正且均通过了显著性检验，这意味着社会公众型环境规制的实施能够显著促进城市绿色发展效率的提高。

为了排除可能存在的内生性问题，将空气流通系数作为社会公众型环境规制的工具变量，结果表明社会公众型环境规制与空气流通系数存在着高度的相关性，这说明空气流通系数降低了一个城市被纳入社会公众型环境规制的可能，如果一个城市空气流通系数较大，说明城市大气污染的扩散能力较强，可被监测到的污染物浓度就越低，那么，该城市被列入社会公众型环境规制城市的可能性就低。以绿色发展效率为被解释变量的第二阶段的回归中，社会公众型环境规制对城市绿色发展效率的回归系数显著为正值，且均通过了显著性水平检验，这一回归结果与前文双重差分估计的结果一致。

社会公众型环境规制对绿色发展效率影响的异质性分析表明，东部地区社会公众型环境规制对绿色发展效率的影响要大于中西部地区。环境规制强度高的城市，社会公众型环境规制对绿色发展效率的影响较弱，而环境规制强度较低的城市，社会公众型环境规制对绿色发展效率的影响较强。环境规制较高的地区环境信息披露作为社会公众的软约束，对绿色发展效率的影响较低。社会公众型环境规制对低等创新水平城市绿色发展效率的影响最大，对高创新水平城市绿色发展效率的影响较小。说明在创新水平较低的城市，由于城市创新能力较差，对外界政策的刺激较为敏感。当处于低经济发展水平时，社会公众型环境规制对绿色发展效率的影响系数为正，但是没有通过显著性水平检验，当处于高经济发展水平时，社会公众型环境规制对绿色发展效率系数正，且通过显著性检验，说明当经济发展水平较高时，社会公众型环境规制能够显著地促进绿色发展效率的提高。

社会公众型环境规制通过促进城市创新水平提升绿色发展效率。具体而言：社会公众型环境规制和城市创新能力对城市绿色发展效率的回归系数均为正，通过了1%的显著性水平检验，社会公众型环境规制对创新水平的回归系数显著为正，表明社会公众型环境规制能够显著提升城市创新能力。将社会公众型环境规制与城市创新能力同时纳入到回归模型中，社会公众型环境规制和城市创新能力对城市绿色发展效率的回归系数显著为正，说明社会公众型环境规制通过提高城市创新能力促进城市绿色发展效率的提高。

政府、企业和社会公众多主体参与型环境规制对绿色发展效率的贡献性分析结果显示，政府型环境规制的衡量指标无论是采用政府颁布的环境保护法规个数还是采用政府环保法规总数，其对绿色发展效率的影响始终为正值，这意味着政府型环境规制能够显著提升绿色发展效率。社会公众型环境规制对绿色发展效率的贡献为正且通过了的显著性水平检验，这说明社会公众型环境规制能够有效促进绿色发展效率的提升，社会公众的监督能够对政府和企业形成舆论压力，迫使企业及时调整生产工艺和技术，促进绿色发展效率的提升。市场型环境规制对绿色发展效率的贡献系数为正且通过了1%的显著性水平检验，这说明市场型环境规制能够促进绿色发展效率的提升，市场型环境规制主要是以排污权交易政策为主要的工具，通过排污权交易政策的实施通过"市场获益诱导效应""创新驱动效应"等对绿色发展效率产生正向影响。

第二节 政策建议

一、发挥政府型环境规制对绿色发展效率的作用

（一）促进绿色发展效率的提升要统筹"短期"和"长期"两个大局

根据本书的研究结论，在短期内，政府型环境规制会降低经济发展

效率，在长期内通过"创新补偿效应"提升绿色发展效率。第一，为了克服政府型环境规制在短期内降低绿色发展效率的可能，应降低企业的税收负担，对于有助于企业绿色工艺革新的创新性活动，政府应采取补贴的形式支持企业绿色工艺创新，降低政府型环境规制对绿色发展效率的负向影响。第二，发挥环境规制对绿色发展效率的促进作用。地方政府不应以环境规制会增加企业成本制约地方经济发展为由降低环境规制强度，应从长期视角出发，将"严格的环境规制"与"降税""补贴"相结合，既保证了环境规制对绿色发展效率的促进作用，又避免了政府型环境规制增加企业成本所带来的绿色发展效率的下降。第三，通过实施严格的政府型环境规制手段，限制高污染企业的污染排放行为，对于生态文明建设和绿色发展效率的提升具有十分重要的意义。

（二）促进绿色发展效率的提升要将"市场"和"政府"有机结合

一方面，要充分发挥市场在治污资源配置中的决定性作用，在促进绿色发展效率发展的过程中，要利用市场这只看不见的手，构建区域间的"排污权交易市场""碳排放权交易市场""生态补偿机制"；另一方面，发挥地方政府宏观调控的作用，通过制定环境规制政策提升绿色发展效率，地方政府在制定环境规制政策时要充分考虑到企业的具体情况，应该具体问题具体分析，制定差异化的环境规制政策。环境规制要充分考虑辖区内企业技术创新水平、税务负担等，既要避免盲目设置环境规制导致的企业成本上升、研发资金挤出等问题，又要避免放松环境规制导致的"环境规制逐底竞争"的现象，避免造成"污染天堂"。

（三）促进绿色发展效率的提升要充分考虑到绿色发展效率的区域异质性

中国地域广袤、幅员辽阔，区域间在资源禀赋、经济发展水平等方面存在显著的差异，本书在空间分析部分也充分证明了政府型环境规制与绿色发展效率存在地区差异的事实。各地区要根据实际情况制定符合本地区发展水平和环境污染水平的环境规制政策，做到"约束"与"激励"相结合。东部沿海地区在经济发展水平、市场化程度、技术水平等方面均领先于其他地区，因此，应制定严格的环境规制政策促进绿色工艺创新技术的发展，率先建立碳排放市场、排污权交易市场。东部地区要对中部和西部地区起到示范和引领作用，同时中西部地区要转变经济发展方式，禁止通过降低环境规制等方式吸引外部投资，中西部地区在引进外资时要避免污染性企业向辖区内转移。

促进绿色发展效率的提升要着力转变地方政府的政绩考核方式。要将"绿色GDP"纳入到地方政府的政绩考核中，绿色GDP考核要将治理污染投资状况、技术改造状况、绿色工艺创新状况结合起来纳入"官员晋升"和"政府绩效"考核的全部过程。加强对环保问题的追责制度，这就要求地方政府在选择"短期经济增长"与"长期经济发展"时要充分考虑环境因素，杜绝因为短期经济发展牺牲环境的粗放型经济发展方式。

二、发挥市场型环境规制对提升绿色发展效率的重要作用

环境污染治理以及绿色发展效率的提升要始终坚持"市场决定"与"政府调节"相结合的发展策略。一方面，要继续坚持市场在治污资源配置中的决定性作用，运用"供求机制""竞争机制""价格机制"等市场手段保障排污权交易市场有效运行。不断通过市场来调节污染许可证富余企业与污染许可证缺乏企业的利益机制，将治污成本内化到企业的成本收益分析中，成为企业利润最大化的重要决策变量，从而提升绿色发展效率。另一方面，充分发挥政府调节和辅助作用，政府应制定适合市场健康有效运行的法律法规政策，弥补由于市场自身局限所带来的垄断、信息不对称、外部性等市场失灵状况，不断地完善市场环境。

通过排污权交易制度提升绿色发展效率，关键是促进企业科技研发和技术创新，政府、企业、社会应特别关注到技术创新是排污权交易政策促进绿色发展效率提升的内在机制。应不断地增加企业的研发资金投入，鼓励企业进行技术革新，不断地更新生产工艺，促进企业实现绿色发展。要转变经济发展方式，实现绿色发展效率的提升，坚持"两座山理论"对环境污染治理和提升绿色发展效率的指导作用。转变以往"高投入、高排放、高产出"的发展模式，实现经济结构和能源结构的优化升级，推进"新能源技术革命"推广清洁能源和清洁技术的使用和研发，全面提升绿色发展效率。

排污权交易试点政策对绿色发展效率的影响具有异质性，不同试点

由于自身经济发展、创新水平、能源结构等因素存在显著差异，因此，排污权交易政策的实施效果具有异质性，因此，各交易试点在制定政策时不能采取"一刀切"，应在认识自身特殊性的前提下因地制宜地进行排污权交易试点建设，从而提高绿色发展效率。要充分发挥技术进步对绿色发展效率的作用，充分发挥技术进步的"中介效应""调节效应"，鼓励企业进行技术研发。

三、发挥社会公众的环境规制作用，提高绿色发展效率

社会公众型环境规制是社会公众参与环境治理的重要试点，应充分发挥社会公众型环境规制对绿色发展效率的促进作用，统筹"提高环境治理能力"与"提升绿色发展效率"两个关键问题，提升绿色发展效率。社会公众型环境规制作为一种软约束的环境规制类型，必须建立和健全能够保障社会公众型环境规制有效实施的法律法规硬约束，环境信息披露的法律保障不仅针对企业环境信息公开，而且要涉及政府环境信息公开，法律法规要明确环境信息披露的主体及内容。不断完善立法和政策制定，建立重点监控企业名单，将重点排污企业的环境信息公开成为常态化，加大对环境污染责任主体的行政处罚力度，实现"环境污染有效治理"和"提升绿色发展效率"的双赢局面。发挥社会公众型环境规制对绿色发展效率的促进作用，关键是提高技术创新水平，加大环保信息公开力度，加强企业环境治理责任制度建设，完善公众监督和举报反馈机制，引导社会组织和公众共同参与环境治理。打好环境规制组合拳，提高城市绿色发展效率。构建政府—企业—社会公众共同参与的多元共治体系，形成"三轮驱动"的环境治理模式。有效利用各类环境规制的优势，因地制宜地实施符合本地区绿色发展效率提升的环境规制形式，形成优势互补的环境治理体系。

四、发挥环境规制对绿色发展效率的作用

（一）加快转变经济发展方式，从粗放发展向绿色发展转变

在过去相当长的时间内中国的经济增长主要依赖于资本、劳动、资

源等生产要素的投入驱动，经济发展过程中不断累积的粗放型经济模式的弊病逐渐显现，资源过度消耗、生态环境日趋恶化成为限制经济持续稳定增长的重大难题。因此，加快转变传统经济发展模式，实现从粗放发展向绿色发展转变成为当前以及未来我国经济发展的必然选择。首先，在政府改革过程中，摒弃传统"唯GDP增长论"的地方政府政绩考核模式，将经济发展的目标从规模数量的扩张转变为经济质量的提升，由"增产"向"提质"的观念转变。其次，在政策制定、执行、监管、评价过程中，将资源、环境指标及相关要素纳入的考核评价范畴，对于经济发展过程的资源节约、环境保护、生态建设等相关发展指标应当在政府考核奖惩体系中占据更加重要的份额。

（二）发挥技术进步与效率追赶双轮驱动模式对绿色发展效率提升的促进作用

绿色发展效率作为体现经济增长方式转变和能否实现可持续发展的重要指标。研究结论表明，资源环境约束下我国绿色发展效率提升依旧处于较低水平，通过提升绿色发展效率，实现经济高质量发展尚有很大空间。我国绿色发展效率提升有着坚实的技术进步基础。因此，我国在保持技术进步推动的同时，要加强技术引进和自主创新，尤其要注重污染治理、资金利用等方面相关技术的吸收、应用及推广。同时重视模仿创新，实现在较短时期内以低成本、高效率提高技术创新知识的积累速度，为今后真正实现自主创新奠定坚实的基础。最后，在实现技术进步的同时，要不断加大先进管理经验、制度改进等配套措施的执行力度，提高技术利用效率，减少资源浪费。

（三）明确各地区角色与定位，增强绿色发展效率的协调性

我国幅员辽阔，各地区的资源禀赋、发展情况千差万别。不同的地区单元划分标准下的绿色发展效率具有明显的异质性特征。要想实现区域协调发展，首先必须要明确各地区现状，进行精准定位。北京、上海以及天津等地方具有良好的区位优势与节能减排技术，绿色经济发展情况良好，要继续加强对绿色技术开发的支持力度，同时在促进绿色发展效率提升的过程中要积极扮演"引领者"的角色。江西、湖南以及广西等省份绿色发展情况较差，能源消耗比重大、经济水平较低、环境控

制技术不发达是这些省份的共同特征,使得他们在促进绿色发展效率提升的过程中一直扮演"追赶者"的角色,对于这些省份应该要加快转变经济发展方式和加强环境规制,打破绿色发展效率提升的路径依赖,开启落后省份追赶先进省份的机会窗口,实现经济增长与绿色发展双赢,使得他们在促进绿色发展效率提升的过程中一直扮演"学习者"的角色,对于这些省份要科学评估各自的经济发展质量,积极探索本省区特色的转型发展之路,推动绿色发展方式的形成。

(四)充分发挥空间溢出和带动效应,有效解决绿色发展效率提升的地区不均衡问题

有效促进绿色发展效率的协调发展,除因地制宜,制定适合自身的差异化战略之外,也要重视先进省份的空间溢出和带动作用。要充分发挥绿色发展效率较高地区集聚平台优势,加强合作,联合打造绿色经济发展示范园区,增强影响力,进一步扩大辐射范围;对于低值省份集聚区域,要遵循该区域的客观发展规律,在相关政策的支持下,培养该集聚区域绿色发展效率提升增长极,加快形成低能耗、低污染、高效率的绿色发展模式。对于高值异质区域,应充分利用已有优势,积极发挥辐射带动作用,提高与周边地区的合作力度,切实做到对绿色发展效率较低省份的对口支援,低值省份更应提高对相邻省份溢出效应的接受力,以促进绿色发展效率的提升,缩小与高值省份之间差距。

(五)加强顶层设计,从国家层面统筹协调,形成多样化区域合作共同体

跨区域的互联互通与合作发展是大势所趋。但是目前我国的省与省、省与市,市与市之间复杂的行政关系,提高了政府之间协调的难度,难以促进各地区的合作发展。由此可见,一个高层次的协调机构与机制是推动跨行政区高水平合作,带动区域协调发展的强有力保障。从目前情况来看,部分地方已经或者正在建立相应协作机构,如已形成的京津冀协同发展、长江经济带发展、粤港澳大湾区建设、长三角一体化发展的四大跨区域协调发展总体格局,还有正在规划建设的黄河流域生态保护和高质量发展,多样化的区域合作共同体正逐步完善,为绿色发展效率的区域协调发展提供强有力的平台与政策支持。

主要参考文献

[1] 薄文广，徐玮，王军锋．地方政府竞争与环境规制异质性：逐底竞争还是逐顶竞争[J]．中国软科学，2018（11）．

[2] 蔡玉蓉，汪慧玲．创新投入对产业结构升级的影响机制研究——基于分位数回归的分析[J]．经济问题探索，2018（1）．

[3] 蔡乌赶，周小亮．中国环境规制对绿色全要素生产率的双重效应[J]．经济学家，2017（9）．

[4] 陈刚．FDI竞争、环境规制与污染避难所——对中国式分权的反思[J]．世界经济研究，2009（6）．

[5] 陈璇，等．环境绩效与环境信息披露：基于高新技术企业与传统企业的比较[J]．管理评论，2013，25（9）．

[6] 陈璇，淳伟德．上市公司环境绩效与环境信息披露——对企业控制权和激励调节效应研究[J]．西南民族大学学报（人文社会科学版），2015，36（10）．

[7] 成德宁，韦锦辉．不同类型环境规制影响我国产业竞争力的效应分析[J]．广东财经大学学报，2019（3）．

[8] 程钰，徐成龙，任建兰．中国环境规制效率时空演化及其影响因素分析[J]．华东经济管理，2015（9）．

[9] 董敏杰，李钢，梁泳梅．中国工业环境全要素生产率的来源分解——基于要素投入与污染治理的分析[J]．数量经济技术经济研究，2012（2）．

[10] 董直庆，焦翠红，王芳玲．环境规制陷阱与技术进步方向转变效应检验[J]．上海财经大学学报：哲学社会科学版，2015（3）．

[11] 董直庆，王辉．环境规制的"本地—邻地"绿色技术进步效应[J]．中国工业经济，2019（1）．

[12] 杜江，王锐，王新华．环境全要素生产率与农业增长：基于

DEA-GML 指数与面板 Tobit 模型的两阶段分析 [J]. 中国农村经济, 2016 (3).

[13] 杜军, 寇佳丽, 赵培阳. 海洋环境规制、海洋科技创新与海洋经济绿色全要素生产率——基于 DEA-Malmquist 指数与 PVAR 模型分析 [J]. 生态经济, 2020 (1).

[14] 范丹, 王维国, 梁佩凤. 中国碳排放交易权机制的政策效果分析——基于双重差分模型的估计 [J]. 中国环境科学, 2017, 37 (6).

[15] 傅京燕, 司秀梅, 曹翔. 排污权交易机制对绿色发展的影响 [J]. 中国人口·资源与环境, 2018 (8).

[16] 高明, 陈巧辉. 不同类型环境规制对产业升级的影响 [J]. 工业技术经济, 2019, 38 (1).

[17] 韩超, 张伟广, 冯展斌. 环境规制如何"去"资源错配——基于中国首次约束性污染控制的分析 [J]. 中国工业经济, 2017 (4).

[18] 韩国高, 邵钟林. 环境规制、地方政府竞争策略对产能过剩的影响 [J]. 财经问题研究, 2020 (3).

[19] 何彬, 范硕. 自主创新、技术引进与碳排放——不同技术进步路径对碳减排的作用 [J]. 商业研究, 2017 (7).

[20] 胡宗义, 李毅. 环境规制与中国工业绿色技术效率——基于省际面板数据的实证研究 [J]. 湖南大学学报 (社会科学版), 2017 (5).

[21] 黄清煌, 高明. 环境规制对经济增长的数量和质量效应——基于联立方程的检验 [J]. 经济学家, 2016 (4).

[22] 黄向岚, 张训常, 刘晔. 我国碳交易政策实现环境红利了吗? [J]. 经济评论, 2018 (6).

[23] 康志勇, 汤学良, 刘馨. 环境规制、企业创新与中国企业出口研究——基于"波特假说"的再检验 [J]. 国际贸易问题, 2020 (2).

[24] 冷艳丽, 冼国明, 杜思正. 外商直接投资与雾霾污染——基于中国省际面板数据的实证分析 [J]. 国际贸易问题, 2015 (12).

[25] 李斌, 彭星, 欧阳铭珂. 环境规制、绿色全要素生产率与中国工业发展方式转变——基于 36 个工业行业数据的实证分析 [J]. 中

国工业经济，2013（4）.

［26］李斌，祁源，李倩. 财政分权、FDI和绿色全要素生产率——基于面板数据动态GMM方法的实证检验［J］. 国际贸易问题，2016（7）.

［27］李斌，詹凯云，胡志高. 环境规制与就业真的能实现"双重红利"吗？——基于我国"两控区"政策的实证研究［J］. 产业经济研究，2019（1）.

［28］李谷成. 中国农业的绿色生产率革命：1978－2008年［J］. 经济学（季刊），2014（2）.

［29］李强，李恬. 产品市场竞争，环境信息披露与企业价值［J］. 经济与管理，2017，31（4）.

［30］李胜兰，初善冰，申晨. 地方政府竞争、环境规制与区域生态效率［J］. 世界经济，2014（4）.

［31］李诗音，龚日朝. 环境规制与实体企业技术创新——基于FDI中介效应的检验［J］. 湖南科技大学学报（社会科学版），2020（1）.

［32］李树，翁卫国. 我国地方环境管制与全要素生产率增长——基于地方立法和行政规章实际效率的实证分析［J］. 财经研究，2014，40（2）.

［33］李拓. 土地财政下的环境规制"逐底竞争"存在吗？［J］. 中国经济问题，2016（5）.

［34］李永友，沈坤荣. 我国污染控制政策的减排效果［J］. 管理世界，2008（7）.

［35］李永友，文云飞. 中国排污权交易政策有效性研究［J］. 经济学家，2016（5）.

［36］林伯强，谭睿鹏. 中国经济集聚与绿色发展效率［J］. 经济研究，2019（2）.

［37］林弋筌. 环境规制、技术投入与工业转型升级——基于中国地级及以上城市面板数据的经验分析［J］. 海南大学学报（人文社会科学版），2020（1）.

［38］刘承智，杨籽昂，潘爱玲. 排污权交易提升经济绩效了吗？——基于2003—2012年中国省际环境全要素生产率的比较［J］.

财经问题研究, 2016 (6).

[39] 刘朝, 赵志华. 第三方监管能否提高中国环境规制效率?——基于政企合谋视角 [J]. 经济管理, 2017 (7).

[40] 刘华军, 刘传明. 环境污染空间溢出的网络结构及其解释——基于1997-2013年中国省际数据的经验考察 [J]. 经济与管理评论, 2017, 33 (1).

[41] 刘华军, 彭莹. 雾霾污染区域协同治理的"逐底竞争"检验 [J]. 资源科学, 2019, 41 (1).

[42] 刘华军, 赵浩. 中国二氧化碳排放强度的地区差异分析 [J]. 统计研究, 2012, 29 (6).

[43] 刘瑞明, 赵仁杰. 西部大开发: 增长驱动还是政策陷阱 [J]. 中国工业经济, 2015 (6).

[44] 刘胜, 顾乃华. 官员治理、外商直接投资与地区环境污染——基于官员激励及其异质性视角 [J]. 经济体制改革, 2017 (2).

[45] 刘亦文, 胡宗义, 文晓茜. 中国污染物排放强度的动态演进及空间收敛性研究 [J]. 经济数学, 2018, 35 (2).

[46] 刘悦, 周默涵. 环境规制是否会妨碍企业竞争力: 基于异质性企业的理论分析 [J]. 世界经济, 2018, 476 (4).

[47] 林伯强, 谭睿鹏. 中国经济集聚与绿色经济效率 [J]. 经济研究, 2019, 54 (2).

[48] 陆敏, 苍玉权, 李岩岩. 强制减排交易机制外企业会自愿减排吗? [J]. 中国人口·资源与环境, 2019, 29 (5).

[49] 马富萍, 郭晓川, 茶娜. 环境规制对技术创新绩效影响的研究——基于资源型企业的实证检验 [J]. 科学学与科学技术管理, 2011 (8).

[50] 梅林海, 朱韵琴. 排污权交易政策能否改善环境质量? [J]. 生态经济, 2019 (2).

[51] 孟科学, 杨荔瑶. 环境信息披露与企业环境绩效改善的管理者效应——基于中国重污染企业2011~2015年的数据分析 [J]. 贵州财经大学学报, 2017 (6).

[52] 齐绍洲, 张振源. 欧盟碳排放权交易、配额分配与可再生能源技术创新 [J]. 世界经济研究, 2019 (9).

[53] 屈小娥. 异质型环境规制影响雾霾污染的双重效应 [J]. 当代经济科学, 2018 (6).

[54] 任力, 洪喆. 环境信息披露对企业价值的影响研究 [J]. 经济管理, 2017 (3).

[55] 任胜钢, 郑晶晶, 刘东华等. 排污权交易机制是否提高了企业全要素生产率——来自中国上市公司的证据 [J]. 中国工业经济, 2019 (5).

[56] 任亚运, 傅京燕. 碳交易的减排及绿色发展效应研究 [J]. 中国人口·资源与环境, 2019, 29 (5).

[57] 申晨, 李胜兰, 黄亮雄. 异质性环境规制对中国工业绿色转型的影响机理研究——基于中介效应的实证分析 [J]. 南开经济研究, 2018 (5).

[58] 孙玉阳, 宋有涛, 杨春荻. 环境规制对经济增长质量的影响: 促进还是抑制?——基于全要素生产率视角 [J]. 当代经济管理, 2019 (10).

[59] 宋马林, 金培振. 地方保护、资源错配与环境福利绩效 [J]. 经济研究, 2016 (12).

[60] 单豪杰. 中国资本存量K的再估算: 1952~2006年 [J]. 数量经济技术经济研究, 2008 (10).

[61] 谭静, 张建华. 碳交易机制倒逼产业结构升级了吗?——基于合成控制法的分析 [J]. 经济与管理研究, 2018, 39 (12).

[62] 谭周令, 程豹. 西部大开发的净政策效应分析 [J]. 中国人口·资源与环境, 2018 (3).

[63] 唐勇军, 夏丽. 环保投入、环境信息披露质量与企业价值 [J]. 科技管理研究, 2019 (10).

[64] 涂正革, 谌仁俊. 排污权交易机制在中国能否实现波特效应 [J]. 经济研究, 2015 (7).

[65] 王班班, 齐绍洲. 市场型和命令型政策工具的节能减排技术创新效应——基于中国工业行业专利数据的实证 [J]. 中国工业经济, 2016 (6).

[66] 王兵, 吴延瑞, 颜鹏飞. 中国区域环境效率与环境全要素生产率增长 [J]. 科技传播, 2010 (5).

[67] 王洪庆. 我国地区开放型经济发展水平动态变化趋势研究 [J]. 江西财经大学学报, 2015 (4).

[68] 王娟茹, 张渝. 环境规制、绿色技术创新意愿与绿色技术创新行为 [J]. 科学学研究, 2018 (2).

[69] 王奇, 王会, 陈海丹. 中国农业绿色全要素生产率变化研究: 1992—2010 [J]. 经济评论, 2012 (5).

[70] 王树强, 庞晶. 排污权跨区域交易对绿色经济的影响研究 [J]. 生态经济, 2019, 35 (2).

[71] 王恕立, 王许亮. 服务业 FDI 提高了绿色全要素生产率吗?——基于中国省际面板数据的实证分析 [J]. 国际贸易问题, 2017 (12).

[72] 王文军, 谢鹏程, 李崇梅等. 中国碳排放权交易试点机制的减排有效性评估及影响要素分析 [J]. 中国人口·资源与环境, 2018 (4).

[73] 吴朝霞, 葛冰馨. 排污权交易试点的波特效应研究 [J]. 湘潭大学学报, 2018 (6).

[74] 伍格致, 游达明. 财政分权视角下环境规制对技术引进的影响机制 [J]. 经济地理, 2018, 38 (8).

[75] 武剑锋, 叶陈刚, 刘猛. 环境绩效, 政治关联与环境信息披露——来自沪市 A 股重污染行业的经验证据 [J]. 山西财经大学学报, 2015 (7).

[76] 肖远飞, 吴允. FDI、环境规制政策和区域绿色创新效率 [J]. 重庆理工大学学报, 2019, 33 (6).

[77] 许水平, 邓文涛, 赵一澍. 环境规制、技术创新与全要素生产率——基于对"波特假说"的实证检验 [J]. 企业经济, 2016 (12).

[78] 闫文娟, 郭树龙. 中国排污权交易政策与企业就业效应——基于微观企业数据的分析 [J]. 产经评论, 2017 (6).

[79] 严成樑, 李涛, 兰伟. 金融发展、创新与二氧化碳排放 [J]. 金融研究, 2016 (1).

[80] 杨骞, 秦文晋, 王弘儒. 中国农业用水生态足迹的地区差异及影响因素 [J]. 经济与管理评论, 2017 (4).

[81] 杨仁发, 李娜娜. 环境规制与中国工业绿色发展: 理论分析

与经验证据[J]. 中国地质大学学报（社会科学版），2019（5）.

[82] 杨文举，龙睿赟. 中国地区工业绿色全要素生产率增长——基于方向性距离函数的分析[J]. 上海经济研究，2012（7）.

[83] 叶琴，曾刚，戴劭勍等. 不同环境规制工具对中国节能减排技术创新的影响——基于285个地级市面板数据[J]. 中国人口·资源与环境，2018，28（2）.

[84] 殷宝庆. 环境规制与我国绿色全要素生产率——基于国际垂直专业化视角的分析[J]. 中国人口·资源与环境，2012（12）.

[85] 袁宝龙，李琛. 环境规制政策下创新驱动中国工业绿色全要素生产率研究[J]. 产业经济研究，2018（5）.

[86] 原毅军，谢荣辉. FDI、环境规制与中国工业绿色全要素生产率增长——基于Luenberger指数的实证研究[J]. 国际贸易问题，2015（8）.

[87] 原毅军，谢荣辉. 环境规制与工业绿色生产率增长——对强波特假说的再检验[J]. 中国软科学，2016（7）.

[88] 臧传琴，吕杰. 环境规制效率的区域差异及其影响因素——基于中国2000~2014年省际面板数据的经验考察[J]. 山东财经大学学报，2018（1）.

[89] 张彩云，陈岑. 地方政府竞争对环境规制影响的动态研究——基于中国式分权视角[J]. 南开经济研究，2018（4）.

[90] 张国兴，高秀林，汪应洛，郭菊娥，汪寿阳. 中国节能减排政策的测量、协同与演变——基于1978-2013年政策数据的研究[J]. 中国人口·资源与环境，2014（12）.

[91] 张娟，耿弘，徐功文等. 环境规制对绿色技术创新的影响研究[J]. 中国人口·资源与环境，2019，29（1）.

[92] 张鹏，陈卫民，李雅楠. 外商直接投资、市场化与环境污染——基于1998-2009年我国省际面板数据的经验研究[J]. 国际贸易问题，2013（6）.

[93] 张淑惠，史玄玄，文雷. 环境信息披露能提升企业价值吗？——来自中国沪市的经验证据[J]. 经济社会体制比较，2011（6）.

[94] 张为杰，郑尚植. 公共选择视角下中国地方政府竞争与环境规制政策执行机制[J]. 当代经济管理，2015，37（6）.

[95] 张文彬, 张理芃, 张可云. 中国环境规制强度省际竞争形态及其演变——基于两区制空间 Durbin 固定效应模型的分析 [J]. 管理世界, 2010 (12).

[96] 张小筠, 刘戒骄. 新中国 70 年环境规制政策变迁与取向观察 [J]. 改革, 2019 (10).

[97] 赵霄伟. 地方政府间环境规制竞争策略及其地区增长效应——来自地级市以上城市面板的经验数据 [J]. 财贸经济, 2014 (10).

[98] 钟茂初, 姜楠. 政府环境规制内生性的再检验 [J]. 中国人口·资源与环境, 2017 (12).

[99] 周柯, 王尹君. 环境规制, 科技创新与产业结构升级 [J]. 工业技术经济, 2019, 38 (2).

[100] 周雪光, 练宏. 政府内部上下级部门间谈判的一个分析模型——以环境政策实施为例 [J]. 中国社会科学, 2011 (5).

[101] 朱东波, 任力. 环境规制、外商直接投资与中国工业绿色转型 [J]. 国际贸易问题, 2017 (11).

[102] 朱金鹤, 王雅莉. 创新补偿抑或遵循成本? 污染光环抑或污染天堂? ——绿色全要素生产率视角下双假说的门槛效应与空间溢出效应检验 [J]. 科技进步与对策, 2018, 35 (20).

[103] Ambec S, Cohen M A, Elgie S, et al. The porter hypothesis at 20: can environmental regulation enhance innovation and competitiveness? [J]. Review of Environmental Economics and Policy, 2013, 7 (1).

[104] Atkinson S E, Lewis D H. A cost effective analysis of alternative air quality control strategies [J]. Journal of Environmental Economics & Management, 1974, 1 (3).

[105] Berman E, Bui L T M. Environmental regulation and productivity: evidence from oil refineries [J]. Review of Economics and Statistics, 2001, 83 (3).

[106] Beck T, Levine R, Levkov A. Big bad banks? The winners and losers from bank deregulation in the United States [J]. The Journal of Finance, 2010, 65 (5).

[107] Calel R, Dechezlepretre A. Environmental policy and directed

technological change: evidence from the European carbon market [J]. Review of Economics and Statistics, 2016, 98 (1).

[108] Chapple K, Kroll C, Lester T W, et al. Innovation in the green economy: an extension of the regional innovation system model? [J]. Economic Development Quarterly, 2011, 25 (1).

[109] Chen S, Golley J. Green productivity growth in China's industrial economy [J]. Energy Economics, 2014 (44).

[110] Cheng B, Dai H, Wang P, et al. Impacts of carbon trading scheme on air pollutant emissions in Guangdong Province of China [J]. Energy for Sustainable Development, 2015 (27).

[111] Clarkson C R, Pan Z, Palmer I D, et al. Predicting sorption-induced strain and permeability increase with depletion for CBM reservoirs [C]. SPE Annual Technical Conference and Exhibition. Society of Petroleum Engineers, 2008.

[112] Clarkson C R. Integration of rate-transient and microseismic analysis for unconventional gas reservoirs: where reservoir engineering meets geophysics [J]. CSEG Recorder, 2011, 36 (10).

[113] Crafts N. Regulation and productivity performance [J]. Oxford Review of Economic Policy, 2006, 22 (2).

[114] Dagum C. A new approach to the decomposition of the Gini income inequality ratio [J]. Empirical Economics, 1997, 22 (4).

[115] Feng C, Huang J B, Wang M. Analysis of green total-factor productivity in China's regional metal industry: a meta-frontier approach [J]. Resources Policy, 2018 (58).

[116] Gu W, Zhao X, Yan X, et al. Energy technological progress, energy consumption, and CO_2 emissions: Empirical evidence from China [J]. Journal of Cleaner Production, 2019 (236).

[117] Grimaud A, Rouge L. Polluting non-renewable resources, innovation and growth: welfare and environmental policy [J]. Resource and Energy Economics, 2005 (27).

[118] Haveman R H, Christainsen G B. Environmental Regulations and Productivity Growth [J]. Nat. resources J, 1981.

[119] Haveman, Robert H, Christainsen, Gregory B. Environmental regulations and productivity growth [J]. nat. resources j, 1981, 21 (3).

[120] He C, Loftus J. Does environmental reporting reflect environmental performance? Evidence from China [J]. Pacific Accounting Review, 2014, 26 (1/2).

[121] Iatridis G E. Environmental disclosure quality: Evidence on environmental performance, corporate governance and value relevance [J]. Emerging Markets Review, 2013, 14 (mar.).

[122] Jaffe A B, Palmer K. Environmental regulation and innovation: A panel data study [J]. Review of Economics & Statistics, 1997, 79 (4).

[123] Jaffe A B, Stavins R N. Dynamic incentives of environmental regulations: The effects of alternative policy instruments on technology diffusion [J]. Journal of Environmental Economics and Management, 1995, 29 (3).

[124] Khan H, Metaxoglou K, Knittel C R, et al. Carbon emissions and business cycles [J]. Journal of Macroeconomics, 2019 (60).

[125] Levinson A, Taylor M S. Unmasking the pollution haven effect [J]. 2008, 49 (1).

[126] Liu L, Chen C, Zhao Y, et al. China's carbon-emissions trading: overview, challenges and future [J]. Renewable and Sustainable Energy Reviews, 2015, 49.

[127] Lofgren A, Wrake M, Hagberg T, Roth S. The Effect of EU – ETS on swedish industry's investment in carbon mitigating technologies [R]. Working Papers in Economics, 2013.

[128] Pei Y, Zhu Y, Liu S, et al. Environmental regulation and carbon emission: The mediation effect of technical efficiency [J]. Journal of Cleaner Production, 2019, 236.

[129] Porter M E. America's green strategy. [J] Scientific American, 1991, 264 (4).

[130] Seskin E P, Anderson R J, Reid R O. An empirical analysis of economic strategies for controlling air pollution [J]. Journal of Environmental Economics & Management, 1983, 10 (2).

[131] Simpson R D, Bradford R L, III. Taxing variable cost: environmental regulation as industrial policy [J]. Journal of Environmental Economics & Management, 1996, 30 (3).

[132] Tang L, Wu J, Yu L, Bao Q. Carbon emissions trading scheme exploration in China: A multi-agent-based model [J]. Energy Policy, 2015 (81).

[133] Tone K. Dealing with undesirable outputs in DEA: A slacks-based measure (SBM) approach [J]. GRIPS Research Report Series, 2003, I-2003-0005.

[134] Wang S, Zeng J, Liu X. Examining the multiple impacts of technological progress on CO_2 emissions in China: a panel quantile regression approach [J]. Renewable and Sustainable Energy Reviews, 2019, 103.

[135] Wang J N, Yang J T, Ge C Z, Cao D, Jeremy S. "Controlling Sulfurdioxide in China: Will Emission Trading Work?" Environment: Science and policy for sustainable Development, 2004, 46 (5).

[136] Yang L, Zhi L. Technology advance and the carbon dioxide emission in China-Empirical research based on the rebound effect [J]. Energy Policy, 2017, 101.

[137] Zhang Y J, Peng Y L, Ma C Q, et al. Can environmental innovation facilitate carbon emissions reduction? Evidence from China [J]. Energy Policy, 2017, 100.

[138] Zhang Y, Zhang J. Estimating the impacts of emissions trading scheme on low-carbon development [J]. Journal of Cleaner Production, 2019, 238.

[139] Zhou B, Zhang C, Song H, et al. How does emission trading reduce China's carbon intensity? An exploration using a decomposition and difference-in-differences approach [J]. Science of The Total Environment, 2019, 676.

[140] Zhu X, Chen Y, Feng C. Green total factor productivity of China's mining and quarrying industry: a global data envelopment analysis [J]. Resources Policy, 2018.

[141] Anastasios Xepapadeas, Aart de Zeeuw. Environmental Policy

and competitiveness: the porter hypothesis and the composition of capital [J]. Journal of Environmental Economics and Management, 1998, 37 (2).

[142] Apergis N. The impact of greenhouse gas emissions on personal well-being: evidence from a panel of 58 countries and aggregate and regional country samples. J Happiness Stud 19.

[143] Bakirtas I, Cetin M A. Revisiting the environmental Kuznets curve and pollution haven hypotheses: MIKTA sample [J]. Environmental Science & Pollution Research, 2017, 24 (1).

[144] Barbera A J, Mcconnell V D. The impact of environmental regulations on industry productivity: Direct and indirect effects [J]. Journal of Environmental Economics & Management, 1990, 18 (1).

[145] Barbera A J, McConnell V D. Effects of pollution controlon industry productivity: A factor demand approach [J]. Journal of Industrial Economics, 1986, 35 (2).

[146] Boons F, Wagner M. Assessing the relationship between economic and ecological performance: Distinguishing system levels and the role of innovation [J]. Ecological Economics, 2009, 68 (7).

[147] Chudnovsky D, Pupato G, Gutman V. Environmental management and innovation in argentine industry [J]. Determinants and Policy Implications, 2015.

[148] Cole M A. Trade, the pollution haven hypothesis and the environmental Kuznets curve: examining the linkages [J]. Ecological Economics, 2004, 48 (1).

[149] Cordeiro J J, Sarkis J. Environmental proactivism and firm performance: evidence from security analyst earnings forecasts [J]. Business Strategy & the Environment, 1997, 6 (2).

[150] Dong B, Gong J, Zhao X. FDI and environmental regulation: pollution haven or a race to the top [J]. Journal of Regulatory Economics, 2012, 41 (2).

[151] Doonan J, Lanoie P, Laplante B. Determinants of environmental performance in the Canadian pulp and paper industry: An assessment from inside the industry [J]. Ecological Economics, 2005, 55 (1).

[152] Eskeland G S, Harrison A E Moving to greener pastures? Multinationals and the pollution haven hypothesis. J. Dev. Econ, 2003 (1).

[153] Filbeck G, Gorman R F. The relationship between the environmental and financial performance of public utilities [J]. Environmental & Resource Economics, 2004, 29 (2).

[154] Gill F L, Viswanathan K K, Karim M Z A. The critical review of the pollution haven hypothesis. Int J Energy Econ Policy, 2018, 8 (1).

[155] Gray W B. The cost of regulation: OSHA, EPA and the productivity slowdown [J]. American Economic Review, 1987, 77 (77).

[156] Haveman, Robert H, Christainsen, Gregory B. Environmental regulations and productivity growth [J]. nat. resources j, 1981, 21 (3).

[157] He J. Pollution haven hypothesis and environmental impacts of foreign direct investment: The case of industrial emission of sulfur dioxide (SO_2) in Chinese provinces [J]. 2006, 60 (1).

[158] Hibiki A, Higashi M, Matsuda A. (2003) Determinants of the Firm to Acquire ISO14001 Certificate and Market Valuation of the Certified Firm. Discussion Paper 03 – 06, Department of Social Engineering, Tokyo Institute of Technology, Tokyo.

[159] Holzinger K, Sommerer T. "Race to the bottom" or "race to brussels"? Environmental competition in Europe [J]. Journal of Common Market Studies, 2011, 49 (2).

[160] Ibrahim Dincer. Thermal energy storage: Systems and applications [J]. Optimization, 2011, 47 (1 – 2).

[161] Jaffe A B, Palmer K. Environmental regulation and innovation: A panel data study [J]. Review of Economics & Statistics, 1997, 79 (4).

[162] Jorgenson D W, Wilcoxen P J. Environmental regulation and U. S. economic growth [J]. Rand Journal of Economics, 1990, 21 (2).

[163] Kagan R A, Gunningham N, Thornton D. Explaining corporate environmental performance: How does regulation matter? [J]. 2003, 37 (1).

[164] Khanna M, Anton W R Q. What is driving corporate environmentalism: Opportunity or threat? [J]. Corporate Environmental Strategy, 2002, 9 (4).

[165] Kocak E, Sarkgunesi A. The renewable energy and economic growth nexus in Black Sea and Balkan countries [J]. Energy Policy, 2017, 100 (jan.).

[166] Konar S, Cohen M A. Does the market value environmental performance? [J]. Review of Economics & Statistics, 2001 (83).

[167] Lanjouw J O, Mody A. Innovation and the international diffusion of environmentally responsive technology [J]. Research Policy, 1996, 25 (4).

[168] Lee C G. Foreign direct investment, pollution and economic growth: evidence from Malaysia. Appl. Econ. 2009, 13.

[169] Lenox K M. Exploring the locus of profitable pollution reduction [J]. Management Science, 2002, 48 (2).

[170] Levinson A, Taylor M. Unmasking the pollution haven effect [J]. International Economic Review, 2008, 49 (1).

[171] Magali A. Delmas, Michael W. Toffel. Organizational responses to environmental demands: Opening the black box [J]. Strategic Management Journal, 2008, 29 (10).

[172] Markusen J R, Morey E R, Olewiler N. Competition in regional environmental policies when plant locations are endogenous [J]. Journal of Public Economics, 1995, 56 (1).

[173] Muthukumara Mani, David Wheeler. Countries in search of pollution havens? Dirty industry in the world economy, 1960 – 1995 [J]. Journal of Environment & Development, 1998, 7 (3).

[174] Norsworthy J, Malmquist D H. Input Measurement and Productivity Growth in Japanese and U. S. Manufacturing [J]. Econometric Modeling: Macroeconomics eJournal, 1983.

[175] Palmer K, Portney O P R. Tightening environmental standards: The benefit – cost or the no – cost paradigm? [J]. Journal of Economic Perspectives, 1995, 9 (4).

[176] Pastor J T, Lovell C. A global Malmquist productivity index [J]. Economics Letters, 2005, 88 (2).

[177] Porter M E, Van der Linde C. Toward a new conception of the

environment-competitiveness relationship [J]. Journal of Economic Perspectives, 1995, 9 (4).

[178] Porter M E. America's green strategy [J] Scientific American, 1991, 264 (4).

[179] Roberts Gollop M J. Environmental regulations and productivity growth: The case of fossil-fueled electric power generation [J]. Journal of Political Economy, 1983, 91 (4).

[180] Sapkota P, Bastola U. Foreign direct investment, income, and environmental pollution in developing countries: Panel data analysis of Latin America [J]. Energy Economics, 2017, 64 (5).

[181] Simpson R D, Bradford R L, III. Taxing variable cost: Environmental regulation as industrial policy [J]. Journal of Environmental Economics & Management, 1996, 30 (3).

[182] Solarin S A, Al-Mulali U, Musah I, et al. Investigating the pollution haven hypothesis in Ghana: An empirical investigation [J]. Energy, 2017, 124 (APR. 1).

[183] Solow A R, Patwardhan A. On the consistency of the historic temperature record with greenhouse warming [J]. Environmetrics, 1992, 3 (4).

[184] Sun C, Zhang F, Xu M. Investigation of pollution haven hypothesis for China: an ARDL approach with breakpoint unit root tests [J]. Clean Prod, 2017, 161.

[185] Susa T. Capital allocation in an asymmetric tax competition model with agglomeration economies [J]. Letters in Spatial and Resource Sciences, 2014, 7 (3).

[186] Ulph A, Ulph D. Climate change—environmental and technology policies in a strategic context [J]. Environmental & Resource Economics, 2007, 37 (1).

[187] Wagner M, Phu N V, Théophile Azomahou, et al. The relationship between the environmental and economic performance of firms: an empirical analysis of the European paper industry [J]. Corporate Social Responsibility & Environmental Management, 2002, 9 (3).

[188] Zarsky L. Havens, halos and spaghetti: untangling the evidence about foreign direct investment and the environment [J]. Foreign Direct Invest. Environ, 1999 (8).

[189] Zheng C, Shi M. Multiple environmental policies and pollution haven hypothesis: evidence from China's polluting industries [J]. J Clean Prod, 2017 (141).

后　　记

　　本书是在我的博士论文的基础上修改而成的。党的十八大以来，我党将绿色发展纳入新发展理念，以壮士断腕的决心打赢"蓝天保卫战"，构建了党委领导、政府主导、企业主体、社会组织和公众共同参与的现代环境治理体系，我国生态环境治理取得了举世瞩目的辉煌成就。由于不同类型环境规制对绿色发展效率的影响存在显著异质性，如何厘清不同类型的环境规制对绿色发展效率的影响，如何发挥环境规制合力进一步提升绿色发展效率成为亟待解决的问题之一。本人之所以选择这个题目，也是希望能为中国生态环境治理尽一份绵薄之力。

　　本书从政府、企业和社会公众多主体参与视角出发，研究了政府型、市场型和社会公众型环境规制对中国绿色发展效率的影响效应及驱动机制。本书运用了大量研究方法及工具确保了研究结论的稳健性。上述研究的部分成果已发表在《中国人口资源与环境》《经济地理》《经济与管理评论》《环境经济研究》《山东财经大学学报》等期刊。在本书的研究和写作过程中，汲取和引用了国内外许多专家学者的研究成果，才能使我站在巨人的肩膀上窥探学术门庭，在此向他们表示感谢。

　　本书的顺利完成和出版，标志着四年的博士研究生的学习生涯终于画上了句号。回首自己的过去四年学习生涯可谓是"艰难苦恨繁霜鬓"；每天都急切地希望"即从巴峡穿巫峡，便下襄阳向洛阳"；每天都幻想毕业后能够"白日放歌须纵酒，青春作伴好还乡"。在此我要特别感谢面对困难一直坚守的自己，正是由于自己的坚守，才让我度过危机，才能"潮平两岸阔，风正一帆悬"。回首自己近十年的学术生涯，我要特别感谢我的导师刘华军教授，刘老师刚毅正直、对学生一视同仁，并未对我这个"三本差生"差别对待，指导我在三年的时间里发表9篇科研论文，让我拿到学校所有的科研奖励，使我这个一直自卑的农村孩子焕发了自信。毫不夸张地讲刘老师改变了我的命运，也改变了

后　记

我家庭的命运，如果不是刘老师带我进入科研殿堂，我这个"差生"可能一生默默无闻、浑浑噩噩。我要感谢我的师母杨骞教授对我学习生活上的关心与帮助。杨老师温和美丽、端庄贤淑，无论是在学术研究中还是工作生活中，总是如阳光一般给人以温暖。同时我还要感谢山东财经大学经济增长与绿色发展科研团队的陈明华教授、孙亚男教授、王谦教授，感谢我的师弟孙东旭、田震，感谢我的师妹祝辰辉、丁晓晓、金华丽对我的帮助。

需要特别感谢我的妻子魏晓敏女士，感谢她在四年里给予我的陪伴和支持，感谢她随我走南闯北、颠沛流离；感谢她陪我在京城的出租屋里度过了四个春秋冬夏；感谢她在我的至暗时刻给我注入温柔的力量。蹉跎岁月里她与我共担风雨，荆棘坎坷中她与我同甘共苦。我要感谢我的父母，为了我他们不辞辛苦，"面朝黄土，背朝天"地重复着他们重复了一辈子的体力劳动，感谢他们永远无私地爱着我，永远站在我的身后，感谢他们为我 33 年的人生提供了强大的物质和精神上的帮助。2022 年的我"生了儿子""中了本子""买了房子""录了稿子"，人生又回到了正常的轨道上来。在此，我要感谢我的儿子刘弘毅小朋友，感谢他踩着七彩祥云来到我身边，他聪明伶俐、活泼可爱，不到两岁的他已经记住了所有家庭成员的姓名，已经会背诵《咏鹅》《悯农》两首诗，已经会唱《小燕子穿花衣》《世上只有妈妈好》两首歌，他的智商和情商远超我们祖孙四代。特别感谢他给全家带来的快乐和幸福。此外，更要感谢山东财经大学提供的良好科研环境！感谢学校科研部门在专著出版过程中给予的帮助！

最后，谨以此书献给聪明可爱的刘弘毅小朋友，希望他健康快乐地成长。

刘传明
2023 年 11 月 30 日于泉城济南